"江苏人民教育家培养工程"培养对象成果

幼儿自主学习的实践研究与探索

吴邵萍　著

教育科学出版社

·北　京·

我们需要这样的实验与研究

原江苏省教育科学研究所所长

教育部特聘课程改革专家　　成尚荣

对于《幼儿自主学习的实践研究与探索》，我是捧读的，心中充满敬意，有无限的感慨，也生成了一些想象。实事求是地说，我看过不少的学校改革实验的专著，这本是我最为赞赏的，说"之一"可以，没有"之一"也没有什么不可以，因为它让我知道了，什么是真正的教育实验；让我知道了，我们中国也有自己的改革、研究，而改革、研究是在严格的实验中切实推进的；让我知道了，一个幼儿园的园长是如何从管理走向领导的，又是如何领导并亲自试验的。我为这项实验击掌表示敬意，对这本专著的出版表示衷心祝贺。

这本专著的作者是吴邵萍老师。她是南京市北京东路小学附属幼儿园的园长，是首届全国教书育人楷模、"江苏人民教育家培养工程"培养对象、著名的特级教师。这些称号，对于吴邵萍老师而言，都是名副其实的，因为都是她在长期实践中真真切切、实实在在付出而获得的。最让我感动的是她设计、组织了教育实验，而且亲自投入实验，表现出可贵的实验品质和很高的研究能力。在我看来，幼儿园园长应当是优秀的管理者，也应当是优秀的研究者，两者都能做到非常不容易，而吴邵萍老师都做到了，她是一位卓越的领导者，是专家型的领导。这本著作也是她在"江苏人民教育家培养工程"中学习所交的"作业"，是她研究创作的作品。我们应该向吴邵萍老师致敬和学习。

幼儿自主学习，是吴邵萍老师主持的一项研究，是南京市北京东路小学附属幼儿园的一个重要课题。这项课题研究，坚持了五年，是一个严格的教育实验，具体、深入。这本专著是实验过程和结果的总结和提炼，有许多鲜明的特点以及值得关注和学习的地方。

第一，课题切口小，彰显了宏大而又深刻的价值与意义。《幼儿园教育指导纲要（试行）》中提出要让幼儿自主学习，《3—6岁儿童学习与发展指南》也强调要充分尊重和保护幼儿的好奇心和学习兴趣，帮助幼儿逐步养成积极主动、认真专注、不怕困难、敢于探究和尝试、乐于想象和创造等良好学习品质。吴邵萍老师和她的团队不仅关注幼儿教育对幼儿自主学习的要求，而且将自主学习实验基于教育的本质的揭示和阐释——"受教育的人必须成为教育他自己的人"；同时将实验置于新的背景之下——"新的教育精神使个人成为他自己文化进步的主人和创造者"；在进入新时代以后，他们更是将自主学习指向培养新时代学会学习、学会创造的好儿童上。自主学习与整个教育体系相比，切口是小的，但研究团队提升了实验的价值意义，彰显了时代特点；自主学习似乎是个老话题，但是又充满着研究的张力——他们勇敢面对现实：一线教师、社会大众对幼儿自主学习与发展和特点没有达成共识，还存在模糊甚至是错误认识，自主学习在中小学研究比较多，在幼儿园却研究不够，进展不大——他们有勇气也有实力去研究幼儿的自主学习的特点和规律，这些都促使他们更坚定地研究幼儿的自主学习。如果真正研究了，有突破了，那么这是对幼儿教育的一大贡献。吴邵萍老师和她的团队最终拿出了精彩的实验报告，这本专著的出版正是个明证。

第二，课题研究十分注重科学性，真实研究、忠实叙述、深入总结概括。吴邵萍老师和她的团队严格遵守实验研究的规定性，体现了科研的态度与品质。

1.持续五年的研究，有目的、有计划、有步骤，环环相扣，步步深入，逐步推进：先大班，再中班，最后小班；先从幼儿喜爱的户外运动开始，再到语言、科学等领域的学习活动；先从单项任务学习再到多项任务学习。

2.先试点再逐步推开：从2015年1月起，以大班为试点，第二个试点从大班上学期开始；接着，下学期在此班继续开始第二轮实验。

3.确定三个项目逐次深入研究："放羊"滚铁环实验、自主学习跳绳实验、自主学习滚铁环实验。三个项目与幼儿学习活动贴得紧、具体、实在，这些似乎无足轻重的活动，却成为他们研究的内容，让所谓司空见惯、熟视无睹的现象变得重要起来、厚实起来。实验，让他们在简单中发现了复杂性和深刻性，从"熟知"中获得了真知，从大而化之的研究走向了"尽精微"的实验，这样的改变实属不易，从中让我体会到实验研究的魅力。

4. 这项实验研究按研究的环节设计，组织了研究的过程，设置具体的目标与要求，确定研究问题与任务，选择研究策略和方法，提炼研究结果与反思，提出下一步研究方案。研究过程规范、完整，也比较严谨，这样的研究过程确保了研究的效度与信度。

第三，着力解决了三大问题，提炼了自主学习五个支持要素，明晰了三对关系，实验研究取得重要进展。吴邵萍老师和她的团队，坚持以目标为导向，从问题出发，通过实验和研究，推动存在问题的解决，促进理性认识的提升，概括、提炼了幼儿自主学习的规律与特点，为幼儿自主学习提供了样板，幼儿的自主学习的范式初步建构起来了。值得注意的是，着力解决的问题，是幼儿在经历后自己解决并回答的第一个问题："你认为什么是自主学习？"幼儿的回答是："自己做自己喜欢的事""可以在家里，也可以在幼儿园学习；……要有一个目标、制订计划……"。第二个问题："你喜欢自主学习吗？为什么？"幼儿的回答是："又可以玩又可以学，又好玩又可以学，学习让自己很高兴……"稚嫩的回答声里不乏一定深度的认知。第三个问题："你想要自己学什么？"幼儿的回答丰富多彩，研究团队给学习内容作了一个自然的排序，这个排序体现了幼儿的认知和逻辑，在他们的心里和经验中，体育、游戏、学会一项技能与本领都是自主学习，而且是更感兴趣、更重要的学习，这就拓宽了学习的领域和学习的方式。其实，自主学习为幼儿德智体美劳全面发展打下了重要的基础，可以说，自主学习品格与能力本身是发展核心素养，又促进了核心素养的培育与发展；又让我们进一步体会到自主学习能力是能让幼儿带得走，也能带着走的，一个终身学习者是从幼儿园开始起步的。至于三对关系、五个支持要素在专著中都有明确而深刻的阐释。

第四，起初的三项实验后进行了自主学习的评估，在评估的基础上又深入进行自主阅读和家庭中自主学习的实验。自主学习与评估，采用案例分析法，形成了案例群，生动、具体地展现了评估的过程，得出了四个重要的结论：合作学习萌芽的自发生成、挑战性任务对自主学习的激发，学习策略对学习胜任感的赋能，自主学习与集体分享交流的协同配合。这四个结论描述了幼儿自主学习的基本状态：从自然状态到自悠状态到胜任状态，逐步提阶，并将自主学习与合作学习融通，进入新的阶段，呈现新的学习状态。同样，后续的两项实验，进入教育的现场，在真实而丰富的情境中，设计活动、组织实施、情境观察、及时指导，也形成了案例群。这种"田野研究"，让实验始终处在过程中，始终处在自然状态中，我们仿佛看到了一群孩子和老师一起和谐相处，活泼泼的，在创造自己的学习和生活。

　　我赞赏这样的实验与研究。南京市北京东路小学附属幼儿园为幼儿教育科研开了一条新路，树立了一个榜样。

自主性，幼儿开启人生的金钥匙

南京师范大学教授，博士生导师　顾荣芳

花了半个月时间，仔细拜读了吴邵萍园长的新作《幼儿自主学习的实践研究与探索》，看上去清新朴实的文字，却因意蕴深刻而让我无法一气呵成，必须看着想、想着看、回头看、再想想。感叹早已是"全国教书育人楷模"、正高二级教师的吴园长始终坚持教学一线，静心研究教学；钦佩坚持教学一线的吴园长始终保持专业行为，潜心研究儿童；感叹吴园长教研团队在日常教育教学过程中，不断实践—反思—再实践，始终以促进幼儿最优发展为己任；感叹幼儿入园三年变得如此自信、主动、积极，智慧地开启人生的金钥匙；感叹在幼儿入园三年里不少家长也成了颇具水准的"幼教专业人士"。该书，值得细细品味、用心领会。

"自主"原本就是一个颇具含金量的概念。自主性是主体对自身及客体的支配，即能主宰自我和控制客体的发展方向。吴园长的研究告诉我们，自主，最大限度地激发了幼儿的主动性、积极性、战胜困难的勇气、获得成功的高层次快乐；自主学习，是幼儿积极主动的自我建构，也是幼儿的自我探究、自我认识、主动发展。常说"独立自主"，但这里的"自主学习"，是充分基于幼儿的年龄特点及心理特点，是有成人积极支持的，能促进幼儿全人发展的发展适宜性教育。可见幼儿的自主学习是多么重要。

"自主"这个有含金量的概念，与"幼儿的学习"相关联后，变得更加复杂，书中提到的几个令不少人对"幼儿自主学习"存有误解的例子，实在是太常见了。《幼儿园工作规程》指出，"幼儿园应当支持幼儿自主选择和主动学习，激发幼儿学习的兴趣与探究的愿望"，"教育活动的过程应注重支持幼儿的主动探索"，幼儿的自主学习是有据可依的。这说明，吴园长团队对幼儿自主学习的研究非常必要且十分可行。

吴园长的研究告诉我们，自主学习不是成人的专利，幼儿完全可以自主学习，但幼儿的自主学习有其特殊性，教师的支持和引导是幼儿自主学习意识和能力发展的关键要素，成人的科学陪伴、积极跟进、适时激发是幼儿自主学习得以持续并获得成效的重要前提。诸如"始终没有兴趣，是否就以'放任'来成就'尊重儿童'"、"总是学不会，是否就以'等待'来全权代替'适宜的教育'"这样的灵魂拷问，只会来自一个敬业、智慧又开放、包容的教师团队，一个具有科学的儿童发展观和领先的幼儿教育观的教师团队。

吴园长的研究循序渐进。首先是研究对象。充分考虑到幼儿的年龄特点，由大到小，从"胸有成竹"的大班到"不妨一试"的中班再到"不可思议"的小班，似乎是在探寻自主学习的年龄底线，按照这样的思路，托班的"自主学习"应该也是有可能的。这是多么令人期待的事。其次是研究过程。充分把握幼儿的心理特点，活动内容由"外"及"内"，从幼儿天性最喜欢、最不缺乏学习动机的户外活动到"感觉最像学习"的幼儿园各领域课程的学习，而类似"跳绳"这类学习活动，可以充分分层、体现不同难度，研究过程的复杂性得到充分实践和验证，选材恰到好处。

吴园长的研究系统全面，实践颇具创造性。我去北幼虽每一次都匆匆忙忙，但每一次印象深刻，因为在别人那里很可能"不能""不可"或"不行"的事情，在北幼却常常运转得顺理成章、胸有成竹。比如，五六年前，因"江苏人民教育家培养工程"项目需要，吴园长向大家介绍了如何利用数字化工具支持幼儿的自主学习，记得当时导师团队有明显的不同意见，我作为长期关注学前儿童健康问题的幼教人，自然内心尤为期待现场了解吴园长团队是如何实践的。很快，我就有了机会。我看到的实际情况是，孩子们确实用数字化工具比较恰当地支撑了自主学习，原先在其他许多现场已被印证了的担忧，在北幼似乎都是多余的。那时起，我明白了一点，那就是吴园长团队之所以很有自己的思想、很有自己的执着，都是基于多年深入研究、不断实践反思的。经验丰富，总是"挑战不可能"并获得显著成效，自然底气很足。底气足却又低调得只让事实说话。北幼这样的风格，真正称得上是内涵式发展。

自　序

　　幼儿的自主学习对于幼儿教育工作者来说，不是新话题，似乎是人人都知道、都会做的事情。《幼儿园工作规程》第二十八条指出：教育活动的过程应注重支持幼儿的主动探索；第十三条指出：幼儿园应当支持幼儿自主选择和主动学习，激发幼儿学习的兴趣与探索的愿望。由此可见，培养幼儿自主学习的能力已成为我国幼儿教育的重要目标。与此同时，《3—6岁儿童学习与发展指南》（以下简称《指南》）中也明确指出：要充分尊重和保护幼儿的好奇心和学习兴趣，帮助幼儿逐步养成积极主动、认真专注、不怕困难、敢于探究和尝试、乐于想象和创造等良好学习品质。这充分说明，自主学习不仅是一种全新的学习方式，更是能够让幼儿受益终身的重要学习品质。

　　然而，现实是一线的幼儿教师、社会大众对幼儿自主学习发展和特点没有达成共识，还存在模糊甚至是错误认识。我曾亲身遇到三个事例：

　　第一个事例：我园一位中班幼儿的妈妈向我咨询"为什么她的女儿不愿意去上美术家教"，她的女儿非常喜欢画画，并向她提出要去和老师学习画画。为此，她挑选了很多人，最后，选择了一位美术特别好的幼儿园老师，她的理由是：幼儿园老师懂孩子，能够采取适合幼儿的方法进行教学。可是，女儿上了几次课后，哭着不要去上课。她问女儿："为什么不愿意去？"孩子说："每次老师都让我自己画、自己想。我想不出来要画什么，不知道怎么画。"她说：女儿不仅不想去上课，甚至也不喜爱画画了。她将女儿的表现讲给家教老师听，老师给她的回答竟然是：她是在培养幼儿的自主学习，发挥其自主性、想象力和创造性，这是科学的幼儿教育。老师不能教，也不能示范。听了老师的话，这位妈妈毅然决定给女儿停课了。

这位教师的认识是：自主学习等同于幼儿自己学习，成人不能教，且应不作为。据我所知，有这种认识的一线教师不在少数，这也是自主学习在实践中无法落实或落实不到位的一个非常重要的原因。

第二个事例：一次市教研室来我园进行视导，一位中学教研员进班看到幼儿自主学习做美工的场景后，问教师："孩子们这是在干吗？这是在自主学习吗？"教师回答："是的"。他带着意味深长的笑容说："自主学习就是小孩自己去学，什么都学。"

他的话和笑容里表达出两层意思：一是自主学习就是幼儿自己学，二是自主学习太"泛滥"了，变成了一个筐，什么人都可以自主学习，什么事都可以自主学习。

第三个事例：五年前，在专家论证我园幼儿自主学习的课题研究时，一位高校知名专家给出的指导意见是：幼儿园搞什么自主学习，让他们好好玩玩吧！幼儿园就提学习，太沉重了！

这个观点反映出：幼儿期就是纯粹地玩，幼儿不需要学习，幼儿园不能提学习，更不应该提自主学习。

以上事件促使我更加坚定了研究幼儿自主学习的想法，既然《纲要》《指南》都提出幼儿园要实施自主学习，那么，幼儿的自主学习是怎么样的，它有什么特点，幼儿期和其他阶段的自主学习是否完全相同，幼儿的自主学习是否需要成人的支持，幼儿需要成人给予哪些支持……

庞维国教授的研究表明，从幼儿园到大学，如果教学指导适当，学生都可以学会关于学习实验的各种核心技能，帮助自己获得各种形式的自主学习技能。显然，通过学习实验获取自主学习能力需要大量的练习时间。

庞维国教授进一步指出，尽管自主学习能力在某些时候可以通过自己"发现"来获得，但是在更多情况下是"教"会的。这里的"教"，不同于传统讲授式教学中的教，准确地讲是"导"，是为学生的学习提供"示范""支架"。自主学习能力的形成离不开系统的教学指导，因此，学校教育应该把培养学生的自主学习能力作为教学中的一个重要目标，把指导学生的学作为教学的基本原则。

由此可见自主学习能力是需要通过引导来发展的。处于不同年龄阶段的学生，由于心理发展水平不同，具有的学习经验不同，他们的自主学习分别呈现出不同的水平和特点。为了有效地指导学生自主学习，我们必须澄清并尊重他们的自主学习发展水平和特点。

为此，我们开展了为期五年的实践研究，我们通过一个个项目观察幼儿在自主学习方面呈现出的水平和特点，通过每一个个体的表现寻找出群体的规律。

我们的研究进程按照三个维度逐步推进：

1. 先大班，再中班，最后小班

2. 先从幼儿喜爱的户外运动开始，再到语言、科学等领域的学习活动

3. 先从单项任务学习再到多项任务学习

从 2015 年 1 月起，我们最先从大班下学期开始实验，以一个大班为试验点开展了幼儿自主学习滚铁环的研究。第二个试点班从大班上学期开始，此时大班恰巧要开展幼儿学习跳绳的活动，我就将此定为幼儿自主学习的项目，并亲自担任此项目的实施者。接着，下学期在此班级继续开展第二轮的自主学习滚铁环的研究。第三个项目是在期末时，在大班组进行了为期 8 天的 4 项自主学习任务的观察评估，以了解大班幼儿经过两个项目后，自主学习意识、习惯、能力是怎样的，哪些做法促进了他们的发展。同时，对大班幼儿自主学习意识和习惯培养以及能力发展的特点进行梳理，对教师在其中的促进作用及使用的策略进行总结，并将其推广到促进中班幼儿自主学习意识和习惯培养以及能力发展中。

2017 年，我又在小班开始了自主学习实验，9 月下旬起，从语言区的自主阅读实验开始，每个月投放一本新书，让幼儿自主阅读，并让幼儿学习读过书后自己通过贴点的方式进行记录，教师全程是"陪伴者"，不仅观察、询问、引导和指导，当幼儿遇到困难时，始终在场，提供适宜的支持。

在这几个阶段中，我们感受到幼儿自主学习的巨大潜力，发现了很多让我们感到非常振奋的幼儿自主学习的故事。

我们逐步厘清了幼儿自主学习的特点和发展需求，清晰了与幼儿自主学习发展密切相关的五个支持要素：

◎自主学习与教师支持的关系

◎自主学习与家长支持的关系

◎自主学习与集体学习的关系

◎自主学习与同伴支持的关系

◎自主学习与数字化工具支持的关系

我们逐步厘清了培养幼儿自主学习的重点和特点，强调幼儿自主学习是"陪伴式"的，即成人支持下的自主学习，我们将幼儿自主学习意识和思维的培养放在核心位置上，将幼儿自主学习习惯的养成贯穿于整个过程。

我们认为幼儿的自主学习和其他阶段自主学习的最大差异是成人的支持，并不是提供了适宜的数字化设备和充足的学习资源，教师就可以当"甩手掌柜"，就可以"不在场"了，教师和数字化设备及充足的资源都必须"共同在场"，教师要始终观察幼儿是怎么自主学习的，是怎么使用数字化设备和资源来自主学习的，他们自己能解决什么问题、不能解决什么问题，教师需要什么时候介入、以什么方式介入、介入到什么程度……从而适时提供与之匹配的支持。

我们认为幼儿的自主学习就是还原幼儿天性的自主。游戏是儿童的天性，他们在游戏中挥洒天性，表达自己。我们将自主学习渗透在幼儿游戏的每一个环节里，抓住幼儿的天性，激发他们主动去玩，去玩好，自然而然地让自主学习变为现实。

我们强调幼儿的自主学习是"幼儿在前，成人在后"有规则的自主。我们坚持幼儿的自主学习是成人站在幼儿身后观察、倾听、跟随，让幼儿独立去面对，在他们学习的过程中，在他们遇到困难时，对任何结果不加干预地一步步启发、引导幼儿，让他们思考、探究、生疑并再次独立尝试。

我们强调自主学习是幼儿自我认识的过程。我们让幼儿在活动前制订计划，坚持在日常课程或活动的初始、中间和结束阶段引导幼儿对照计划，对自己每一阶段的表现进行反思。我们不仅引导幼儿自我评价，而且引导幼儿间互相评价，成人和幼儿间评价。引导幼儿在不断对自己能力的反思和评价中，增强自信心，认识到只要努力自己就能发挥出潜力。

在五年的实践中，我们澄清了三对关系：

◎快乐与挑战的关系

◎等待与推进的关系

◎自由与指导的关系

我们看到：无论是大班幼儿还是小班幼儿，凡是经过自己的努力获得挑战后的成功时，他们获得的成就感是震撼的，是由心里向外发散出的强烈到能够感染周围每个人的力量。那是一种犹如凯旋的光荣感，那种战胜困难后的"胜利"感是任何人无法替代和给予的，只能是自己"给予"自己。

我们看到：幼儿也需要走出"舒适区"，不能一味简单地说给幼儿快乐。要让幼儿体验到经历挑战后，克服自己"不能做到""有难度"的任务后的喜悦感和成就感，让他们从小体验到经过自己努力战胜困难或解决问题后获得的"高层次"快乐。我们在实验中发现，有挑战的任务更能激发幼儿内在的学习动机。正如书中呈现的案例：从"太难了"到"挺简单的嘛"，最后"小乐乐是冠军"。

我们看到：兴趣是幼儿学习的动力，不能因为幼儿不愿尝试新任务或害怕困难而一味等待、放任，美其名曰让其"自由"。幼儿的兴趣是需要培养的，兴趣的持续性也是需要成人持续跟进的，让幼儿感受到自己因努力而进步，获得胜任感、成就感和自信心，从而产生对学习任务的兴趣和对学习的持久兴趣。如书中第三章中呈现的小班案例：从"我不要看书"到"早上不能东晃西晃""姑姑，您等我一会儿，我去读书"，直至最后"我喜欢自己看书""我现在什么都学会了"。

经过五年的培养，幼儿有了自主学习的意识，会主动探索如何从"我不会"到"我要会"再到"我会了"，这是一个循序渐进的过程。

一位做小学教师的大班家长说："开始老师布置自主学习任务时，我认为这个要求非常高，有点超前。我们小学在一年级上学期提倡让孩子自主学习，有50%的孩子是需要家长帮助的，一上的小学生都困难蛮大的。可想而知幼儿园孩子的难度一定更大，我估计是无法实施的。可是，孩子从小班到大班完成一系列自主学习任务的练习后，我感到他越来越会做计划了，计划性也越来越强。我认识到：以前小看幼儿园的孩子了，自主学习完全可以前移到幼儿园来，幼儿是可以完成的。幼儿园提出自主学习，已经在跟小学接轨了，他进入小学后会加快适应的进程，将来学习是不需要家长操心的。"

一位做大学教师的大班家长说："幼儿园阶段进行自主学习培养是非常必要的。在幼儿自主学习过程中，教师非常强调任务的分解、时间的管理和标准的对应，因此，按照教师任务发布的时间节点和要求，有计划、有步骤地完成，让孩子逐步具有了时间观念、规则意识和判断能力。在进行自主学习的过程中，指定每周和每日的任务计划成为每天我们与孩子必做的功课。现在孩子每天对于自己需要完成的任务和标准都十分清楚，晚上还会提醒我们有哪些事情没有做，或者哪些事情做得不够好。"

我们对第一轮实验的大班毕业一年后回访，我们按照班级中 30 名幼儿的发展水平把他们分为三个层次，分别抽样三、四、三位共十位家长进行回访。

家长们一致认为：幼儿上小学后适应得非常好，尤其是学习习惯，自主记录家庭作业，回家后第一件事就是独立做作业，"自主学习能力很强，3:00 放学后作业自己做、自己检查，课外还有作业"，"提前讨论周末做什么，每个时间段做什么事"，"有计划性，做事情第一步、第二步，会一步一步来，得力于计划表"。家长还反映：幼儿遇到困难后会自己独立想办法解决，不仅日常会反思"今天字写得好一点儿了，我这项任务做得快"，而且"考完试自己有反思，主动分析错题原因"。

其中有八位家长自豪地说，孩子在学校或班级中均担任班长、中队委等，或被评为学校三好生、区明星学生等。

最让教师欣慰的是，当时班级中最弱的两名幼儿之一的妈妈说："不仅上小学适应得非常好，每天主动提前预习、做课外练习、自己选择拓展题，而且还成为班级中队委，被学校评为'鼓楼之星'（他所处的学校隶属于鼓楼区）。"尤其感动的是，另一名比较弱的幼儿妈妈说："虽然他认字比同龄孩子慢，会着急，但他会自己想办法，如自己做卡片当老师，请妈妈录视频，自己提出要上辅导班，上课前预习，自己上直播课，结束了就写作业，正确率有所提高。"

我们认为暂时的成绩并不重要，重要的是幼儿遇到困难后的态度和行为，他们能积极想办法，自己解决问题，这种积极的态度和行为的养成是终身可持续发展的，也是幼儿园在终身学习的培养体系中起筑基作用的体现。

我们对经过三年自主学习培养后的大班幼儿提出了三个问题，从他们的回答中，我们感受到他们对自主学习的认识、理解、喜爱和自信。

问题一　你认为什么是自主学习？

教师的这个问题刚落下，全体幼儿都异口同声且非常自豪地说："自己做自己喜欢的事。"接着教师问："还有其他看法吗？"幼儿接着回答："自己喜欢、愿意做；可以在家里，也可以在幼儿园学；自己学习一个本领；自己要不断地练习；自己学，别人不帮忙；要有一个目标；要制订计划；要反思我做得怎么样，还要怎么改进；自己主动做的事……"

问题二　你喜欢自主学习吗？为什么？

接受访谈的全班 30 名幼儿都表示喜欢自主学习，原因如下（其中很多人喜欢的原因有多种）。

表 1　幼儿喜欢自主学习统计表

喜欢自主学习的原因	人数
又可以玩又可以学 又好玩又可以学	23
学习让自己很开心	22
喜欢挑战	21
学得多，比别人强	21
学好本领，以后可以更轻松	18
有作品，很开心	9
无聊的时候可以学一学	8

问题三 你想要自主学习什么？

幼儿的回答中，排在第一位的是看书，其次是认时间、下五子棋、玩两轮滑板车、打曲棍球、打篮球、打羽毛球、打橄榄球、夹跳球、夹球跳绳、研究发电、打扑克牌、骑两轮自行车、写字、踢足球、下国际象棋、玩魔方、踢毽子、下围棋、做手工……

我们可以看到幼儿有自主学习意识和习惯以及能力后，他们不仅喜欢自主学习，有信心自主学习，更重要的是激发了他们对自主学习的兴趣，他们自信地想要学习自己想学的一切东西，他们对学习的认识，范围之广，远远超越成人对学习的狭隘认识，他们没有觉得"学习是沉重的"。相反，他们觉得自主学习"又可以玩又可以学""又好玩又可以学""学习让自己很开心""喜欢挑战"等。

当然，幼儿的自主学习需要给予他们充分的时间、空间。研究表明，经常性的训练会使大脑中受到训练挑战的区域发生改变。大脑通过自身重新布线的方式来适应这些挑战，增强其执行那些挑战所需功能的能力。年轻人的大脑，即儿童和青少年的大脑，比成年人的大脑更具适应能力，因此，年纪越小，训练产生的影响也越大。因为年轻人会以诸多不同方式来发育，因此，幼年时期进行的练习，实际上可以塑造后来的发育路线，从而造就更大的改变。这就是"折弯幼枝效应"。如果你将一根刚刚长出来的幼枝稍稍折弯一点点，那么到最后，那根树枝生长的位置，可能会发生重大改变；而如果你去折弯已经长成了的树枝，这种影响则小得多。

书中第一章至第三章呈现的是我们循序渐进地设计并实践的从小班到大班的自主学习内容，第四章呈现的是我们研究实践的从小班到大班的家庭中幼儿自主学习内容，以及和家长共同座谈研讨的案例和核心话题。

书中呈现的所有案例均是我们在实践中在幼儿身上真实发生的，我们将每一个项目中幼儿的自主学习活动全程录像，每一个案例都是我们依据现场观察记录和回看现场录像补充实录及分析的。本书将我们研究的历程，幼儿在每一个项目中的特点和发展进行了忠实的叙述，我们期望通过实践案例真实地展现幼儿自主学习的特点和发展，期望通过我们的实践研究，给一线的教师们提供具有可操作性的借鉴。

非常感谢我的导师南京师范大学的顾荣芳教授一直关注我的研究并给予指导，非常感谢"江苏人民教育家培养工程"培养对象（第三期）幼儿园组导师团的成尚荣所长、冯晓霞教授、周兢教授、秦金亮教授、崔利玲园长，一直给我以指导和帮助；非常感谢顾荣芳教授的博士生万丹帮我查阅相关文献并撰写文献综述；非常感谢南京师范大学臧蓓蕾老师帮我做文字审阅、润色。

非常感谢和我一起共同研究并实践的南京市北京东路小学附属幼儿园的整体团队，每一位教师都竭尽全力地学习、实践、反思，每一位教师都积极贡献出自己的智慧。其中姜杨、徐琦、丁舒、张伉俪承担了部分数据的整理工作，尚梦妮、方芳提供了家长案例文本。

本书期望基于实践问题和需求，聚焦实践问题，运用实践者的长项——实践方法研究，回归实践并指导实践，但限于本人的水平，存在着不完善乃至于纰缪，恳请专家、同行不吝赐教，给予批评和指正。

目　录

第三章 小班幼儿自主阅读实验 / 071

第一章

幼儿自主学习的三个实验

　　自主学习是新时代的教育主题，学会如何学习从来没有像今天这么重要。国内外学界对自主学习的关注可追溯到 20 世纪 70 年代，早在 1972 年，法国前总理埃德加·富尔在《学会生存——教育世界的今天和明天》中提出，未来的学校必须把教育的对象变成自己教育自己的主体。受教育的人必须成为教育他自己的人，别人的教育必须成为这个人自己的教育。新的教育精神使个人成为他自己文化进步的主人和创造者。自学，尤其是在帮助下的自学，在任何教育体系中，都具有无可替代的价值。

　　从什么阶段开始发展人的学会学习能力是适合的呢？幼儿时期是否可以自主学习呢？

　　美国学者约翰·D. 布兰思福特等在《人是如何学习的》一书中写到，与所有学习者一样，儿童必须依靠意志、灵性和毅力来促进他们的学习。原以为幼儿缺乏策略性能力和学会有目的地学习的知识（元认知），但近三十年来大量的研究揭示了幼儿身上还未被认识的策略性能力和元认知能力（Brown & Deloache，1978；Deloache et al.，1998）。幼儿是否能进行自主学习？幼儿的自主学习到底具有什么样的特点呢？

　　围绕自主学习，我们展开了为期五年的研究，期望梳理出 3—6 岁儿童自主学习的特点、发展需求和推进的策略。

第一节　"放羊"滚铁环实验

　　幼儿是否与生就具有自主学习的萌芽？幼儿自主学习发展中的状态和心态是怎样的？幼儿自主学习能力的发展过程是怎样的？作为教师，我们不能对自己是否可以和应该做些什么都不清晰，我们需要对幼儿的自主学习过程、学习方式和学习方法进行深入细致的观察分析，从而帮助我们更好地认识幼儿自主学习的特点、规律和发展过程，不仅丰富我们对幼儿自主学习的认识，而且明确应该做什么和不该做什么。为此，我们在持续学习理论文献的同时，确定了幼儿自主学习的项目并进行观察实验。

一、研究过程

　　我们重点在大班下学期一个班级中实施了幼儿自主学习滚铁环观察研究项目，学习时间为一学期，一个月为一个阶段，共四个阶段。

　　教师指导主要体现在：在开始时给幼儿集体看一个滚铁环的视频，每到月底请幼儿反思目标是否达成，然后再请幼儿制订下个月目标。

　　幼儿主要采取录视频或音频的方式呈现自己的计划，以口头计划为主，且计划只有目标没有其他内容。如，我要学习滚铁环、我要学会滚直线、我要滚的距离远一点儿等。

　　对于计划是否合适、可行，教师均不做任何指导。教师只是在每个月快结束时，提醒幼儿要去录音做总结并制定下个月的计划，确保每名幼儿都有自己的总结和计划录音或录像，然后制成二维码或点读笔的录音贴展示在教室门口，方便幼儿自己、同伴及家长扫描或用录音笔去观看听读，随时了解幼儿的计划或总结。至于幼儿和家长是否去观看或听读教师不做引导。

　　教师观察发现，整个过程中并没有幼儿自己主动去观看和了解自己或他人的录音或录像，但有个别家长会主动询问教师或主动用手机扫描去观看。

这说明虽然教师提供了幼儿的录音或录像，但幼儿并没有自主回看自己的学习进程及计划的具体内容，大部分家长也没有主动观看。

在这个过程中，教师主要围绕四个问题对幼儿进行观察。

1.幼儿能自主学习吗？

2.幼儿自己可以做什么、做到什么程度？

（1）幼儿能做计划吗？能做到什么程度？

（2）幼儿能执行计划吗？能执行到什么程度？

（3）幼儿能自我控制吗？能控制到什么程度？

（4）幼儿能反思评价吗？能反思到什么程度？

3.幼儿自主学习过程中体现的特点和存在的困难是什么？

4.成人需要提供怎样的支架？要提供到什么程度？

观察期间，只有在幼儿主动与教师互动时，教师才给予适当的鼓励。如，由于小小从没接触过滚铁环，她在制订计划后，每天都主动到滚铁环区域练习滚铁环，终于在第四周周一晨间锻炼时，小小高兴地跑到教师处说："老师，我能滚起来一点儿了，你看！"说着，就滚给教师看。此时，她只能滚一米都不到。但教师立刻说："非常棒！因为你一直坚持天天练习，终于能滚较短的距离了，如果继续坚持就能滚得更远。"

自此以后，教师发现小小每天都坚持在滚铁环区域练习，从不去其他运动区域玩。教师就主动与其交流，了解她的想法。

教师："小小，你怎么不去玩玩其他的运动项目呢？"

小小："我4月份制订的计划是要会拐弯滚，我现在会滚铁环了，但是在拐弯处，钩子和铁环会缠在一起。我要多练习，4月份的计划才能完成。"

教师："你准备怎么解决这个问题呢？"

小小："我看到壮壮有一个好方法，就是在拐弯的时候，慢一些；如果速度快了，铁钩掉了以后再快快地钩上去。"

教师："你会主动向别人学习，还自己尝试练习，真厉害！如果这个问题解决了，你下一步的计划是什么呢？"

小小："我5月份准备跑起来。"

小小是为数不多的主动练习且一直坚持按照自己的计划执行的幼儿，教师以旁观为主，在幼儿主动找来时，与其互动，教师有疑问时，也会主动与其互动了解。同时，小小也让教师认识到：在大班年龄阶段确实存在具有自我管理能力的幼儿，他们能够依据自己制订的目标任务，坚持学习，并不断主动地向别人学习，努力寻找解决自己问题的方法。这个发现给予教师实施自主学习研究的信心。

在近四个月的时间里，教师一直采取观察为主的方式，不主动提醒，也不主动指导。教师发现很多幼儿虽然制订了练习的计划，但并没有去练习。教师观察他们表现出以下特点：有些幼儿根本没有任务意识，记不得或没有意识到自己要去练习滚铁环；有些幼儿开始想去滚铁环，但是一尝试滚不起来就丢下了，跑去其他区域玩了；有些幼儿开始在滚铁环，但是，看到自己的好朋友在玩其他的项目，就丢下自己正在练习的滚铁环，跑去玩好朋友玩的项目了；还有些幼儿特别容易受到其他活动和当时情境的影响，开始在练习滚铁环，可是，听到或看到其他好玩的项目后，就会立刻丢下正在练习的滚铁环，跑去玩那个项目了。

在观察期间，教师发现：有少部分家长了解到幼儿园在做这件事后，每天早上送幼儿到园时，能够主动提醒幼儿在晨间锻炼时要练习滚铁环。其中一位家长是小学教师，非常重视培养幼儿的计划执行力。

如，3 月份时，著予虽然制订了每天要练习滚铁环的计划，但每天晨间锻炼时，他总是跑到足球和篮球区玩游戏。他妈妈观察一个月后，在 4 月份开始介入，不仅在晨间锻炼时指导，如"你制订了计划，如果不练习，是不会有效果的。你看看想想（旁边一名已经熟练掌握滚铁环技术的幼儿）天天在滚，滚得就很好"，而且晚上回家后，与其讨论怎么做才能完成自己的计划，即学会滚铁环，并明确向其提出要求"每天必须去练习"。于是，在接下来的时间里，著予每天早晨开始有意识地给自己留出 5—10 分钟练习滚铁环。开始时，他妈妈每天有意识地提早送他来园进行练习，这样坚持一个月后，到 5 月份，著予开始能逐步按照计划执行，并且不需要家长提醒，就能够做到每天先到滚铁环区域练习，然后再到自己喜欢的区域玩。

著予的案例可以看出：成人在幼儿自主学习过程中的作用，只要方法得当，且坚持要求与引导，幼儿是能逐步形成执行计划的意识，自主学习能力是可以发展的。

但教师也发现：有的家长也提醒幼儿了，但只限于口头提醒，当幼儿依然坚持玩自己喜欢的、已经掌握的运动项目，而不去执行自己的滚铁环计划时，这些家长就不再坚持自己的要求，而是采取放任幼儿的态度。这样造成的结果是：仅仅是口头提醒且不坚持要求，对于这些幼儿的计划意识和自主学习能力的培养丝毫没有积极的作用，相反，还让幼儿觉得成人的要求自己可以不听，对幼儿的发展产生了负面影响。

二、研究结果

笔者对"放羊"103 天幼儿自主学习滚铁环的结果进行了梳理，见图 1-1 和图 1-2。

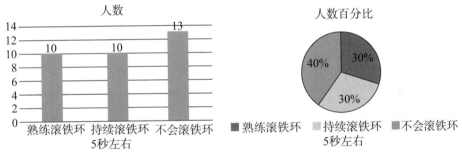

图 1-1 大班幼儿滚铁环情况图 1   图 1-2 大班幼儿滚铁环情况图 2

由图 1-1 和图 1-2 可见，全班 33 名幼儿中，只有 10 名幼儿学会了熟练滚铁环，有 10 名幼儿只能够持续滚 5 秒左右，13 名幼儿一点儿不会滚。依据学会滚铁环的标准，只能滚 5 秒左右的幼儿也不算掌握了滚铁环技能，这样就有 70% 的幼儿没有学会滚铁环。

这个数据和我们观察的结果一致，大班幼儿中确实存在自主学习能力很强，几乎不需要成人指导的，只要在他们有需要时给予适度互动即可，但这部分幼儿只占全体幼儿的 10% 不到，其中还包括一部分幼儿是在家长指导下进行自主学习的，如案例中的茗予。这两部分加在一起是能熟练掌握滚铁环技能的 30% 幼儿，其余的 70% 幼儿，由于教师不指导、不参与，家长也不进行指导和互动或指导不到位，采取任其自由发展的方式，所以，虽然给予了幼儿充分的自主学习时间（103 天），但幼儿依然没有完成此项学习任务。

三、研究反思

我们对形成结果的可能原因进行了反思。

1. 教师的支持和引导是幼儿自主学习意识和能力发展的关键要素。

在幼儿自主滚铁环的过程中，全程让幼儿自主管理，每天晨间锻炼时，让幼儿自己决定是练习滚铁环还是玩其他运动项目，全程教师都不给予任何反馈和指导。对于一直坚持练习的幼儿，只有在幼儿主动找教师时，教师才给予鼓励，对于他们的行为，教师也没有在全体幼儿中给予表扬强化和示范推广，从而激发出全体幼儿学习的积极性。即使一些幼儿遇到困难就离开了；一些幼儿不能抵制自己喜欢的项目的吸引力，每天都跑到自己喜欢的区域去玩，从不练习滚铁环；一些幼儿受到其他幼儿不练习等行为的影响，教师均采取不指导、不引导、只观察的策略。这样的策略，只能适用于自律意识很强，能够按照计划来完成自主学习任务的极少数幼儿，而绝大多数幼儿是需要教师的全程支持和引导的，且这种支持和引导应该是有效的、积极的。如，前面提到的著予妈妈的指导——先观察，指出存在的问题，然后与幼儿共同讨论解决方案，每天提醒幼儿执行并在旁边观察其执行情况，每天反馈，在幼儿养成自主学习的习惯后再放手。这种支持策略是值得学习和推广的。而家长采用的口头提醒，不听就放任不管的方法是不可取且一定要避免的。为此，我们要重点研究教师（或成人）的积极有效的支持幼儿自主学习发展的策略。

2. 每一阶段的时间要与幼儿的感知能力、坚持性等发展水平匹配。

大班幼儿还没有形成一个月的时间概念，且每个月初制订一个月的计划，到月底才反思，其间，教师不提示、不引导，幼儿容易遗忘任务，增加了幼儿执行计划的难度。

3. 仅用录音或录像的方式说计划，不能帮助幼儿记住自己的目标任务。

每个月底幼儿会反思自己是否完成了本月目标并给予评价，虽然教师会将幼儿反思的内容制成二维码展示在教室门口，供幼儿去扫一扫、看一看、听一听，但教师观察后发现，幼儿不会主动到班级中拿平板扫一扫、看一看自己的视频或听一听录音中自己的计划是什么，需要改进的是什么。由于幼儿不能经常看到自己的计划和反思来提醒自己，所以，很多幼儿说完计划和反思后，就忘记了自己的计划和任务了，更谈不上执行计划和调整自己的行为了。这在一定程度上也影响了幼儿执行计划和自主学习的效果。

4.仅用录像的方式说计划与反思，数字技术的支持作用没有充分发挥。

虽然班级提供了平板，但仅仅是用来录幼儿的计划和反思的视频，且这个视频的作用仅限于记录，没有挖掘出平板的功用及幼儿计划和反思视频本身在幼儿自主学习中的促进作用。

5.仅让幼儿自我反思，不能将反思引向深入。

全程只是让幼儿自我反思，他们只能在自己的水平上反思，没有同伴和集体的互动交流，没有成人的引导，幼儿的反思内容单一，反思缺乏深度。如，一名自主意识和能力较强的幼儿的反思是：3月份我没有学会，是我练习得不够，下个月我要好好练习。4月份的总结是：我学会了将铁环立在地面上不倒，但还没有学会用铁钩钩住铁环。5月份的反思是：我已经能滚起来了，但是滚不远，会飞走。而多数幼儿几乎连续4个月的反思都是：我还没有学会，是我练习得不够，或是滚铁环太难了。至于为什么没有学会，除了没有好好练习外，还有什么原因、怎么解决这个问题等，幼儿都没有反思。一方面是因为他们不知道从哪些维度去反思，另一方面他们也确实不知道自己的问题在哪里，所以反思只能停留在表面。

6.幼儿始终没兴趣，放任是否就是尊重幼儿。

在观察期间，我们发现有一部分幼儿对于滚铁环这项任务根本就没有兴趣，他们每天锻炼的项目都是自己喜欢的，虽然有家长的提醒，但幼儿依然不去选择学习此项任务。难道对于他们教师采取放任的态度，就是尊重他们，对于他们的发展就是最好的吗？我们知道，大多数幼儿对于不熟悉、不了解、没有掌握技能的项目开始都是没有兴趣的。但是，在成人的引导下，他们一旦熟悉、了解和掌握了技能后，就会产生兴趣。成人明知如此，还采取放任的态度吗？是否在整个幼儿期，乃至于整个生命发展历程中都只做自己感兴趣的事情吗？当他们遇到不喜欢的事情都采取放弃的态度吗？谁能保证他们整个人生中都是做他们感兴趣的事情呢？

7. 幼儿始终学不会，等待是否就是适宜的教育。

在观察期间，我们发现大部分幼儿开始都是兴致勃勃地来学习滚铁环，可是，当他们遇到困难时，就立刻丢下铁环去玩其他已经学会的项目，这种对待学习任务的态度是积极的吗？教师应该不作为，一直等待他们自我成长吗？一直等待是适宜的教育吗？教师是否应该引导幼儿经历学习是需要付出努力、克服困难后，才能获得成功的过程，逐步帮助幼儿养成积极主动、认真专注、不怕困难、敢于探究和尝试等良好的学习品质？

带着对这些问题的思考，我们又展开了深入的学习和思考。杜威曾提出，自由若不加以限制，就是自由的消极方面，其价值仅仅在于它是一种取得力量的自由的工具，即，树立目的的力量，作出明智判断的力量，根据欲望所产生的行为结果来评价欲望的力量，选择和安排实行所选择的目的力量，等等。在任何情况下，自然的冲动和欲望都是一种起点。如果对冲动和欲望不加以某些改造、某些批判，使它们保持本身原有的形式，那么，就不会有理智的生长，这种批判就包含着禁止冲动的最初状态。教育的理想目的是创造自我控制的力量。蒙台梭利也曾说过，儿童必须靠自己进行工作，他必须完成工作。没有人能挑起儿童的担子，代替他长大。

找到了理论依据，我们展开了第二轮的研究。

第二节 自主学习跳绳实验

在反思梳理了幼儿自主滚铁环的问题后，我们展开了第二个项目实验：大班上学期为期四个月的自主学习跳绳。在这个实验中，我们坚持在观察为主、幼儿在前的原则下，教师进行适时适度的指导和引领。

一、研究过程

我们实施了八个策略。

1. 引入分解计划，缩短阶段周期。

我们把一个大目标拆解成许多小目标，将学习跳绳的目标分解为六个阶段目标，且将每一阶段计划时间由四周缩短为两周，这样既给予幼儿充足的练习时间，又便于幼儿记住自己的学习任务和目标，便于执行和落实。

同时，我们在幼儿计划中不仅有要达到的目标任务，而且增加了每天的练习时间。教师和幼儿讨论，将幼儿每一阶段的计划具体化，增加了每天练习的时间。如，有的幼儿在计划中写到"每天练习 30 分钟"，有的幼儿还将练习时间分解为上午 20 分钟、下午 20 分钟。由于增加了每天的练习时间，帮助幼儿明确了每天的练习任务，从而保障了计划的执行。

2. 引入前书写，让幼儿的计划看得见。

引导幼儿学习用前书写的方式将自己的计划写出来（具体活动方案见附录），前书写不仅让幼儿通过写的方式和写的过程记住自己的计划，而且教师将每名幼儿的计划张贴在教室门口让他们进出时都能看见，每天锻炼前也提醒他们先去看一看自己计划中的练习时间，从而帮助幼儿明确计划、执行计划，完成自己的练习任务。

3. 增加反馈机制，让幼儿每个行为都得到反馈。

幼儿的自主学习是需要培养的，其中一个很重要的策略就是建立反馈机制，成人不仅要重视观察幼儿的行为，而且要努力让幼儿的每一个行为都得到反馈。

（1）增加日自评。为了帮助幼儿记住自己的目标和任务，清楚自己每天执行计划的情况，我们增加了幼儿的日自评。每名幼儿有一张日自评表，张贴在自己的阶段计划旁，幼儿每天下午回家前，要对照计划检查、反思自己当日是否练习、练习时间是否达到、目标任务是否达到并给予自评。如果达到当天练习时间，就贴红色五角星；如果练习时间不足就贴黄色圆形；如果未练习就空着不贴。贴标签的方式不仅简便易于落实，而且醒目，便于幼儿自己、同伴和家长来园时观看，对于幼儿是一种很有效的反馈。

（2）个人展示随时随地。在幼儿练习时，教师不拘泥于是否是反馈时间，只要幼儿有进步、达成目标、有新发现、有创新……教师立刻请其展示给大家看。不仅教师向大家介绍幼儿的进步，而且让幼儿介绍自己的进步、发现或诀窍。随时随地的展示，让幼儿的每一分努力、每一点儿进步都得到及时反馈，让幼儿能直接体验到自己的每一个行为、每一次练习的成果并得到正向反馈。

（3）设立动态荣誉榜。我们让每名幼儿都从自我出发，自定目标、循序渐进，为了让幼儿不断感受到自己的进步，我们对每名幼儿每个阶段的自主学习行为都从不同角度给予积极的评价。我们设立了动态荣誉榜，不仅评选完成学习任务的冠军，还设立了进步奖、坚持练习奖等，教师努力发现每名幼儿在制订计划、执行计划和完成计划过程中的每一个积极行为，使每名幼儿都榜上有名，让每个人都能感受到自己在进步。当幼儿都掌握了跳绳的基本技能后，我们让幼儿自选挑战项目。教师让幼儿自选在动态荣誉榜中各个项目的第一名进行挑战，争做下一阶段挑战项目的第一名，帮助幼儿体验到第一是可以打破的，自己可以打破别人，别人也可以打破自己，每个人都必须不断努力。

4.增加集体反思，发挥同伴、教师联合刺激作用。

联合国教科文组织指出，学习作为一种社会经验，需要与他人共同完成，以及通过与同伴和教师进行讨论及辩论的方式来实现。儿童和成年人一样，需要有一定的单独活动的时间。但是，这种单独活动的时间、地点和多寡，乃是枝节问题，而不是原则问题。和别人共同工作与个人单独活动之间并无内在的对立。相反，一个人的某些能力，除了在和别人联合的刺激下以外是无法产生的。认为儿童必须单独工作，不参与集体活动，以便自由发展他的个性，这种观念是按空间距离衡量个性，把个性看成物质的东西。为此，我们改变了第一阶段，即观察实验阶段仅仅让幼儿个人反思的策略，增加了集体反思。

集体反思不仅帮助幼儿梳理、总结此阶段中，幼儿学习中的有效策略、良好行为，进行个人展示，给其他幼儿提供学习的榜样和积极行为的示范，而且对幼儿学习中的问题、不良行为进行讨论，找出问题的症结，集体给予帮助，寻找具体方法。同时，帮助幼儿做到三清晰：清晰个人练习和目标达成度、清晰个人的困难和解决方法、清晰个人的经验和策略方法。

5. 增加个人反思力度，提升个人反思质量。

我们将第一阶段幼儿每月一次的个人反思频率改为每两周一次，而且不仅要幼儿在视频中说出自己的反思，还要他们用前书写方式写出自己的反思。不仅增加了反思的频率，而且增加了记录反思的方式，除了日自评、阶段自评外，还有围绕不同话题的自我反思。如，我的跳绳诀窍、我在跳绳中遇到的困难、我学会的跳绳方法、我在跳绳中最有趣的事情、我在跳绳中向谁学习过、我在跳绳中遇到困难后是怎么做的，等等。

通过一个个不同的反思，不断让幼儿体验、学习从不同维度细致分析自己学习跳绳的过程中自己的努力、收获及需要不断改进的地方，以及各种有效策略，知道从哪些方面监控自己的学习过程以及监控的方法，提高了幼儿自我监控的意识和能力。

6. 增加"师徒"结对，发挥同伴间支架作用。

同龄人作为"脚手架"。在计划活动、搭积木、合作学习以及一切需要他人参与的活动中，同龄儿童对学习的促进作用非常重要。研究发现，通过与更高水平的同龄儿童进行交往，儿童的认知能力会有很大提高。在学习跳绳的基本方法时，在练习了大约两个月后，仍有六名幼儿不能连贯地进行跳绳。为此，班级开展了为他们寻找"小老师"的活动，让幼儿自愿报名做他们的"小老师"，同时，也分别征求这六名幼儿的意愿，看看他们希望谁来做自己的"小老师"。在双向选择的前提下，班级中产生了六位"小老师"和六对"师徒"，接着，大家讨论明确"小老师"的责任、任务和"学生"的要求。从第二天起，无论是晨间锻炼、课间活动，还是下午锻炼时，总能看见这六对"师徒"在一对一地指导和练习。当幼儿出现倦怠或受到外界干扰没有兴趣时，同伴的帮助激发了他们坚持练习的兴趣和意志。半个月后，在"小老师"的指导和支持下，有五名幼儿能够双脚连续跳绳了。

7. 发挥家长间的影响力，转变个别家长的认识。

我们在实验过程中发现，个别家长并不支持教师让幼儿通过学习跳绳的活动培养其自主学习的意识和能力的观点，认为幼儿在此阶段根本不需要学习跳绳，虽然教师一再与他们沟通，强调此项目的目的不在于让幼儿学会跳绳，而在于培养幼儿的自主学习能力，发展其目标意识、计划意识、自我控制能力和反思监控意识等，但家长依然坚持自己的观点，鼓励幼儿不练习，去玩自己喜欢的踢足球活动。

家长的认识与幼儿的态度有极大的关系。虽然幼儿在每次的集体和个人反思活动中，都知道未达成计划的原因是自己将体育锻炼的时间都用来踢球了，虽然其他幼儿也一再告诉他"任务都没完成，怎么能去踢足球？你必须先完成自己的任务"，但是，在之后的晨间锻炼中，幼儿依然跑去踢足球，家长依然每天在旁边支持他不跳绳。

为此，教师组织召开了家长座谈会，发挥家长间的影响力，每位家长分享了学习跳绳对自己孩子的积极影响，并用鲜活的事例告诉这位家长如何让幼儿对跳绳感兴趣，愿意克服困难去练习的方法和策略，家长们一个个形象生动的故事，带给这位家长极大的震撼。周五座谈会后，下周一早上一入园，此幼儿就高兴地告诉教师："我已经会跳绳了。"教师非常惊讶地问："你怎么学会的？"幼儿说："星期五下午回去后，爸爸就开始和我一起跳绳，爸爸天天和我一起练习，星期天晚上我就已经学会了。"

此事例让我们看到家长间的影响力，作为教师应当智慧地调动家长间的力量，让每位家长都能在幼儿成长中发挥积极的作用。

8. 发掘视频的支持作用，解决幼儿个性化学习难题。

每名幼儿在沿着相似进程发展的过程中，各自的发展速度和到达某一水平的时间不完全相同，他们会按照自己的速度和方式到达《指南》所呈现的发展阶梯。因此，需要给予幼儿差异性的支持，而利用视频可以解决幼儿自主学习过程中遇到的个性化需求问题，我们重点和幼儿一起研究视频在幼儿自主学习过程中的支持作用。

（1）提供三脚架让幼儿录制自己的视频，帮助幼儿分析自己的动作。幼儿可以拍下视频回看，如，今天跳得怎么样，有哪些进步的地方，还有什么地方需要改进；还可以将自己今天的视频和前面的视频进行比较，如，自己今天和以前相比有哪些进步，从而让幼儿获得成就感和自信心。

（2）幼儿自主选择录制朋友的视频，帮助幼儿对比自己与他人的动作。幼儿可以选择班级中已经掌握此项技能的幼儿进行拍摄，通过看视频向同伴学习，如，发现他是怎样跳的，用了什么方法；可以直接看朋友的视频进行学习和练习；还可以分别看自己和朋友的视频比较两者有什么不一样，找出差距，发现自己做得不到位的地方，进行调整。

（3）教师将自己跳绳方法的视频给幼儿反复观看。部分幼儿在自己探索、集体讨论、个别幼儿示范后，依然不能掌握跳绳的方法，教师就将自己跳绳的基本方法和花样跳绳的方法等逐一录制成微课，提供给幼儿，让这些幼儿根据自己的需要反复观看、分析、模仿、练习。

（4）幼儿自己下载视频，反复观看并模仿练习。一些幼儿已经不满足于教师提供的花样跳绳视频了，他们想挑战难度更高的跳绳方法，他们利用班级提供的 iPad 在网上搜寻新的跳绳方法视频。在中班时，我们就和幼儿一起讨论过，"如果遇到自己不会的问题怎么办？"，当时就有幼儿提出可以到网上查询，搜索视频或答案，教师还带领幼儿一起采用语音搜索的方式展开了练习。此后，幼儿遇到不会的问题或需要的图片、视频，都会自主用语音上网查询。所以，在学习跳绳时，部分幼儿就自己上网看跳绳视频，展开模仿学习。

二、研究结果与反思

四个月后，我们对幼儿、教师、家长进行了总结，三方均有不同的收获。

1. 幼儿的收获。

八大策略的支持，不仅使幼儿掌握了跳绳的方法，而且激发了他们战胜困难的勇气，磨炼了意志，他们不断创新，发明新的跳绳方法，获得了成就感，提升了自主学习的能力。

我们对幼儿掌握和创造的跳绳方法进行了梳理，除了全体幼儿都掌握的双脚连续跳的方法外，他们还发明创造了以下方法。

· 步伐变化：单脚、双脚交叉、单双脚交替、前后方向交换、弓箭步跳、
  蛙跳步

· 臂膀变化：交叉、左右甩再跳（SOS）、反甩

· 身高变化：全蹲跳跳绳、半蹲跳跳绳、双飞跳跳绳

· 移动变化：左移、右移、前移、后移、转圈（正转、反转）、曲线跳

· 人数变化：双人（一人甩绳带另一人跳、一人甩一边一起跳）、三人、多人

· 人＋器物：大腿夹皮球跳绳、小腿夹沙包跳绳、脚夹跳跳球跳绳

· 组合变化：步伐＋移动＋臂膀变化＋身高＋人数＋器物

大班幼儿跳绳方法统计见图 1-3。

人　数

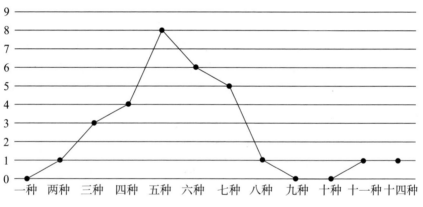

图 1-3　大班幼儿跳绳方法统计图

从图 1-3 可以看出：全体幼儿并不满足于只掌握一种跳绳方法，他们热衷于自创方法，30 名幼儿中，除一名幼儿掌握了两种跳绳方法外，22 名（73%）幼儿掌握 5 种以上方法，最多的一名幼儿掌握了 14 种跳绳方法。

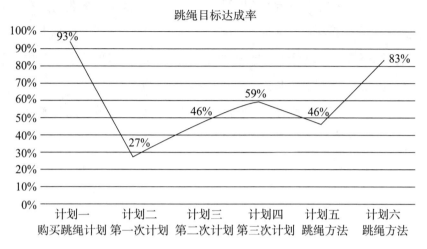

图 1-4　大班幼儿跳绳目标达成率

我们根据幼儿在整个跳绳期间的状态进行了梳理和总结。

（1）幼儿的目标达成率不断提高且总体呈逐渐上升趋势，最高达83%，见图1-4。

（2）幼儿的任务意识不断增强。幼儿不仅能每天按计划练习，而且能根据自己任务的难度及时、主动地调整练习时间。如，乐乐在第一、二阶段都计划每天练习跳绳20分钟，可是两个阶段后，他发现很多人都已经学会跳绳了，虽然自己每天都按照计划在晨间锻炼时练习20分钟，可是，一点儿都没有进步，在第三阶段，他将练习时间增加到上午30分钟、下午30分钟，不仅如此，还主动提前了入园时间，让晨间练习的时间更多，回家后，也增加了练习时间，保证自己能够达到制订的目标。

（3）幼儿的反思能力大大提升。由于我们不仅增加了幼儿个人反思的频率，而且增加了每周一次的集体反思，幼儿反思的针对性和深度不断提升。如，反思两个阶段后还没有学会跳绳的原因时，天天说自己的练习时间不够，因为他喜欢踢足球，每天早上都喜欢去踢。其他幼儿立刻告诉他：如果每天练习时间不够，就要牺牲自己喜欢的足球活动；如果练习时间够了还没有达到目标，说明练习时间不够，要在计划中增加练习时间，或者是自己的目标制订得太高了，要将目标降低。

（4）幼儿整体的抗挫能力不断提升。以前遇到困难，多数幼儿经常表现为停止不做或者还会哭。现在遇到困难，幼儿的负面情绪明显减少了，会为了达成目标而努力，自己主动想办法解决问题。在学习新的学习任务，遇到困难时，幼儿会说：只要坚持练习，一定会成功的。

（5）幼儿的自我控制能力不断增强。幼儿现在都知道要先完成自己的计划，才能去玩其他自己感兴趣的活动。如果计划没有完成，就需要一直坚持练习。班级中的彦彦，不仅年龄最小，而且动作协调性、身体平衡能力等都发展滞后，当他知道没有达到目标要坚持练习后，从第三阶段计划 11 月 6 日开始，每天晨间锻炼时都练习，一直到 12 月 27 日，坚持了 8 周，终于学会了跳绳。

在实验项目结束后，我们组织幼儿进行反思，围绕两个问题，了解他们经过实验后自主学习意识和能力是否得到发展。

问题一：你遇到困难怎么办？

幼儿的回答如下：

（1）自己看视频：看自己的视频分析问题在哪里、优点在哪里；看朋友的视频、老师的视频学习，在网上搜寻会这项本领的人的视频学习；比较看：比较朋友和自己的视频，找出差距，比较自己以前和现在的视频，比较自己和老师的视频，找出差距等。

（2）找朋友解决：找朋友中的高手帮忙；询问、自己在旁边看，看不会请其讲解等。

（3）向成人询问：教师、家长、会的人、专家等。

（4）自己上网查：秒懂百度、识之等（百度上的知识有时是不准确的）。

（5）自己看书查：专门讲解这个问题的书。

（6）自己琢磨研究。

问题二：跳绳对你来说是什么？

幼儿的回答如下：

（1）跳绳可以运动身体，如手腕和腿部等；可以锻炼耐力和坚持力。

（2）跳绳很刺激，特别疯狂。我感觉跳绳的时候很快乐。

（3）跳双飞的时候要跳高，感觉自己像飞起来了一样。很好玩。

（4）跳绳的花样可以自己创造，自己想怎么变化跳就可以怎么变。

（5）跳绳很难，给了我们一个很大的挑战。

（6）跳绳可以让我们变得更聪明。

（7）刚开始觉得跳绳的时间很长，后来因为在认真地学，就会觉得跳绳的时间很短。

（8）只要学会了跳绳，就感觉所有的项目都会了。

（9）先把主要的学会，然后只要想出一个新方法就能跳出来。

（10）不会的时候觉得跳绳很不好玩，等会了就感觉跳绳很好玩，像玩游戏的感觉。

（11）不会跳绳的时候感觉不到绳子和脚的节奏，会了之后，绳子甩得快，脚就跳得快，就掌握到节奏了。

（12）跳绳要多练习，必须认真练习才能学会。

……

幼儿对两个问题的回答，不仅说明在成人的支持下，幼儿能够自主学习，而且说明幼儿经历自主学习后，增强了对学习和克服困难的信心，收获了克服困难和解决问题后的快乐，以及自我成长感和成就感。

2. 家长的收获。

在整个跳绳活动中，不仅幼儿得到了发展，整体自主学习能力和综合素质得到了提升，家长们也得到了提升。

在我们召开的班级小型座谈会上，家长们纷纷赞叹自主跳绳学习活动。

（1）安宁妈妈

"每天上午，首先让孩子反思跳绳计划的执行情况。从10月到11月，表示未完成的黄点在减少，表示完成的红星在增加。一个阶段后，全班总结前面取得的跳绳成绩，并且做了光荣榜，表扬一些完成得比较好的孩子，激发了孩子们跳绳的兴趣，也让安宁认可了自己的努力。当所有孩子都学会跳绳后，班级又开展花样跳绳的活动，让孩子们在愉快的气氛中学习跳绳。我看到安宁从个人跳绳到创新跳绳过程中的进步和变化：反跳、蹲跳、花式跳绳、单脚跳＋不同步伐、双脚打开并拢的频率组合、两人合作跳、跳大绳……这些都是我每天早上来园能看到的，在这个过程中，培养孩子在竞争中不服输的精神。"

（2）瓜瓜妈妈

"在跳绳自主学习中培养的责任意识和计划意识，一直延续到这一次的学习中，坚持练习已成为瓜瓜的习惯。在他的潜意识中，完成计划是一种自然而然的事情，是自己应该做的事情。跳绳自主学习在瓜瓜的潜意识里留下了这样的印象：遇到困难我不怕，我不会放弃，只要我一直坚持练习，就会攀登到自己想象不到的高度。他开始练习跳绳的时候很困难，但他在不断坚持的过程中突破了自己，从跳绳以后，信心就是他在困境面前的神仙水，也让他的字典里面很少再出现'放弃'这个词。前书写方式非常赞，因为他不会写字，也不会写汉语拼音，但是他很喜欢书面表达，现在找到了表达的渠道，在家里他会用这种方式写贺卡、写信等。"

3.教师的收获。

我们在实践幼儿自主学习跳绳项目后，对幼儿自主学习的特点以及如何支持幼儿的自主学习策略进行了梳理。

首先，确定了幼儿自主学习的特点。幼儿独立完成自主学习有一定困难，但在成人的支持和引导下，逐步积累自主学习所需的各种品质和能力则完全可能实现。

为此，我们把幼儿的自主学习定位为：在成人支持下，幼儿自己选择学习内容，对自己将要学习的内容事先计划，自己决定学习的时间，用自己的方法和策略进行学习，在学习过程中进行自我调节监控，在学习过程中和学习后进行自我评价和反思，坚持完成自己的学习任务。它和其他学段自主学习概念的重大差异是需要在成人的支持下，并不是数字化设备提供了，教师就可以当"甩手掌柜"了，教师就可以"不在场"了，而是教师和数字化设备要"共同在场",教师要始终观察幼儿怎么自主学习、怎么使用数字化设备来自主学习,他们自己能解决什么问题、不能解决什么问题,教师需要什么时候介入、以什么方式介入、介入到什么程度……从而适时提供适宜的支持。

其次,教师对幼儿有了新的发现和认识,建构了关于幼儿自主学习的新观点。

(1)幼儿计划制订、计划意识、计划执行等能力的提高,需要通过集体活动和有针对性的个别指导结合的方式实现。计划性的培养有助于幼儿自主学习能力的提高。

(2)将计划分解为一个个小目标,有利于帮助幼儿学习制订计划并理解计划执行功能;同时可以将整个学习和练习过程变得轻松;有助于幼儿看到计划的实现,感受到成就感,领悟到计划的作用。

(3)幼儿不感兴趣的学习任务,只要成人引导和支持适宜,依然会激发出幼儿浓厚的兴趣。

(4)前书写的引入让幼儿的计划与反思看得见、记得住、做得到。前书写技能赋予幼儿对自己学习的掌控感,以往都是家长和教师帮忙记录、制订计划,而前书写真正让幼儿成为学习的主体。

(5)对学习无兴趣或有难度的幼儿,以及没有完成目标的幼儿,教师一定要及时、全方位地跟进,给予有效支持,促使其不断进步并获得信心,使其积极努力地完成自己的目标和计划。

(6)幼儿是可以自定目标的,但需要教师在过程中不断激发他们向上学习的动力,使其愿意不断挑战自己,打破自己原有的舒适状态。如,当幼儿获得制订低目标易完成任务的体验后,就会出现每次都将自己下一阶段的目标订得很低的现象,教师可及时运用动态荣誉榜鼓励幼儿挑战。

(7)制订计划一定要与幼儿的认知能力、思维发展水平匹配。如,制订每一阶段计划时,我们都会提供日历,让幼儿认识每个月的日历,指认每一阶段开始的时间是几月几日,结束的时间是几月几日,并数一数从开始到结束一共有多少天等。通过确认每一阶段制订计划的时间,每天对照日历评价自己完成任务的情况,统计每一阶段完成任务的天数,不仅帮助幼儿明确每天的目标任务,而且丰富、拓展了幼儿对时间(现在、过去、将来)概念的感知。两周为一个阶段计划时间，不仅匹配且推进了幼儿认知能力和思维水平的发展。

第三节　自主学习滚铁环实验

在大班上学期跳绳学习活动结束后，下学期一开学，2019 年 2 月我们在实验跳绳的大四班继续开展了自主学习滚铁环活动，依然采用跳绳实验中使用的方式方法。让我们感到非常震惊的是，全班幼儿不仅在布置任务时就呈现出积极的态度，跃跃欲试，非常自信地认为自己一定能完成任务，而且在练习时每天都乐呵呵的，你追我赶，全班 30 名幼儿仅仅用了 20 天就学会了滚铁环。

当他们熟练掌握滚铁环的技能后，主动提出设置障碍增加难度，尤其让教师们感叹的是，建议者是学跳绳活动中，最后一个学会跳绳的彦彦，他也是最先学会滚铁环的人。

很多幼儿自然地迁移了跳绳中创新玩的经验。如，蕾蕾探索出在滚铁环的过程中让钩子脱落，只用铁棍贴近铁环，照样能滚起来，而且可以多次变化，还可以用钩子锁住铁环。天天探索出可以在上下坡时，将铁环钩子钩在铁环的前面比钩在铁环的后面更容易控制铁环的速度。我们发现幼儿滚铁环的距离由原先的 1 米、3 米、5 米、10 米、30 米，到后面只要他们有力气，想滚多远就能滚多远。

我们发现幼儿成功迁移了跳绳中创新跳法的思路和方法，他们的创新玩法如下：

1. 变化滚铁环的距离：1 米、5 米、10 米等。

2. 控制滚铁环的速度：快速＋慢速＋中速＋快速。

3. 变化铁钩的位置：钩在后面、前面、中间；钩子在中途不钩，且不断变化不钩的时间和位置。

4. 变化滚铁环的路线：

（1）单一图形路线：直线来回、S形、圆形、方形、正反圆形。

（2）两种图形相加或几种图形相加：直线来回＋圆形＋方形＋正反圆形。

5. 加障碍滚铁环：在滚铁环的路线上用长积木板搭成斜坡，让铁环爬坡和下坡；在滚铁环的路线上用大小不同的可乐瓶做成小树，铁环必须绕过每一棵小树；后期不断增加难度，将斜坡和小树结合，且斜坡与小树之间、小树和小树之间的距离越来越短，以此增加滚铁环的难度。

6. 合作花样滚铁环：一人转圈，另一人从中间直线穿越。

我们可以看到，由于幼儿掌握了自主学习的方法，激发了自主学习的兴趣，增加了自主学习的信心，提高了自主学习的效率，他们用四个月完成了自主学习跳绳的任务，用20天完成了自主学习滚铁环的任务，而且主动迁移了跳绳中创新跳法的思路和经验，创造了多样的滚铁环方法，大大超出了教师的要求，将教师布置的滚铁环学习任务完全转化为自己"要学习"的目标。

通过本节的三个实验，不仅证明了幼儿的自主学习需要成人的支持，而且证明了幼儿期是可以开展自主学习的，在有计划的培养下，幼儿自主学习的意识和能力是能够得到极大发展的。幼儿不仅有自主学习的潜能，更能享受自主学习过程中的乐趣。

第二章

四项自主学习评估

从 2016 年 9 月起，我们在全园实施了幼儿自主学习项目实验，该项目从小班起让幼儿自主学习拍皮球、玩跳跳球、念儿歌、说故事、唱歌、跳舞等，经过三年的实验，幼儿的自主学习意识、能力到底发展得怎样呢？

我们在大班下学期末开展了为期 8 天（2019 年 5 月 6 日—5 月 15 日，除去 11 日、12 日周六、周日两天）的四项自主学习观察评估。同时在三个大班的四个区域中分别投放一个新的学习任务让幼儿自主学习，即阅读图书《小时候》（语言区），玩"给积木做盒子"（数学区），做实验"小球不见了"（科学区），学习舞蹈《偶像万万岁》（音乐区），对全园三个大班共 90 名幼儿自主学习四项任务进行全程观察，全面诊断分析幼儿自主学习意识、问题解决能力及学习品质，为未来我们对幼儿进行自主学习培养提供借鉴。

观察评估的主要流程：

1. 同一位教师在任务开始前，到各班以集体活动的方式逐一介绍四项自主学习的内容、材料和完成任务的日期，并明确每项学习任务完成的判断标准和四项任务完成的时间节点。

2. 幼儿用前书写的方式自主制订自己的学习计划，主要包括开展四项学习任务的顺序和每天练习的时长。

3. 教师将幼儿的学习计划全部展示在班级门口，同时，每张计划旁边对应一张日期进度表，利于幼儿每天回家前对自己的计划执行情况和学习情况进行自评，即在自己的记录表上记录学习情况（达成自己每日计划学习的时长目标画"√"、未达成画"○"、未参与画"×"、已经学会画"☆"）。

4. 每天幼儿自主选择进入各区域自主学习四项任务（一日中除了户外锻炼、做操、两餐一点、午睡等生活环节外，幼儿基本有三个完整时间段进区——晨间入园后即可进区学习直至户外锻炼，约40分钟；上午9点至10点，约60分钟；下午起床、吃点心、户外锻炼后直至家长来接，至少30分钟），教师拍摄、观察幼儿进区的时长及学习情况。

5. 每天上午在幼儿自主学习后，教师会组织幼儿集体交流学习中的经验，提出学习中的困难，共同讨论，找到解决的方法。

6. 在幼儿进区时，每个区域有一位教师在旁边观察，给予适时指导，且每个区域都配有一台摄像机，将幼儿自主学习的全过程进行拍摄记录。

7. 每天下午幼儿离园后，班级教师开会，每位教师结合自己的观察记录回看当天视频记录，分析幼儿自主学习的情况，讨论幼儿能否主动迁移在跳绳实验中学习过的策略来解决自己的学习难题；商讨第二天是否需要开展集体活动以及需要共同讨论的问题；及时将幼儿忽视或存在的问题通过集体活动共同澄清，帮助他们解决自主学习中遇到的问题，完成学习过程的自我监控，促使他们能够完成自己的学习任务。

从实验结果看，经过三年自主学习的培养，幼儿具有了一定的制订计划和执行计划的能力。但要求他们同时安排四项任务且在同一时段内完成，完成的质量是有差异的，且差异很大。分析原因主要是每项任务对每名幼儿的难易程度不同，幼儿的时间感知能力和统筹能力发展是有差异的，他们经过努力可以统筹安排一项任务，但同时统筹四项任务，部分幼儿还是有一定难度的，需要教师全程的提醒、提示等策略支持。

令我们感到非常欣慰的是：

1. 100%的幼儿都能依照自己的意愿，用前书写的方式制订自主学习计划。个别幼儿计划的练习时间受到个人时间知觉发展的限制，可行性存在一定的问题。如，每个班都出现2—3名幼儿计划每个项目每天练习一小时，而我们所有学习任务都要求在园内完成，幼儿每天实际在园自主学习总时长只有两小时，每项任务每天一小时在园无法实现。再如，每个班都出现 2—4 名幼儿计划练习时长为 10 分钟或以内。通过和他们对话了解到：他们不仅对时间认知不准确，而且对于每项学习任务的难度及自己需要的练习时间也不清晰。每项任务对于每名幼儿的学习难度是不一样的，幼儿在制订计划前，不仅要了解自己擅长哪项任务，还要了解每项任务对自己的挑战是什么、难度有多大等，从而依据自己的特点确定每项任务的学习时间以及学习的策略，这对于大班幼儿来说是有一定挑战的。但在教师的指导下，这些幼儿都对自己的计划进行了修订。

2. 100% 的幼儿任务意识都很强，在为期八天的自主学习时间内，幼儿始终围绕自己未完成的任务穿梭于四个区域之间。即使班级中平时任务意识相对较弱的幼儿，都能坚持每天练习，虽然会出现暂时的注意力转移，或在遇到困难时有暂时的逃避行为，跑到自己擅长或喜爱的区域中反复学习，但在教师提示下，都能调整到自己还没有完成的项目练习中。

3. 100% 的幼儿都在应完成任务的时间节点完成了任务。在第五天时，教师对幼儿已经完成的任务进行了统计，每个班中完成四项任务的占 16%—18%，完成三项的占 33%—34%，完成两项的占 36%—40%，完成一项的占 14%—12%。

令教师们非常震惊的是：在统计后的当天下午，70% 的幼儿都主动根据自己实际练习的情况调整了自己的原定计划，主动增加了每天练习的时间和练习的项目，加强了练习的目的性。幼儿改变了前期到自己擅长且已完成的区域中再活动的行为，专注于自己还未完成的任务进行学习和练习。

即使班级中极个别幼儿对某个项目的学习感到非常困难，出现了消极情绪，但在同伴和教师的跟进支持下，都在时间节点完成了学习任务。

4. 100% 的幼儿不仅能主动迁移以往积累的学习策略进行自主学习，而且能依据当下的任务想出个性化的新策略。

当然，其中有极少数幼儿需要教师全程跟进指导，需要教师唤醒或引导其潜藏着的策略进行自主学习。

我们观察发现：幼儿在面对不同类型的学习任务时，采用的学习策略和学习方式是不同的。

在科学区，由于小实验操作步骤简单，其难点是通过手腕力量使小球旋转，小球的旋转速度达到一定的要求即可在罐中旋转。因此，虽然教师准备了微课视频，但86.7%的幼儿选择了在一旁主动观察同伴操作和向教师寻求帮助的策略。幼儿在这一过程中有交流，如，有的幼儿主动示范给同伴看如何让小球不掉下来，有的幼儿主动询问他人操作的方法。

在数学区，教师提供的支持策略有六个，即观看微课视频、观看步骤图、研究范例平面展开图、研究范例半成品实物、研究范例实物成品、研究实物积木。当时，我们并没有将观察同伴操作或向教师寻求帮助作为支持策略，但我们在实际观察中发现，部分幼儿没有选择教师提供的六个支持策略，而是选择了观察同伴操作和向教师寻求帮助，所以在统计时，我们也将其列入了学习策略中。我们将幼儿选择使用的策略按人数从多到少排序为：观看微课视频、观看步骤图、观察同伴操作、研究范例（平面展开图、半成品实物、实物成品）。每种策略使用人数相差不大，最多和最少的也仅相差四人，其中研究范例平面展开图、研究范例半成品实物、研究范例实物成品的人数是相同的。这也说明多样性的支持策略满足了幼儿对不同学习方式的需求。

幼儿在音乐区练习的明显特点是群体性，表现为幼儿喜欢通过集中看一体机中视频的方式进行学习。在数次跟做后，多数幼儿主要选择听音频练习自检。我们将所有幼儿使用的策略进行了统计（包括有的幼儿使用了多种策略），排在第一的是观看一体机中的视频（60%），排在第二的是听音乐练习（53.3%），且两者之间只差了两人；使用平板独自学习的比例为30%，观察同伴的比例为16.7%。

在语言区，由于绝大多数幼儿不认识字，所以100%的幼儿选择支持性材料。虽然排在第一位的策略是自己看纸质书（66.7%），但这些幼儿也是配合着点读笔或先看电子书或看完纸质书后再看电子书。排在第二位的策略是看平板中的电子书（63.3%），排在第三位的是听耳机中的录音（43.3%），排在第四位的是运用点读笔（20%），排在最后的策略是求助同伴（6.7%），没有人采用观察同伴的策略。

当然，有的幼儿是综合运用两种甚至五种策略，我们的数据只是按照使用的人次数进行统计。

可以看出，幼儿会根据学习的内容和方式来选择不同的学习策略。值得注意的是，虽然在四种学习任务中，教师并没有明确提出或要求幼儿运用求助同伴或观察同伴的方式来解决问题，但是，幼儿依据以往解决问题的经验和经历，在每一种学习任务中都主动迁移了这一经验和策略，特别是在科学实验和数学学习中，尤其是在科学实验中，观察同伴已成为排在第一位的学习方式和策略。幼儿同伴间的相互学习顺应了他们的需求，是幼儿不可缺少的一种学习方式。

表 2-1　评估内容和材料表

自主学习内容（区域）	基本材料	支架材料
小时候（语言）	六本纸质书、四本电子书	四个 iPad、四个录音耳机、四套点读笔
小球不见了（科学 ）	塑料盆、小铁珠、包口罐子（六套）	步骤图、微课、iPad
给积木做盒子（数学）	积木、白纸、铅笔、胶棒	步骤图、微课、iPad、平面展开图、半成品折好的未粘贴纸盒、成品纸盒、和纸盒相同大小的积木
偶像万万岁（音乐）	视频、音频、做记录的纸笔	一体机、iPad

第一节　幼儿期有自发产生合作学习的萌芽

合作学习是指学生为了完成共同的任务，有明确责任分工的互助性学习。在幼儿期，是否有合作学习？合作学习能够自发产生吗？我们通过对幼儿四项自主学习的观察发现，虽然幼儿是围绕自己的学习任务各自进行自主学习，但他们会自发产生合作学习的萌芽，主要表现在三个方面：第一，他们出现了合作学习的需求和行为——主动寻求他人的帮助、主动帮助他人以及互相支持一起学习；第二，他们采用"大老师"和"学生"的角色分配式的分工开展互助性学习；第三，他们对"大老师"和"学生"的责任分工是明确的。

案例1：什么叫学会了？

在开始四项任务第一次的自主学习后，教师就组织了集体讨论。

教师：哪些人已经完成了学习任务，是什么学习任务？

全体幼儿对自己的学习任务完成情况进行了评价。

八名幼儿举手说自己已经完成了两项任务，五名幼儿说已经完成了一项任务。

接着，教师请全体幼儿做评委，判断他们是否都完成了任务。

在做评委之前，教师引导幼儿明确每项任务完成的判断标准。如，已经学会舞蹈的标准是什么。

教师：什么叫已经学会舞蹈了？

幼儿：不看视频自己跳，也不看同伴的动作，每个动作都能记得，动作和音乐一致。

在幼儿明确了标准后，教师请五名认为自己已经学会舞蹈的幼儿上来表演，请全体幼儿运用标准进行判断。

幼儿跳完后，教师：他们完全学会了吗？

全体幼儿：没有。

教师：为什么你们说他们没有完全学会？

幼儿：他们有的动作没记住，有的人动作停下来了，有的人是看着旁边人的动作做，有的人应该变动作时没有变，有的人动作总是变化迟了。

教师：你们看得非常仔细。他们大部分动作都学会了，每个人只有1—2个动作不熟练，我们可以说他们基本学会了，但还没有达到完全学会。怎样才能做到完全学会呢？

幼儿：可以将不会的动作暂停，可以仔细看是怎么做的；可以将光标移到没有学会的动作或自己会忘动作的地方，单独反复练习，直到每一个动作都学会了，能听着音乐完整连贯地跳才是学会了。

教师：光标暂停在不会的动作处仔细研究，将不会的动作反复练习，这是一个非常好的方法。可是，怎样才知道自己每一个动作都学会呢？

幼儿：可以让其他小朋友帮你看。

教师：如果小朋友都在忙着学习，没有空帮你，怎么办？

幼儿：如果你认为都学会了，可以用 iPad 录下来，你可以边跳边看平板屏幕里自己的动作是不是都做对了，也可以看录像是不是每个动作都做出来了，是不是都做对了。

教师：当自己认为学会了，可以用自拍视频的方法来检查。

明确标准后，为了让幼儿更清晰"学会了"的标准，利于他们准确地评价自己和他人，教师请幼儿用标准来评价。

教师：你们看了他们五个人的表演，认为谁学得更好一些，为什么？

幼儿：小雅和优优。

幼儿：小雅和多多。

教师：为什么？

幼儿：因为他们忘记的动作少，没有看别人。

教师不仅请幼儿比较，且请在场的其他教师比较判断，让幼儿将自己的判断和教师的判断进行比较，进一步明确标准。

当现场两位教师的观点和幼儿一致时，幼儿非常开心，认为自己和教师一样厉害，极大地增强了幼儿自我判断及做评委的胜任感。这也说明只有帮助幼儿明确标准，才能使其有依据地学习和评价，才能提升自主学习和评价的质量。

通过讨论，幼儿不仅明确了学会舞蹈的标准是跳的时候不看视频、不看他人、动作熟练没有遗忘、合拍，且逐一明确了完成科学实验"小球不见了"、数学活动"给积木做盒子"、图画书阅读"小时候"任务的标准。幼儿不仅明确了练习的重要性和练习的方法，而且清晰了评判自己是否学会的流程——自己先判断，再请同伴评，最后再录像。

全体幼儿对"学会了"标准的明确，为每名幼儿评价自己和他人的自主学习的质量提供了具体的依据。

多多在第一天下午就可以不用视频提示，较为完整、流畅地做出所有动作。但是多多并没有去录舞蹈视频，仍继续来音乐区练习。

教师：多多，你练得挺好的，怎么不录视频呀？

多多摇了摇头小声说：我练得还不够好，有时候动作会想不起来，卡不上节奏。

经过三天的练习后，多多才录下成果视频，此时，她已经对自己的动作非常自信，且注意到了表情，情绪非常饱满。

侃侃每天都到音乐区练习舞蹈，他采用一直看一体机视频的学习方式。他每次看视频练习的时间都很长，且每一遍动作都很认真，但动作不够协调，不能准确和乐，总是比同伴慢半拍。

在其他同伴争吵着要当"大老师"时，侃侃仍在一旁专心看视频，跟着音乐一起做动作，并表演给同伴看，认真听取"大老师"们的意见。

虽然，每天都有多名幼儿已经拍摄了学习任务的成果视频，但他依然很认真地坚持自我练习。

教师：你为什么不去录视频？

侃侃：我还要看着视频才能记住所有动作。

期间，他因为生病在家休息了三天，一直到最后一天（四项任务的截止日期）才来园，他一来到幼儿园就开始练习舞蹈。

通过30分钟的练习，教师观察他背对着视频听着音乐已能完整地跳出舞蹈动作了。

教师摸摸他的头问：侃侃，现在能拍视频了吗？

他摇摇头说：我还要再练一练，有的动作我还不熟练。

之后，他又练习了三遍，才确定地说：老师，我可以录视频了。

由此可以看出：

通过多多和侃侃对自己是否学会的自我评价和判断过程来看，清晰的标准对于幼儿自主学习过程中的不断自我改进具有引领作用，也说明教师在幼儿开展自主学习之前对"学会了"标准的讨论是非常必要的。

案例2：我是"大老师"

在自主学习舞蹈时，幼儿可以选择看平板独自学习，也可以看一体机上的视频和同伴一起学习。我们发现，大部分幼儿习惯和好朋友一起看一体机上的视频学习，边看边跳。

开始时为了让每个人都能看到视频，幼儿自然地并排站成一排，边看边学习舞蹈，没有组织者。

随着有些幼儿学会后，自发地产生了"大老师"的角色。所谓"大老师"不仅是组织者，而且承担着检查他人是否已经学会和指导其练习的任务。

第一位"大老师"是多多。

多多自小班起就一直在社会培训机构的舞蹈班学习。她不仅喜爱舞蹈，而且舞蹈水平相对要高于其他幼儿，也得到很多同伴的认可。

她首选的学习任务是舞蹈。在第一天的下午，她就学会了舞蹈。之后，在幼儿自主学习舞蹈时，她自然成了部分同伴心目中的首席"大老师"。所以，当她和一起练习舞蹈的同伴说"我是'大老师'"时，大家都没有异议。

这也说明幼儿接纳了规则：只要学会的人就可以成为"大老师"。

在第一天和第二天时，只要多多在，她就担任"大老师"，多多不在时就由其他已经学会的幼儿担任。

在多多的组织下，幼儿自发地逐个上来表演，检查自己是否学会了。多多在承担检查任务的同时，也会自然地对同伴进行指导。

如，她在检查君君时，采用了多种方法指导。她不仅用语言指出"向上举的手要有力气""不要软""两手要向上分开""两脚也要分开"，并一一示范做给他看，发现他还是动作不到位时，她就拉着君君的手帮他感受手的位置和力度，还用手将其脚分开到她认为合适的位置。

由此可以看出：

虽然幼儿在努力完成自己的学习任务，但在自主学习舞蹈的过程中，幼儿喜爱群体性学习，有合作学习的需要，他们自发地产生了主动帮助他人和请他人帮助的需要和行为，这种需要和行为是通过"大老师""被检查者"的方式呈现的。

案例3：他可以做老师

彦彦是班级中年龄最小的幼儿，而且有些感统失调，相对其他幼儿来说，各方面的发展都弱一些，教师在班级中营造的文化是大家都要主动帮助和照顾他。所以，在全班幼儿的印象中，他始终是被大家照顾的。

在四项任务的自主学习中，彦彦一直能够按照自己的计划坚持逐项完成，且是较早完成科学小实验"小球不见了"任务的。

生生一连几天始终不得要领，急得在旁边跺脚。

彦彦就过来指导生生。

他看见生生在练习时手绕罐子的速度时快时慢，转一会儿就提起罐子。

他就对生生说：你转的速度要一样，在转的时候要听罐子的声音，当声音很轻时，再提起罐子……

他话还没有说完，生生就打断他：你凭什么教我！

彦彦自豪地说：我已经学会了，我成功了！

生生不以为然地说：你是小弟弟，不要你说！

旁边的嘟嘟和其他幼儿一起说：彦彦已经成功了，就可以做你的老师。先学会的小朋友就是没有学会的小朋友的老师！

听了大家的话后，生生没有提出反对意见，认真地听彦彦向他介绍自己成功的经验。

由此可以看出：

当幼儿明确"学会了"的标准后，就会达成共识：无论是谁，只要"学会了"，就可以成为他人的老师；无论以前怎样，无论年龄大小，只要"学会了"，就可以成为他人的老师！

案例4："大老师"的责任

在自己练习的过程中，部分幼儿自然迁移了第一次集体讨论中的观点：可以请同伴帮助自己判断是否完全学会，他们还主动迁移了教师组织幼儿自我评价的流程。

"大老师"问其他幼儿：哪些人学会了？

在音乐区中自主学习舞蹈的幼儿立刻举手或用语言说：我学会了。

舟舟说：我们一起跳给你看一看，好吗？

"大老师"说：你们一个个跳，看得清楚。

其他幼儿没有异议，都接受了这个建议。

在逐一跳之前，"大老师"问：你们谁已经学会了？

每名幼儿根据自己的情况，先自我评价是否已经学会了，再逐一表演给他人或"大老师"看，"大老师"判断每个人是否已经学会了。

若被"大老师"评为合格者就可以去拍自己完成此项任务的视频。

若被"大老师"或同伴指出还存在问题，如，有的动作记不住、不合拍等，表演者则需继续练习。

"大老师"会在幼儿逐个表演的过程中，给予表演者以语言或动作提示，如"该转圈了""向上跳""动作做早了""音乐还没到这个动作"等。为了帮助表演者合拍，"大老师"还在幼儿不合拍处，喊拍子"1、2、3、4"进行提醒。球球在"大老师"的指导下，持续练习了40分钟，为了让球球记住每个动作，"大老师"让其背对屏幕练习，只在记不住动作时，才转过来看视频，直至球球完全不需要看视频，熟练做出每一个动作为止。

从此可以看出：

"大老师"的要求比班级教师还要严格！

幼儿非常清晰做"大老师"的责任，而且一旦认为自己是"大老师"就会主动承担起指导他人的"教师"的责任，而不是仅仅在扮演游戏角色。

不仅"大老师"明确自己的指导责任，而且被指导的"学生"也会主动追问"大老师"自己存在的问题和修改的建议，期望得到"大老师"的帮助，说明他们在认可同伴"大老师"的角色时，"大老师"也要承担起教师的责任，并不是人人说自己是大老师就是"大老师"，它不同于玩角色游戏，而是真正对能者为师的认同。

迪迪、小弟等幼儿在班级中综合能力很强，尤其是在科学、语言及数学活动中思维特别活跃，但在学习舞蹈的过程中，他们自发地接纳和认同了多多等先学会的幼儿是"大老师"。

如，迪迪表演完后，"大老师"没有主动给他点评，他立刻走到"大老师"面前说：请说一说我表演过程中的优点和缺点。

"大老师"说：你的优点是所有动作都记住了，很熟练。你的缺点是动作再协调一点就更好了。

迪迪立刻追问：什么叫协调呀？

"大老师"说：协调就是动作要好看。

"大老师"一边说一边自己做动作给他看。

迪迪笑眯眯地说：哦！

他就继续到一边去练习了。

由此可以看出：

幼儿不仅能够理解"大老师"的权力和责任，也能够围绕"大老师"和"学生"的角色展开积极、有效的互动。这种互动体现出幼儿对能者为师，无关乎自己以往的地位、成就的理解，也知道服从于能者，教者和被教者之间的关系是动态的。

案例5：为什么你是第一"大老师"？

自主学习的第三天，在音乐区中，学会的幼儿正在七嘴八舌地指导依然没有学会的晨晨。

多多说：我最大，我是第一"大老师"，你们要听我的。

乐乐和小满立刻说：我第二、我第三。

乐乐还跑到多多跟前问：我是第三，对吧？

由此可见，乐乐期望得到多多的认可，多多在他心目中就是排名第一的"大老师"。

班级中舞蹈水平和多多同样较高，且已经学会舞蹈的优优，恰好来到音乐区，当她看到晨晨动作不对时，就直接走过来指导他。

当听到多多和其他几名幼儿说"我是老大，是第一'大老师'，你们要听我的"时，优优立刻就过去问多多：就你一个人是"大老师"？

多多立刻说：我、嘟嘟、乐乐和你四个人是"大老师"，晨晨和她是学生！

听了她的话后，优优就继续去指导晨晨跳舞了。当他发现晨晨有许多动作都记不住时，就对他说：你再仔细看一遍，看一遍后自己再来跳。

晨晨跳时，她一直非常认真地进行指导。

在听到多多喊"四个'大老师'过来"时，优优立刻走到多多面前质疑：我们都是"大老师"，为什么我不能管你，你要管我们？

优优的好朋友，站在旁边的嘟嘟也说：对呀！为什么是你管我们？

听了他们的话后，多多立刻不说话了，站在一边想了半天也没有想出理由。

嘟嘟就拉着优优的手说：走，我们自己看 iPad 去。

两人就走到 iPad 处，每人拿着一个 iPad，自己看舞蹈视频了。

看见他们走后，多多也跟着走到他们处，看见他们一直没有看自己，就一边拿起一个 iPad，一边对着优优说：你们也可以管我呀！

他们还是没有回应她。

一会儿嘟嘟自己看着视频开始跳舞。

多多立刻学着嘟嘟，也站起来看着自己的视频跳舞。

过了一会儿后，优优和嘟嘟说：这里离一体机太近，听不见 iPad 里音乐的声音。两人就拿着 iPad 走到靠近大三班门口去看视频跳舞，多多立刻也拿着 iPad 跟着他们一起过去了。

在这个过程中，多多一直主动发起互动，直至他们开始回应。

由此可以看出：

1. 幼儿期每个人都要平等的权利，每个排名只有共商、共识、共认才是可行的。尤其是在大家能力相等时，共同商量、共同认可是非常重要的。

2. 幼儿有自己的方法来解决排名和权利问题。他们能够根据不同群体人员的情况，适应当时成员的要求，主动调节自己与他人的社会互动关系，主动改变自己的心态（强势或弱势，主导或服从），通过自己的行为、语言来调节与他人的关系，适应当下情境互动的需求。

第二节　有挑战的任务，更能激发幼儿内在的学习动机

我们发现：好玩只是幼儿刚开始的动机，真正要引发幼儿内在的主动学习动机，需要让他们面对有挑战的任务，使其获得挑战成功后的体验。让幼儿获得挑战后的成就感需要教师持续的支持，并不是让幼儿始终独自探索就能实现的。它不仅需要教师语言、动作等多方面的策略支持，而且更需要教师积极的情感支持。

案例1：太难了

科学区实验"小球不见了"是四项任务中幼儿开始认为最好玩也是最简单的，首选完成这项任务的幼儿最多。迪迪也是其中之一，他开始玩小球时非常兴奋，每天无论上午、下午都是第一时间到科学区，连续练习了三天都没有成功。

第四天早上，他又是第一个到科学区练习。

开始，他一直是自己练习，在练习了8分钟时，旁边的开心成功了，大声叫着"我成功了"。

他立刻停下练习，看开心表演。

接着，自己又继续练习。

在9分半钟时，多多又成功了。

这一次，他跑到多多的面前，蹲下身子向上看多多旋转罐子时，里面的小球提起来是什么状态。

之后，他又回到自己的位置继续练习，有时和对面的同伴聊几句，有时将自己练习的小球放在罐子顶部转一转、玩一玩。

已掌握诀窍的多多一直在旁边反复玩，每次都成功，且每次都会大声说自己成功了。在16分28秒时，多多边转罐子边走到他面前给他看，一直坚

持了 28 秒，小球才从罐子里掉下来。罐子在空中停留的时间远远多于大家制定的成功标准：只要罐子提起小球 5 秒（数 5 下）后掉下即可。所以，多多非常开心，又蹦又跳地大喊"我成功了"。

此时，迪迪走到多多面前说：不能骄傲哦！

接着，迪迪又继续练习了。可以看出，此时其他幼儿的成功对迪迪已经有一些刺激，使他产生了焦虑和畏难情绪。

在 17 分钟时，他停下来，边挠着自己的头边看着多多和教师的方向说：好难呀！

他似乎期望教师的指导，但又没有明确走到教师面前请求帮助，只是看着教师的方向。

此时，教师和他之间有两张桌子的距离，正在和其他幼儿讨论问题，并没有听到他的话。

迪迪等了一会儿，看到教师对他的话没有回应后，就自己在盖子上绕球玩了。

虽然他偏离了任务目标，但并没有离开科学区，可见他还是记着自己的计划是要先完成"小球不见了"实验。

在这样的状态持续 6 分钟后，他走到教师跟前说：我感觉用你的方法还是不行呀！（在第一次集中讨论时，大家共同总结的玩小球诀窍。）

旁边的多多立刻说：我给你演示怎么转。多多一边说一边转给他看。

教师也在一边说：你可以转得快一些。

迪迪又去尝试了一会儿后，依然说：太难了！

旁边的多多、开心和小桃一起说：一点儿也不难！（这三人都是刚成功了）

迪迪说：难死了！

教师走到迪迪身边，握着他的手，帮助其体验如何转。

此后，教师一直关注他并及时给予语言反馈，一对一的动作和语言结合的指导，并再次握着他的手让其感受"一直匀速转动""平稳提起"等动作是怎样的，激励他继续琢磨和坚持练习。

8分钟后，迪迪大声说：我知道了，小球擦着这个（手指绕着罐子的内边缘）的时候是轻声的！

教师：对！听不到很响的碰撞声。

他立刻又边练习边倾听后说：我是这样转的！

教师：对！手要一直转动，小球才能慢慢地贴着罐子转圈。

又练习2分钟后，他说：我有点成功了！然后高兴地大喊：哇！

又过了2分钟，迪迪拿着自己的实验材料，走到教师跟前问：老师，是不是在那个时候（指将罐子提起来时）要停一下？

教师：不是停下，而是要继续转动，要慢慢提起来。教师边说边用自己手上的动作指导，演示给他看什么是继续转动和慢慢提起来。

迪迪又到旁边继续练习，但他和教师保持的距离是随时都方便互动。可见他始终期望教师在过程中能随时指导自己。

教师看到他连续5分钟都是沿着桌边左右转动呈直线移动时，就用语言提醒：转时一定要是个圆。

又过了8分钟后，教师发现他一直用大臂在转动，就上前示范如何用手腕转动。

他按照教师的方法练习2分钟后，非常惊奇地大声说：哇！我成功了！

从迪迪练习51分钟的过程中，我们可以看到：

1. 虽然如何成功的诀窍大家都已经讨论过，每个人都记住了这个操作方法，但真正转化为每个人的实际技能和经验，需要幼儿的亲手操作和直接体验。

2. 即使任务意识非常明确，也有一定自主学习能力的幼儿，在自主探索的过程中，也需要教师的适时支持和不断鼓励，尤其是在幼儿探索不成功时，更加需要教师的陪伴和及时指导。幼儿自主学习并不是简单的放手：不是只要让幼儿自己探索，幼儿就有能力完成任务。

案例2：挺简单的嘛

常常听到一些专家说：幼儿期就是要让幼儿快乐！他不想学习就不要他

学习，只要幼儿开心即可！

这里我们谈到的学习不是指狭隘地学习写字和做计算题等知识学习，而是指幼儿在生活中学习，在每一件事中学习。我们认为遇到困难就逃避和放弃是肤浅的快乐，它会对幼儿的主动性、注意与坚持、计划性、问题解决等学习品质的养成产生不利的影响。

幼儿只有经历挑战后体验到的快乐才更有价值。当幼儿解决问题后，获得了成功的体验，会提高幼儿的胜任感，使其产生自信，让他们敢于、乐于不断迎接新挑战。

阅读图书是佳佳非常喜欢和擅长的活动。所以，她首先选择的是看图书，第一天上午就完成了阅读任务。下午，她到科学区时，开始她和其他幼儿一样，认为这项任务很简单。每天上下午区域时间都选择到科学区做"小球不见了"的实验，每次时间都在20分钟以上，但一直没有成功。

佳佳性格较内向，平时做事比较沉稳，遇到问题也多是自己寻找方法解决。所以她在练习时从不和其他人交谈，一直都是自己专心地探索，前面三天虽然一直没有成功，但都没有泄气。

第四天下午，她又来到科学区练习，在练习到10分钟时，首次出现了泄气的现象，但在看看其他同伴后，又继续坚持练习了8分钟。

第五天，她依然来到了科学区练习，在练习了2分半时说：讨厌这个罐子！（她将不成功的原因归为外部原因——罐子）

她走到放罐子处重新换了一个罐子继续练习。

在第14分钟时，她自言自语地说：玩小球是最难的一项！

在第18分钟稍有成功时，她说：挺简单的嘛！

在接下来的时间一直到区域活动结束（时长30分钟），她一边继续玩，享受成功的快乐，一边不时指导那些还没有成功的同伴，向他们介绍自己的成功技巧。

由此可以看出：

幼儿在完成有挑战的任务后，不仅让他们享受到成功后的喜悦，激发了内在的学习动机，而且成功后的积极体验增加了幼儿的自信，改变了性格，由不爱说话转变为主动与他人分享自己的经验。

当天下午，佳佳依然来到科学区连续玩"小球不见了"直至活动结束，全程时长 64 分钟。

这说明：幼儿学习的持久动力来自自己迎接挑战后的成功体验，这种体验促使他们更加积极主动、更加专心，更加享受参与活动的过程。

案例 3：小乐乐是冠军

幼儿需要鼓励和激励才能激发出迎接挑战的动力，并不能简单地说幼儿天生如此，或在幼儿阶段就是如此，成人只需静待花开不作为，等幼儿长大后自然就会好了。在我们的实践中绝不是如此，成人需要针对每名幼儿的特点，不断寻找适合他们的干预策略，激发出他们的内在动力和巨大潜力！幼儿的学习动力来自挑战后的成功，也来自同伴成功后的激励！

小乐乐是一个注意力特别容易转移，自控能力相对较弱的幼儿。从四项自主学习活动的第一天起，他就穿梭于四项任务之中，每个区都去，每项任务都参与。

第一天早上，他按照自己的计划在语言区看书，但只有 2 分钟，当看到好朋友到音乐区了，他就放下书离开了语言区到音乐区学习舞蹈；一会儿，看到科学区人多，又跑到科学区做"小球不见了"的实验；在科学区做实验时，看到音乐区里小朋友又唱又跳，又放下实验材料到音乐区学习舞蹈。

教师分析他每天在每个区的视频发现，他每次在每个区的停留时间是 5 分钟左右，练习一会儿，离开一会儿，然后再回来练习一会儿，再离开，练习的时候也是东张西望。

虽然，教师每天都一对一地提醒他执行自己的计划，询问他每天学习任务完成的情况，但对他的影响似乎不大，这样的状况一直持续到第五天（刚好是周五）。

下午，教师组织了一次集体总结活动，每名幼儿和教师共同逐一统计自己完成任务的情况，并当场在班级中按照完成四项、三项、两项、一项的人员名单进行排序。结果显示：班级中，四项任务均完成的有 4 人，完成三项的有 10 人，完成两项的有 10 人，只完成一项的有 6 人，其中科学实验任务全班 30 人中有 26 人都成功了，没有完成的只有他和另外 3 名幼儿。

教师将统计表张贴在班级中，帮助幼儿清晰自己任务的完成情况，从而按照自己没有完成的任务来调整自己的练习计划和时间。

讨论后，他开始转变了态度，首次在区域中连续坚持练习了 27 分钟。

这说明班级中成功人数的增多对他具有激励作用，虽然他在练习时，还会出现东张西望的情况，但没有一次离开，始终在科学区练习。

到离园他妈妈来接时，他主动牵着妈妈的手来到科学区，介绍班级中"小球不见了"的实验材料。

周一早上，他第一个来幼儿园，非常高兴地告诉教师，他的实验成功了，并主动表演给教师看。

教师：怎么过了一个周末就会了？

他非常自豪地说：我周五晚上回家后，就开始练了，星期六、星期天都在家练习，一直到星期天下午就成功了。

教师：真棒！说明只要认真练习就一定能够成功的！

教师：家里没有和幼儿园一模一样的实验材料，你是怎么练习的呢？

小乐乐：妈妈在家里找了许多罐子来试，最后发现茶叶罐和幼儿园的罐子很像，妈妈就把茶叶罐里的茶叶倒出来，又把家里所有的小球找出来，寻找和幼儿园比较像的小球，用茶叶罐和家里的小球练习。

教师：明天把你在家实验的材料带来给老师和小朋友们看看，和我们的材料是否一样。

上午区域活动时，他主动到科学区练习，前面 20 分钟，有时成功，有时不成功。

教师：你表演一次给小朋友看，可以吗？

他摇摇头说：我发挥不稳定，在家里时每次都成功了。用幼儿园的材料不是每次都成功。

于是，他又持续专注地练习了 30 分钟直到活动结束。

下午，他主动提出要给大家表演，他表演时罐子提起后，小球在罐子里停留了 30 秒（幼儿一直数到 30，小球才从罐子里掉出来）。

全体幼儿自发地给他鼓掌，因为他是目前班级中小球在罐子里停留时间最长的。大家齐声说：小乐乐是冠军！

教师立刻介绍了他在家里连续练习三天的故事，并且告诉幼儿他非常了不起的地方是，虽然用家里的材料练习得很熟练很成功，可是，到幼儿园材料不一样后，他又继续练习，这样，他不仅能用家里的材料实验成功，而且可以用幼儿园里的材料实验成功，比我们本领大，会用两种小球、两种罐子实验成功的诀窍。

下午小乐乐妈妈来接的时候，教师向她了解小乐乐练习成功的原因时，他妈妈向教师介绍说：为了帮助小乐乐，全家一起练习，爸爸、妈妈和小乐乐一起研究，寻找成功的诀窍，当天即周五晚上就开始练习，直到晚上11点，周六、周日都没有出家门，小乐乐说一定要成功，自己主动在家里练习。

不仅小乐乐在练习，而且爸爸、妈妈也一起练习，共同讨论交流诀窍；不仅练习一种型号的小球成功了，而且还尝试用不同大小的小球实验，均成功了。

小乐乐被大家称为冠军后的第二天，他又第一个来到园里，这一次他将家里的实验材料都带来了。他特别高兴地告诉教师：我昨天晚上回家，用两种小球都实验成功了，我还可以同时将两种小球一起提起。今天我要表演给小朋友们看。

上午，他给全班幼儿分别表演了用小、中、大三种不同大小的小球都可以使其在罐子里不掉下来。全班幼儿再次给他鼓掌，这次大家封他为班级中"小球不见了"的大冠军。

他表演后，全班幼儿又一起涌向科学区，掀起了不断变换罐子和小球尝试实验的高潮。而小乐乐俨然是班级中的指导教师，他一直在科学区一遍遍地演示、指导同伴。

由此可以看出：

从小乐乐由班级中到处走动的停不下来的幼儿，转变成班级中"小球不见了"实验冠军的过程，我们看到了教师在不断寻找适合他的激励策略，最终，通过关键事件——同伴成功和集体总结个人任务完成情况并将结果统计张贴，极大地激发了他的内在动机，促进了他积极主动学习品质的发展。（由最初的，小乐乐在幼儿园里只能练习 5 分钟到后来的 50 分钟，最终，在家里能够一连几天不出门坚持练习。)

同时，该案例也说明家庭的支持非常重要。家长不仅要提供材料支持，还要与幼儿共同探索，共同研究分享经验，形成良好的家庭学习文化，这些对幼儿坚持练习和学习都起到积极的支持作用。

在四项学习数据统计中，体现出幼儿学习较大的差异性：

如，一个班级 30 名幼儿中，在数学区"给积木做盒子"的活动中，完成时间最短的是 13 分半，最长的是 137 分钟，差距 10 倍多；自己看书说故事最短的 50 分钟，最长的 247 分钟；学会舞蹈最短的 10 分钟，最长的 75 分钟；完成科学实验最短的 28 分钟，最长的 260 分钟，案例中的小乐乐回家练习的时间要远远超越 260 分钟。

我们不认为：用时短就是好的，尤其是自己看书说故事，并不能用时长一个维度来评价幼儿的学习能力和学习质量，但时长的数据帮助我们了解每一名幼儿完成不同学习任务是有差异性的，完成同一项学习任务不同幼儿也是有差异性的（如，一名四项任务用时最短的幼儿，四项用时分别是数学区做纸盒用时 22 分钟，自己看书说故事用时 82 分钟，学会舞蹈用时 31 分钟，完成科学实验用时 28 分钟）。无论是教师还是家长都应当了解幼儿的差异性，给予适时适度有效的引导，推进幼儿在原有水平上的差异化发展。

第三节　积累学习策略很重要，能赋予幼儿完成任务的胜任感

学习策略是学习者为了提高学习效果和效率，有目的、有意识地制订的有关学习过程的复杂方案。很多人认为学习策略需要在上小学以后，甚至是中学，乃至于大学以后再来学习和掌握。其实不然，在幼儿期就可以学习和运用了。幼儿在日常生活中积累学习策略非常重要，他们一旦掌握了，会主动迁移到自己的自主学习中。所以，教师在日常应有意识、有目的地引导幼儿明晰、学习、运用学习策略来解决自己学习中的问题。

案例1：我只要点读笔就可以了

在幼儿自主学习时，由于师生比的原因，教师不能随时满足每一名幼儿的个性化需求。为了解决师生比不足，幼儿不识字又想了解书中文字意义的问题，特别是帮助那些自己看书、表达能力相对较弱的幼儿，教师借助多样的数字化设备给予幼儿支持。在自主阅读图画书《小时候》时，教师提供了以下设备支持幼儿自主学习。

1.将图画书《小时候》做成电子书，幼儿可以借助平板和耳机通过视听双通道学习，了解图书内容以及文字与图画的关系。

2.将图画书的内容做成音频文件，提供幼儿使用的耳机播放器，幼儿可以借助听书的方式来帮助自己了解图书内容及文字与图画的关系。同时，幼儿可以选择先自己看书再听书，也可以选择先听书再看书，还可以边听边看书。

3.将图画书内容用点读笔进行录音，幼儿可以根据自己的阅读速度，逐页或有选择地点听或反复点听自己看不懂、想深入了解或喜爱听赏的页面。

以上设备和材料的提供，保障了幼儿选择的权利和机会，每个人都可以根据自己的习惯、需要等选择设备，采用适合自己的阅读方式，为自主学习

中幼儿个性化阅读提供了支持。

这些设备的功能及操作方法，都是所有幼儿日常学习中熟悉的。因为我园自小班起就将以上设备投入到各个区域中，为幼儿自主学习提供支持。教师不仅根据个别幼儿在自主学习中的使用需求给予针对性的指导，而且始终跟进幼儿在使用中的经验和问题，及时组织集体经验分享和问题讨论，及时解决幼儿使用中的问题，帮助幼儿找到适合自己的设备，积累自主学习的方法和经验。

贝贝是一个自我控制力很强，且会不断积累学习策略的幼儿。每次学习分享中，他都会非常专注地听同伴分享和教师分析，也会积极地参与问题讨论并主动分享自己自主学习中的经验。

这次四项自主学习任务完成的时间，恰巧与他足球训练的时间完全重复了。由于贝贝是足球队成员，期间市里要开展幼儿园足球联赛。为了完成任务，他一方面比同伴早20分钟入园，一方面主动迁移了以往自主学习中的策略，专注于每项任务的学习，大大提高了学习效率，第一个完成了四项学习任务。

他自主学习的状态和学习策略具体是怎样的呢？

在他自主阅读《小时候》时，教师一直在旁边观察并用视频记录。

早上，他第一个入园，到盥洗室洗手后，就直接走到语言区书架上，拿起图书及配套的点读笔，坐在桌边开始自主学习直到教师组织幼儿下楼做操，全程时长50分钟。

《小时候》是一首散文诗，由17段组成，全书共35页；每一段由跨页呈现，一页是文字，一页是图画；点读笔中教师完整录音一遍时长是6分钟。教师用视频全程录下了贝贝连续听、看、说7遍的自主学习过程，在整个过程中，他一遍接着一遍，听、看、说完一遍直接从书的最后一页翻到第一页开始连续阅读，中间没有1秒的停顿。

第一遍，他将点读笔放在耳边，边听边看每一页的画面，此时，他的注意力更多的是集中在倾听点读笔中的录音，听时会出现眼睛离开画面，在思考的样子。

第二遍，他依然是边听边看画面，此时，他的注意力更多地集中在跟随录音内容逐页地看画面，努力寻找录音中内容在画面上的呈现和对应，有时听完和看完一页内容后，会停下来想一想。

第三遍，他边听边看文字，此时，在第 9 页和第 11 页，他会边听边用手逐字指着文字，努力将说与文字一一对应。从第 13 页开始，他一直轻声地跟着点读笔录音试着说词语和个别句子，到最后两页时声音比前面大了一些。

第四遍，他继续边听边看文字边说，偶尔会在个别页听完后想一想，再听、看、说下一页。但这一遍他始终关注的是文字。每翻到下一个跨页，呈现一页文字，一页与文字对应的画面时，贝贝的目光直接从上一文字页移到下一文字页，从头至尾目光都不看画面那一页，一秒都没有停留。这一遍，他的声音比第三遍大一些。

第五遍，他依然是边听边看文字边说，一次都没有出现第四遍时在个别页停下来想一想的现象，上一页结束直接进入下一页，一页接着一页听、看、说，说得比第四遍熟练，有几页能从头至尾地说，只是滞后于录音。

第六遍，这一遍与第五遍相同，但贝贝几乎都能与录音同步说出每页的内容，且声音较大，表情放松。

在进行到第 29 页时，点读笔没有电了。贝贝一下愣在那儿，眼睛看着教师。

教师：你可以不用点读笔自己试着讲一讲吗？

贝贝挠着头，他只讲了这一页开头两句"小时候，我最喜欢一个卖鱼丸汤的人"就不知道怎么接下去，也不知道怎么说下面的内容。

教师：太突然了，你还没准备好，是吗？

贝贝点点头说：我想换一个有电的点读笔继续学习。

教师：好的，你继续吧。

贝贝拿着换好的点读笔继续听、看、说这一页的内容。听完后，他问：什么是挑着担子？（因为画面中既没有扁担，也没有挑着担子，现在城市幼儿的生活中很难见到挑着担子的人，所以，贝贝不理解也想象不出。）

教师：就是把一根长扁担放在肩上，扁担两头分别挂着一个装满水或者各种物品的桶或篮子等。

贝贝：扁担是什么样的？

教师边用动作比画边说：它是扁圆长条形，在挑、抬物品时用。它可以用竹子也可以用木头做，好像一根扁圆的长棍子一样。

贝贝：圆棍子不行吗？

教师：因为扁担要放在肩上挑着东西走路，所以如果是圆棍子就会滑下来。

贝贝：怎么挑？

教师在班级娃娃家中拿了两个篮子和一根长条形积木，演示给贝贝看。

贝贝：现在我会说了。

教师：你刚才不会说，是因为这个地方不懂吗？

他点点头。

教师：你不明白的地方都可以和老师一起讨论。

他点点头，又将这一页的内容反复听、看、说了三遍后，才继续听、看、说下面的内容。

（幼儿只有在熟悉画面和文字内容后，才能有精力关注自己不理解的内容，才能提出自己的问题，同时也说明，只有在自己尝试独立说，不依赖外在支持时，才更利于幼儿发现自己不懂或不理解的内容，促使幼儿主动迁移以往自主学习中的策略——反复聆听并练习说这一句内容，以便有针对性、有效地解决自己学习过程中的难点。）

第七遍，贝贝采用的学习方法与第六遍相同。但这一遍他已经能够连贯地讲述，甚至很多时候他的语言要早于点读笔的声音，说明他已经基本掌握了这本书的内容，能够脱离点读笔这个支架了。

第七遍讲完时，恰好教师要组织幼儿下楼做早操。

做完操回来，他对教师说：我已经会讲这本书了，我要去录像。

由此可以看出：

贝贝在此之前已积累了较多的自主学习策略，并能在本次自主阅读中自如地运用。

1.学习流程循序渐进：①专注听完整内容——重点看画面并努力与听的内容对应；②专注看文字，试着用手指着文字并努力与听的内容逐一对应；③听、看、说结合，试着将自己熟悉的，已经记得的内容说出来。在点读笔没有电前的五遍都是非常有主张、自信地进行自主学习，即使第六遍末尾出现了点读笔的意外，依然能够继续阅读并提出自己的不理解之处，主动与教师讨论。

2.学习策略：先听再看最后说、先看画面再看文字、用手指着文字帮助自己准确地与听的内容一一对应。

3.清晰且坚定地选择最适合自己自主学习的设备帮助自己完成学习任务。在教师提供的多样设备中，贝贝目标明确且坚定地选择了点读笔帮助自己阅读。班级中有很多幼儿选择用平板看电子书，通过视听双维通道来学习，也有幼儿选择听耳机或自己看书等，还有的幼儿几种设备不断变化使用，而他进入语言区就直接拿着点读笔和配套的书展开阅读，从头至尾没有受他人影响而产生一丝丝的动摇。更为关键的是，贝贝将点读笔的功能发挥到了最大——完整听、局部听、重点听，听听看看，听听想想，听听说说。所以，设备不在于多，关键在于会不会用。

记得在他选择点读笔后，教师问他还需要平板和耳机吗，他说"我只要点读笔就可以了！"，从他使用点读笔的策略和自主阅读全程来看，确实他只要点读笔就可以了。

案例 2：每一步都要做好

数学活动"给积木做盒子"的目的是让幼儿通过自己制作纸盒的过程实现以下目标。

1.认识长方体各面图形之间的关系，进一步感知认识长方体有 6 个面，发现立体图形各面之间的围合关系：清晰 6 个面相互连接、相对的两面图形全等（即大小、形状完全相等）、相对的两面被相邻的面分隔。

2.理解立体图形的平面展开图：认识展开图的基本轮廓，理解平面展开图是由立体图形各面相互连接组成的，体验立体图形各面在平面展开图上的布局与划分。在幼儿制作纸盒的过程中，体验立体图形与平面展开图之间空间对应的关系，从而加深幼儿对立体图形特征的认识，理解立体图形各面之间的空间关系，发展幼儿的空间想象力和心理旋转能力。

教师提供了帮助幼儿自主学习的 6 个支架：

1. 如何做纸盒的视频——教师制作了描画轮廓、折叠棱角、涂抹胶水、粘贴四个步骤的全程演示加讲解视频。

2. 将做纸盒的每一步，用照片的方式做成步骤图。

3. 教师做好的纸盒成品，幼儿自主将自己的作品与之比照，判断是否合格，或是否需要修改、重做。

4. 教师做好的纸盒半成品（只有最后一步没有粘贴），供幼儿反复展开、复原，研究立体图形和平面展开图之间的空间对应关系以及观察研究折叠时是向里还是向外折。

5. 教师描画好的长方体的平面展开图，供幼儿一一对应比较自己描画的展开图是否完整。

6. 实物长方体积木。

幼儿在根据自己的需要自主制作纸盒的过程中，自主选择应用上面 6 个支架中的一个或多个，通过描画轮廓、折叠折印，具体体验立体图形各面在平面展开图上的布局和划分，亲手复制出一个立体图形。

全班 30 名幼儿全部在第五天完成了此项任务，其中 15 名幼儿完全通过自己反复看教师提供的视频、步骤图，或研究成品和半成品的方式完成了此项任务；10 名幼儿只需向教师或同伴请教做纸盒步骤中的 1—2 个即可完成任务，有 5 名幼儿全程在教师一对一面对面地引导下运用支架完成了任务。

全班每名幼儿制作纸盒的数量都在 3 个以上，有些幼儿自主对照样品后，认为和其有差距或自己感到不满意，反复做直至自己满意为止，有些幼儿是自己感兴趣主动来做，且不断超越自己以往的作品和样品。如，妍妍第一天上午只是将教师提供的视频看了一遍后，就开始制作纸盒。她制作全程专注认真，没有参与同伴间的任何交流，只用了 13 分 30 秒就完成了一个与样品一模一样的纸盒。下午她又过来做纸盒，在制作的过程中，她神情放松，偶尔和旁边的同伴说说话，只用了 10 分钟就完成了。第二天上午她再次过来，这一次，她看到牛牛不会折，就直接帮助他完成了折的步骤，再开始做自己的纸盒，10 分钟完成。接着她开始做今天的第二个纸盒，这一次她利用长方体积木上的正方形做了一个正方体纸盒。做完后，她跑到教师面前，举着自己的正方体纸盒给教师看，并说：我自己发明做了一个正方体纸盒。

　　我们在反复观察分析幼儿制作纸盒的视频后认为：同样是大班下学期的幼儿，而且是在同一个班级共同生活、游戏和学习了近三年的同伴，但是他们的发展差异性还是很大的。幼儿需要教师采用差异化的方式，持续帮助他们学习、积累有效的自主学习策略。

　　如果教师眼里看到大班幼儿的自主学习能力都是如贝贝、妍妍一样，教师只要提供一定的支架（如视频、实物、半成品、步骤图）让他们自己从头至尾自主探索即可，且全过程都可以放手，乃至于还常常搬出所谓"专家们"的语录：儿童的学习一定是自主探索的，不需要成人教的，他们自己会解决问题的。

　　我们认为这是从完全教的极端走向另一个极端——放任，将幼儿的学习简单化、统一化、单一化、肤浅化、"专家"化，也是另一种"样板"化和标签化了，更是一种不负责任的态度和不专业的体现，是"千人一法"的另一种体现，没有体现出"千人千法"或"一人一法"。

　　还有一些教师认为：这些学习策略我们以往在班级集体学习活动中反复强调过了，幼儿理应都会迁移运用，这是教师将幼儿的学习过程简单化了。而有些幼儿需要将每个学习策略在自己的实践中验证，在每一个具体的情境中练习，才能逐步获得。

　　在对幼儿自主学习做纸盒的观察过程中，我们发现对于轩轩来说，做纸盒的每一步都是有困难的，每一步都需要教师一对一的引导。

　　第一天他走进数学区时，既没有看视频，也没有看步骤图、实物和半成品纸盒，他看到旁边的同伴大宽拿了一张纸在描画，他也拿着一张纸和一支笔，看到大宽拿积木描画，他也模仿着边描画边停一停，四处望一望。

　　教师：你是和他们一样要做纸盒吗？

　　轩轩点点头。

　　教师：你知道怎么做纸盒吗？

　　他摇摇头。

　　教师：你可以用什么方法帮助自己呢？

　　他看着教师不说话。

　　教师逐一向他介绍每个支架的材料后，再次问：你想用什么方法帮助自己？

此时，旁边的大宽说：你不会的话，我可以帮助你。

他没有回应大宽，也没有回答教师，而是拿起教师介绍的支架之一平板，自己看视频了。

他连着看了三遍，还是皱着眉头。

教师：看会了吗？

他摇摇头说：太快了。

旁边的大宽说：你可以把不会的地方暂停呀，就可以看仔细了。

他停下来又完整地看了一遍视频，依然皱着眉头。

（在难点处暂停并反复看的学习策略是班级中绝大多数幼儿已自如运用的，但对于他来说，还是比较陌生的。）

教师：还是不知道怎么做，是吗？

（说明看视频的方式他不得要领，他不是一个地方不懂，而是整个环节都感觉困难。）

他点点头。

教师拿过步骤图，和他一起看着步骤图，边看边指着每一步骤讲解，帮助其明晰做纸盒的步骤。讲解完步骤图后告诉他，可以边看着步骤图边做，如果不会或者忘记了，还可以再看一看视频、教师做好的纸盒或半成品纸盒。

教师：会做了吗？

他点点头。

他开始描画积木，但是在描画时，不停地移动积木。

画完了四个长方形的面后，旁边的龙龙说：你每一个面都是分开的，是不可以的，赶紧擦掉。

他听了大宽的话后，赶紧用橡皮擦把画好的图形全部擦掉，擦完后坐在那儿发愣，不知道下面要怎么做。

（经过教师的讲解，他知道做纸盒的步骤，但他不理解龙龙说的话，为什么长方形的每个面要连在一起，说明他还没有建构起立体图形的平面展开图的基本轮廓的表象，不理解平面展开图是由立体图形各面相互连接组成的，不清晰立体图形各面在平面展开图上的布局与划分，还没有建立长方体与平面展开图之间的空间对应关系。)

教师拿着半成品纸盒将其展开给他看，让他认识长方体每个面展开后的布局与划分，引导其观察6个面之间是相互连接的，帮助其理解立体图形和平面图形之间的空间对应关系。

教师：现在知道怎么描画了吗？

他点点头，开始第二次描画轮廓。

画完后，旁边的龙龙又说：你这里还是没有连呀，你还是要擦掉。

轩轩看了一下自己描画的轮廓图说：只有这一个呀！

（言外之意，其他地方都连起来了，只要擦这一个地方就可以了。说明他已认识到长方体展开时6个面是相互连接的，理解平面和立体图形之间的对应关系了，也意识到自己比第一次描画时4个面都独立不连接已经有了进步。）

他在重画时，教师发现他在画时不知道要按住积木，积木总是移动，连着三次用橡皮擦错位的线条后，大叫着：怎么老是连不起来了？

（这一次图形之间没有连接是因为他不知道也不会控制积木的方法，致使积木移动造成的。但是，他不知道原因，不得要领地一遍遍重画，使得他非常着急，以至于发脾气，此时，他急需教师的帮助。）

教师：不着急，我来帮帮你。

教师示范如何将积木压住前一个长方形的边，让其完全与线条重合，然后用一只手按住积木，另一只手沿着积木边缘描画。同时，对他说：一定要按住积木，才能保证图形之间没有缝隙。

接着，教师扶着他的手，让其练习此动作。待他画好一个长方形后，引导他看自己画的线条不仅比刚才直了，而且长方形也连接在一起了。

教师：你已经学会将积木边与前一个图形的边重合，然后将积木按住描画，将图形和图形连接的方法了，很厉害哦！

（教师不仅鼓励他，给予信心，更为重要的是通过语言强化让其明确怎么使图形之间连接的具体方法。）

他看到自己的成果后笑了。

教师：你可以继续完成下面的任务吗？

轩轩：可以的。

可是，他画了4个长方形的面后就不知道下面该怎么画了。但是，这一次他自己主动拿平板看起了视频，并将其暂停在如何画正方形的地方。

（这是教师和幼儿在学习舞蹈时总结出的策略——在不会的地方暂停，并反复看不会的地方。可以看到，前一步任务的完成给了他自信，不仅唤醒了他以往自主学习中的经验，而且激励他主动迁移运用教师提供的支架帮助自己学习。）

看完视频后，他继续画正方形的面。在画积木背面的线条时，他想出了将纸轻轻转动到正面的方法，帮助自己准确画出直线。

（可见幼儿在有自信的状态下，能够创造出自己的解决问题策略。）

在画完两个正方形后，他就自己拿着剪刀剪下了大轮廓，然后，拿着胶棒涂抹在一边长方形上，将两边进行粘贴。

（此时，教师发现他少画了作为连接用的梯形，但是，教师没有提前指出，而是让他自己体验因为没有梯形作为连接的后果，进而理解梯形的作用。）

他做完后，自己看着纸盒有很多大缝隙，好多地方没办法连接，急得直喊：怎么不像呀！

教师：我们来检查一下，看看是什么原因。

于是，教师将他粘贴住的那一边拆开，展开他画的平面图，并拿起教师提供的平面展开图，将两幅展开图上的长方形、正方形、梯形的布局与划分一一对应比较，引导他分析自己的图是否齐全，布局是否一致，大小形状是否完全相同。

（引导他学习用教师提供的平面展开图与自己描画的平面图一一对照的策略，帮助自己学习。）

通过比较，他发现自己没有画用于连接的梯形。

教师：所以，我们画完后，可以检查一下，自己是不是都画全了。如果不清楚，可以用老师提供的平面展开图对照一下，比一比，找一找，平面图上的每个图形是不是都画全了，而且一模一样，然后再进行下一步。

（帮助他明晰自我检查的方法，知道要做完一步检查一步。）

教师：现在你学会怎么画全一个平面展开图的方法和步骤了，我们重新画一个好吗?

他点点头,又重新拿起一张纸描画起来。这一次画完后,他没有急着剪,而是自己主动和教师提供的平面展开图进行比较。之后,拿给教师看说:我检查过了。

教师发现用于连接的梯形没有画全。

(他虽然知道要检查,也学会了运用教师提供的平面展开图作为检查的支架,但可能因为他不够细致,或是因为轮廓图相对复杂,他还没有建立起长方体与平面展开图每个部分相互对应的空间关系,致使遗漏了某些图形。)

教师:我们一起再来对照检查一遍,看看是不是都齐全了。

教师将他描画好的平面图与样品一一对应比较,引导他先检查长方形、正方形和梯形三种图形是不是都有了,然后看每种图形的位置是否正确,最后再数一数每种图形的数量与样品图是否一致。经过一一对照检查后,引导其发现,梯形数量不够,样品图上有7个梯形,而他只画了3个。

教师:你已经能够把每种图形都画出来了,而且位置都是正确的,就是还缺少4个小梯形,只要把它们补上就可以了,你会补吗?

他连连点头,一边看着范例图,一边补画梯形。

(他对平面展开图的空间轮廓和每个图的划分与布局还不稳固,没有形成表象,描画时需要借助范例平面图边看边描画。同时也说明,他发现了范例平面图对于他的支架作用,已经学习运用此策略来解决自己当下的问题了。)

当他补画完后,又主动对照范例平面图检查了一遍,他笑着举着自己的平面图不断地向旁边的同伴说:看,我画的!

(虽然这一步他经历了40分钟,只是第一步的成功,但对于他来说是非常不容易的,给他带来的欣喜是巨大的。特别是他经过三次的描画练习,在不断的调整中,不仅完成了描画长方体的平面展开图,初步理解了长方体和平面展开图之间的空间对应关系,积累了自主学习的经验和策略,知道并会主动运用教师和同伴提供的支架——与范例平面图比较、看视频并将难点暂停观察等,更为重要的是增加了他自主学习的信心。)

第二天,他一来幼儿园就主动拿起一张纸很专注地描画轮廓线,自如地完成第一步后,就直接拿起剪刀剪轮廓线,接着直接将图形翻转到将要粘贴的地方，发现自己的图形是圆筒形，就又停下来，看了看自己的作品，又拿起剪刀将连接处的梯形剪了一点儿。剪好后，他拿着自己剪好的图给教师看。

教师：你没有沿着外轮廓线剪，所以有的地方宽，有的地方窄，特别是这边的梯形，你再去修改一下。

他拿起剪刀又剪了一点儿，再次递给教师看。

（他并没有完全理解教师的意思，即要沿着外轮廓线剪才能剪得一样直。）

于是，教师拿起剪刀将他没有沿轮廓线剪的地方示范剪给他看，他主动靠近教师，看得非常专心、仔细。

（他需要教师面对面示范的指导方式，仅仅用语言他不能理解。）

教师示范剪了一条边后，请他将每条边都检查一下，看看是不是都沿外轮廓线剪了，将没有沿外轮廓线剪的修一修。

接下来，他修好一条边就给教师看是否合格，直至全部修完。

他问：我可以进行下一步了吗？

教师：你认为呢？

他腼腆一笑，自己继续向下做了。

完成剪的环节，他用了 20 分钟。

此时，他直接拿着连接梯形的边没有折叠就想粘贴，他用手将梯形边直接与长方形边对接捏着，立刻他的纸盒就呈现出一个圆筒形，他左看右看也不像纸盒，好像一个圆筒形，就停下来看着教师。

教师：你剪好后，有没有将每条线都折出折印呀？要折出折印，纸盒才能有棱有角。你现在要先将每条线折一下。

教师说完，他就拿着纸直接向前翻卷。

教师将他折的部分拆开，示范给他看：折时要沿折线往里折，并用手指沿折线中间往两边推压，折出坚挺的棱角。

然后，教师让其练习如何折出棱角。

和剪的环节一样，他每折好一条边就主动拿给教师看是否合格。当他将长方形和正方形的线条都折完后，要折梯形时，问：这里怎么折？

（他不知道连接梯形是向里折还是向外折。）

教师：你看看视频。

他看完视频后还是不知道怎么做，拿着梯形处看着教师。教师又采用现场示范的方式，将一个梯形向里折，帮助他理解怎么向里折。

他看教师折完一条边后，就将教师手里的作品拿过来，自己接下去将其余的梯形都完成了。

（他虽然知道运用看视频的策略，也知道反复看自己不会的环节的视频，但他的心理旋转能力和空间想象能力还不能支持他将视频中的演示转化为自己当下的活动情境——无法将视频中的向里折转为自己的向里折，他需要教师给予现场同方向、不需要转换方向的讲解示范。）

折的环节他一共用了6分钟。

抹胶水时，他拿着胶水就涂，没有思考就涂在梯形的里面。

教师立刻问：应该涂在哪一面才能粘贴？

他茫然地看着教师，不知道胶水应该涂抹在哪一面。

（说明他缺少做纸工粘贴的经验，不知道应该将胶水涂抹在梯形的外面。）

教师拿起他的作品边示范边讲解，和他一起完成了最后的粘贴环节。

这一环节用时9分钟。

经过35分钟，在教师与他的共同努力下完成了一个纸盒。

他非常高兴，拿着纸盒逐个跑到班级其他几位教师处，告诉他们说：我会做纸盒了，我可以去拍照片了。

（虽然，最后一个步骤基本上是教师完成的，但是，他参与完成的一个作品给予他的成就感，特别是胜任感是他人无法给予的，不仅赋予他做纸盒的持续动力，而且赋予他成功的自主学习经历、经验和策略，增强了他自主学习的信心！）

第三天，他又主动来做纸盒了。这一次，他比较熟练地运用前面学习的策略，做完第一步的描画平面展开轮廓图后，主动运用范例平面图比较检查后才开始剪轮廓，接着进行折叠、粘贴。

前面三个环节都很顺畅，直到粘贴环节出现了困难。这一次，怎么粘贴连接处都会鼓出来，他又急得直跳脚大喊着：怎么就粘不齐呀？

教师：不着急，老师相信你，一定能自己找出原因。

他仔细看了看鼓出来的地方说：我的盖子剪宽了。

教师：什么盖子？

他指着竖着的纸盒上端用于连接的梯形说：这里就是盖子（即顶部的正方形）！

教师：哪里剪得宽了？

他指着盖子三边的梯形说：就是这儿。

教师：是剪得宽了还是太窄了？

（引导他深入思考自己的问题是什么，了解其是否真正理解宽窄概念。）

他挠头看着自己的纸盒，不确定自己是剪得宽了还是窄了。

（可见他的宽窄概念还没有稳定地建立。）

过了一会儿，他说：我知道原因了，是太宽了！

教师：其他人都说窄了连不起来，为什么剪得宽了也连不起来呢？

他看了看自己的纸盒说：梯形太大就不能全部放进去，放进去不平整，粘不齐。

教师：哦！这是你的新发现。我们来验证一下是不是你说的原因。

教师拿过他的纸盒半成品说：确实有点宽了。我们再折一折放放看，是否平整？

教师又将他的纸盒半成品加重折痕，突出棱角后，再次放进去，虽然平整了一些，但是粘贴时总是会多出一些。

教师：你能想出解决的办法吗？

他立刻说：再剪一点儿。

教师：你再剪一点儿，试试看。

他拿起剪刀很小心地剪掉了一些。再粘贴时，平整了，他非常高兴。

教师：你这一个纸盒做得比上一个好，而且自己发现了做好纸盒的一个诀窍。我相信你下一个一定比这个做得还好！

（教师给予情感的激励和支持，具体指出幼儿的进步。）

接下来，他又自己独立了做了一个纸盒，用平板拍下记录后，问：我可以把它带回家吗？

教师：当然可以。

于是，他跑到自己的衣物柜前，将其放进去。下午，他妈妈来接时，他带着妈妈走到衣物柜前，拿出自己的纸盒说：看，我自己做的。

第四天上午，他又主动来到数学区，继续做纸盒。

教师：你做纸盒的任务不是已经完成了吗？

轩轩：我今天要自己再做一个更好的！这个好好玩的。

在做纸盒的过程中，他不时地和旁边的同伴交谈，神情愉悦，非常享受做纸盒的过程。

在独立做完纸盒后，他蹦跳着拿给教师看，教师说：真厉害，你做的一个比一个好，你是在不断地进步哦！

他笑开了花，非常高兴地不停点头。

（轩轩也发现了自己的进步，发现自己做的与标准的一模一样。通过亲身经历和直接经验，感受到自己努力后的进步。）

纵观轩轩自主学习做纸盒的全程，我们看到教育的丰富性和复杂性，教育需要教师和幼儿间不断的情感互动，才能激发出个体生命精神力量的成长。

做纸盒对于轩轩来说是一个重大的挑战。

这项内容不仅对于他小手肌肉的灵活性是一个挑战，而且对他的空间思维及自主学习策略的运用都是一个挑战。

虽然教师提供了6种支持策略，这些策略在以往的数学学习活动中都学习和运用过，而且教师在集体学习活动中都和全体幼儿一一总结和演示过。但轩轩是一个注意力容易转移的幼儿，集体活动时他的注意力集中时间较短，其他幼儿发言时他常常东张西望，非常容易被其他事物或事件吸引。所以，他积累的学习策略或主动运用策略的能力与其他幼儿有很大差异，特别是数字化设备、静态的实物、步骤图、半成品对于他来说，很难产生有效的作用，他需要教师一对一、面对面（即使是提供班级教师的视频也很难发生作用）的直接互动和引导，这样才能吸引他的注意力，才能让他专注地集中到当前的学习任务上。

他由开始的每一步都需要教师面对面的指导，到逐步自主学习，再到最后自信、主动、完整地自主做纸盒。他由开始的不会应用策略到主动应用教师提供的支架，乃至于能够创造出自己的策略（转动纸来描画背面的线条）。这说明幼儿自主学习能力的发展进程不同，教师的指导策略也应不同，尤其是在开始阶段，不能简单地让幼儿自主探索，而要全程关注，一对一地给予适时适度的指导，这样，才能推进其在原有水平上的发展，才能帮助其积累、掌握自主学习策略和提高自主学习能力，才能激发其不断地主动练习（从学会制作纸盒后，轩轩每天都来制作，一共制作了9个纸盒，而且一个比一个好），通过练习达到自如运用。教师要对幼儿每一阶段的努力和进步给予具体的指导和评价，让其体验到不断增加的胜任感，让他看到、体验到、认识到自己只要付出努力就可以进步！

在全体幼儿都完成此项任务后，教师组织了一次集体经验交流。轩轩说："每一步都很重要，每一步都有关键点。"他还详细说出了每一步具体的关键点是什么，让教师和所有幼儿都非常惊讶。这说明，幼儿的经验是在自己亲历后，通过一遍遍的练习积累和掌握的。每一位教师都应对每一阶段的每名幼儿充满信心，帮助其积极地迎接挑战，让其获得胜任感、成就感。

做纸盒的关键点

1. 描画轮廓时，要按住积木不能移动，翻一面画时要将积木边与前面画的轮廓线对齐。画的图形相对面的形状、大小要完全一样。不要忘了画"毛边"，即连接处的梯形。画完后，可以对照展开图一一检查：是否每个面都画了，且每个图形的位置和展开图一样。

2. 折轮廓线要直，要沿着描画的线折；要压一压，用手指和手掌抹平，要折出棱角；每条线都要折，包括连接处的梯形。

3. 剪轮廓线时，要先检查一下是否每一条边都画了并且折出棱角了；一定要沿着轮廓线外面剪；边要剪得平整、光滑，否则，相对面的形状、大小会不一样大，就不像纸盒；不要把连接处的梯形剪掉，否则，连接不起来。

4. 粘贴时，糨糊要抹匀，只能涂在"毛边"上，其他地方不行，包括自己的手上，否则，粘贴时会没有棱角或将纸盒粘贴在自己手上。

案例3：我会用"写"来学习

前书写是幼儿以笔墨纸张以及其他书写替代物为工具，通过画图和涂写，运用图画、图形、文字及符号，表达信息、传递信息，与周围的同伴和成人分享、交流其思想、情感和经验的游戏和学习活动，是幼儿非正式的书写活动。我们在大班上学期围绕自主学习跳绳开展了10次前书写活动，幼儿积累了一些前书写经验，也积累了把"写"的方式作为自主学习策略的经验，提高了学习效率和质量。

在四项自主学习任务中，很多幼儿自然地迁移、运用前书写策略帮助自己完成学习任务。

在阅读《小时候》时，前书写策略是很多幼儿帮助自己学习的方法，但其作用不一样。

雅雅第一天到语言区，就问教师：我可以写书上的字吗？

教师：为什么要写字呢？

雅雅：我一边听耳机里的故事，一边把书上的字写下来，就可以把故事学会了。

教师：你在听的时候，这些字都能写下来吗？

雅雅：听完一页，我就写一页。

教师：一页上的字有好多，要花很长时间，你今天上午可能只能写一页哦。

（在以往前书写活动中，由于幼儿要想出每一个字怎样用图画、图形、文字及符号表示，加之受到小肌肉灵活性的限制，所以常常写一句话需要用20分钟左右。而一页上有6—8句，幼儿一次区域活动最多只能写一页。）

雅雅：我明天可以接着写。

她后来一直坚持用前书写的方式学习这个故事，"抄"到哪一页她就会说到哪一页，虽然很多幼儿都是从头至尾一遍一遍地看书、讲述故事，而她完全不受其他同伴的影响，依然按照自己的速度，自己的"阅读"节奏来学习，直至"抄"完整本书时才学会讲述整个故事。

同样是前书写，不同幼儿在阅读中使用的目的不同。

安宁只是将每一页中自己不理解的字用前书写的方式写下来，这些字都是独立的，有的是他完全照着书上的字模仿画出来的，而更多的是他自己用不同图画、图形、文字及符号表示的。当教师问他写的是什么时，他说："我把故事录音里不会的字写下来，问会的小朋友和老师，这样我就记住了。"

思悦是将自己记不住和不会说的那一页或几页进行前书写，通过这种方式帮助自己记住和理解图书的内容。

厚基是将自己喜欢的内容通过写读书笔记的方式记录下来，以此学习故事。如，他在读书笔记中写到"我觉得第23页最好玩，因为我也喜欢滚铁环"。

球球将自己喜欢的几页中喜欢的句子记下来，如"小时候，我常常起得很早，听军营里的喇叭声"（第3页中的第5句），"小时候，我喜欢穿爸爸的大西装和大皮鞋"（第5页中的第2句），"小时候，我喜欢抱小鸡，我喜欢把小鸡放耳朵旁边，小鸡嘴里叽叽地叫，我好像听到它的心也在扑通扑通地跳"（第23页中的整段文字）。

幼儿不仅将前书写用于自主阅读《小时候》，而且在其他三项学习中也运用自如，他们将自己学习中的发现用前书写的方式记录下来，以此帮助自己掌握每一项任务的关键点。

龙龙在跟着视频跳舞时，突然停下不动了，看着视频若有所思，转头对教师说："我发现舞蹈是有规律的。一开始这个动作重复两次，然后歌唱到这里是这个动作，唱到'万万岁'时就一直是这个动作……"他一边说一边比画了相应的动作，激动得脸都红了。他想了一下说："对了，我要把我的发现写下来！"说完，他飞快地跑进教室，拿出笔和纸写下"我的发现：在跳舞的时候，是有规律的。向上方做两遍，然后转圈做一遍，再举手的时候，两只手做交叉向前和举手的动作三遍。"写完后，他又跑出来对教师说："老师，我写完了，我要录像，做二维码给大家看！"

瞳瞳则将自己做纸盒时的发现进行了记录："我发现，要想'粘得牢'必须要在贴完之后，按一按。"

成轩、梓桥、天乐都将自己在科学实验中的发现做了"笔记"：

"在小球转得慢的时候，要把小球转得快，在小球不慢不快的时候，要让罐子转的时间长一些。"

"我发现如果小球悬空，就要一直转，想知道小球到底悬在哪里，就要坚持罐子一直转。"

"小球悬空的时候，小球会在罐子边上转。"

"想把小球悬空，要把罐子转得圆，再停一下再上。"

"我发现小球不是在罐子上面，而是在罐子下面。"

"我发现把罐子转的时间长一点，就可以成功地把小球'粘'在罐子上了。"

尤其是成轩连续4天每天写一条发现，直至第四天实验成功。说明他每天不仅仅是练习，而且会在练习时反思、研究和总结，能够有意识地思考学习策略。

综上可以看出，前书写已成为幼儿自主学习的一条有效策略，它不仅满足了幼儿对写的需求，而且满足了幼儿在自主学习中记录困难点、喜爱点、发现点等的需求，通过记录助力他们完成自主学习。

第四节　充足的自主学习，必配集体的分享交流

成人不仅要给予幼儿充足的自主学习时间，而且要不断依据幼儿的学习兴趣和学习问题给予适宜的引导和持续鼓励。

记得刚开始第一天上午，在长达一小时的区域活动时间里，语言区只有小满和佳佳两个人。

在上午集体总结时，教师询问幼儿为什么都不来语言区。

幼儿说，语言区里的故事又长又难，我们将它放在最后学习。

一方面，教师引导幼儿合理安排时间，避免大家一起涌入一个区域，导致学习材料不够增加了等待时间，且会因为人多嘈杂干扰专注学习，可以请一部分人到人少的区域学习；另一方面，教师拿出图画书《小时候》，介绍了书名，通过问题"是谁的小时候？小时候做了什么事？这些事你们做过吗？"激发幼儿主动去看书。

接下来，在每天的自主学习后，教师会组织10分钟左右集体的分享交流，让看书的幼儿不仅回答以上问题，还介绍自己的新发现并提出疑问，针

对他们的疑问，教师再给予解答。借此，激发幼儿迎接最难的任务，主动去看书。

在全体幼儿都完成阅读任务后，幼儿已经形成了很多关于《小时候》这本书的个人想法，非常期待与他人分享，这时，教师组织了一次集体分享交流。分享交流原先计划30分钟，可是由于幼儿的想法很多，讨论非常热烈，持续了45分钟。在班级保育员一再提醒要吃午餐后，讨论才结束。

讨论1：你认为"我"是一个什么样的孩子？

幼儿1：他是一个很贪玩的孩子。

教师：为什么？你从哪里发现他贪玩的？他做了哪些事情？

幼儿：他很喜欢大院子里面淹水，会光着脚玩水。

幼儿：因为他不仅在床上玩枕头游戏，还在外面树上玩游戏。

另一名幼儿说：我也觉得他是一个贪玩的人，但是我的理由和他不一样。他穿爸爸的大西装，然后又爬到树上去，然后又跑回来了。

幼儿：我看到他每天都在玩游戏。

幼儿2：他是一个淘气的孩子。

教师：你从哪里发现他淘气的？

幼儿：他爬到树顶上。

教师：还有哪里淘气？

幼儿：他追着火车跑，他趁着屋子里没有人悄悄地玩钢琴。

幼儿3：他是一个贪吃的孩子。

教师：你从哪里发现他贪吃的？

幼儿：他是一个胖子。

教师：从哪里看出他是胖子？从画面上看，他胖吗？

幼儿：画面上他不胖，可是他喜欢吃鱼丸汤。

教师：哦！你从他特别喜欢吃鱼丸汤推测出他有可能会是一个胖子。目前，他还不是一个胖子。所以，我们不能说他是一个胖子。但是，我们可以说他是一个喜欢吃鱼丸汤的人，或者是一个喜欢美食的小朋友。（引导幼儿学

会准确地定义）

幼儿4：他是想为国家做大事的人。

教师：为什么？你从哪里发现的？

幼儿：他不怕困难，骑着白马做将军。将军就是为国家做大事的。

幼儿5：他是一个每天都很快乐的小朋友。

教师：为什么？你从哪里发现的？

幼儿：他在每件事中都是笑眯眯的。

幼儿6：他是一个非常喜欢到外面玩的小朋友。

教师：为什么？你从哪里发现的？

幼儿：他不仅在床上、院子里玩，还到土坡上、旧城里、大树上玩。

幼儿7：他是有小秘密的人。

教师：为什么？你从哪里发现的？

幼儿：他有一个小一点儿的家，爸爸妈妈不知道他放了一些爸爸妈妈不让他放的东西。

幼儿：他在楼梯里藏了许多自己喜欢的东西，爸爸妈妈都不知道。

幼儿8：他是一个不怕脏的人。

教师：为什么？你从哪里发现的？

幼儿：他捡了许多外面的脏东西放进家里了。

幼儿9：他是一个循环玩的人。

教师：什么叫循环玩？

幼儿：他又在家里、又在外面、又在家里、又在外面的。

教师：又在家里、又在外面玩就是循环了吗？

幼儿：就是一会儿在家里玩，一会儿在外面玩；然后，又是在家里玩，再到外面玩；一直这样就是循环。

教师：你们听明白了吗？你们发现了吗？一会儿大家都仔细看一看书，是像他所说的玩的地点是按照家里外面、家里外面、家里外面不断循环的吗？

幼儿10：他是一个有想法的人。

教师：为什么？你从哪里发现的？

幼儿：他玩的所有游戏都是不一样的。

幼儿11：他是一个喜欢装大人的人。

教师：为什么？你从哪里发现的？

幼儿：他喜欢穿大人的衣服、鞋子，还喜欢在爷爷不注意时，坐爷爷的大椅子。

幼儿12：他是一个喜欢小动物的人。

教师：为什么？你从哪里发现的？

幼儿：他笑眯眯地抱着鸡，很轻，脸贴着鸡。

教师就将这一页上的文字读给大家听，验证他是否是一个爱鸡的人。

幼儿13：他是一个喜欢研究小动物的人。

教师：为什么？你从哪里发现的？

幼儿：刚刚老师读的时候，说到他喜欢听小鸡的心跳。他听心跳就是在研究鸡的心跳是不是和人的一样。

幼儿14：他是一个凌乱的人。

教师：你为什么说他是凌乱的人呢？

幼儿：我觉得最后一页就是感觉这个东西蛮乱的。为什么把喝的放这边，树枝放那边？

幼儿：你看他的楼梯间里的东西放得乱七八糟的，没有按类放，一点儿都不整齐。

幼儿15：我觉得他是个很有想法的小朋友。

教师：这个词高级。从什么地方能看出他很有想法？

幼儿：他希望船能漂到大海里，想让火车看见他，想听到小鸡的心扑通扑通地跳。

教师：你这样一说，好像这个小朋友真的有很多自己的想法。

幼儿16：他只喜欢吃外面的东西，不喜欢吃家里的东西。

教师：你为什么这样说？

幼儿：书里只看到他喜欢吃外面的东西，没有看到他喜欢吃家里的。

教师：你的依据是这样的，根据书里画面上有没有来进行判断。

幼儿17：他是一个有好朋友的人。

教师：为什么？你从哪里发现的？

幼儿：好多时候，他玩游戏都是和好朋友一起玩的。

幼儿18：他是一个爱养小动物的人。

教师：为什么？你从哪里发现的？

幼儿：因为最后一幅图里有猫，而且书中很多页都有一只猫，这是他的猫。

下面有几名幼儿说：这是小狗。

教师：这到底是猫还是狗？一会儿，你们再去仔细看一看，哪几页上有动物？

综上可以看出：

1.幼儿非常会归纳抽象，他们依据自己的生活经验和经历给书中的"我"定义。如，嫌弃"我"将"脏东西"带回家，一定是家里妈妈或爸爸特别强调不准将外面的"脏东西"带回家；东西放得凌乱，一定是家里非常强调秩序感，幼儿自身也是非常注意整洁的。

2.给予幼儿充足的阅读时间，他们能从书中有所发现、有所感悟并形成自己的观点。全班30名幼儿，提出了18种观点。这些观点既丰富又独特，都是建立在他们对图书画面解读和听到的文字解读的基础上。

如，幼儿说出玩的地点是循环的。这是他的发现，更是他的创造！每名幼儿都能说出自己的想法，虽然对"我"的定义有的是一样的，但是理由不一样。"我也觉得他是一个贪玩的人，但是我的理由和他不一样。""我看到他每天都在玩游戏。"这也说明：教师要给幼儿充分展示自己发现和观点的机会，他们一定会馈赠成人以惊喜。

从幼儿期开始，教师就应有意识地发展幼儿自主阅读、自主形成自己观点的能力，通过感受学习一个个作品，亲身经历一次次交流讨论，直接参与一个个活动等，引导和帮助他们依据自己的经历，积累并逐步形成自己独有的体验、经验和观点。

讨论2：你发现有什么规律吗？

这本书一共有17段，非常长且语言不规整，不仅每一句长短不一样，而且每一段的句数也不一样。为了帮助幼儿自己学习阅读这本书，理解这首散文诗的内涵，我们不仅在幼儿个人自主阅读时，针对幼儿个体阅读进行引导，而且每天都在幼儿自主阅读后安排5—10分钟的集中交流，教师通过引导幼儿交流各自发现和问题讨论的方式激发他们在自主阅读时主动发现、寻找画面和语言中的规律。

下面是在全体幼儿进行过自主阅读后的第五天下午组织的一次集体讨论，他们围绕自己发现的规律进行了交流。

安宁：我发现每一段前面都有一个"小时候"。

佳佳：我发现每次读完"小时候"，然后都是"我"，我喜欢干什么，我在干什么事情。

教师：她发现了，每次读完"小时候"后面都是"我"，是我喜欢干的事情，或者"我"和"我的朋友"一起在做的事情，这是一个规律。

瓜瓜：原来他第一句先讲"小时候"，然后后面讲的是他喜欢做什么，后面介绍他是怎么做的，最后一个是讲他的感触。

教师：你太厉害了！他说第一个是"小时候"，然后是我喜欢做的事情，然后是我怎么做，最后是我心里的感受。我们来看看是不是这样。现在第一段，"小时候，我最喜欢下大雨，大雨下过以后，马路边的水沟流着滚滚的雨水。我喜欢折一只纸船，放进水沟里，我希望这只船能漂到大海里去。" "我希望这只船能漂到大海里去"是不是我的情感？

教师：我们再读一段验证一下，是不是开始是我喜欢做的事情，然后是我怎么做，最后是我心里的感受。第一段小朋友基本上都能记住的。"小时候，我常常起得很早，抱着被窝，坐在床上，听军营里的喇叭声，我告诉自己，我将来长大，要做一个骑白马的大将军。" 最后是不是感触和愿望，我要做一个骑白马的大将军。这个规律很高级了。 还有没有其他规律？有没有人发现？

安宁：有晴天，有雨天，按照这个规律来的。

教师：他发现有晴天，有雨天，这个是有规律的。除了天气的规律，还有什么规律？

迪迪：开头是"小时候"，然后书名《小时候》，然后第一句也是"小时候"。

安宁：如果有一个人，画面上就是我。

大乐乐：只有在大树上我们的家的那一页，全部说的是"我们"，其他页都是"我"和"我们"。

教师：你听得非常仔细，连作家用的词都听出它们的不同了，而且将每一页上的用词都进行了细致的分辨，寻找出用词的规律。

硕硕：玩的地方也有规律，家里和外面循环。

佳佳：每一次它结尾的不都是情感或愿望嘛，而且他的情感和愿望都是好的或快乐的。

教师：这个总结很好，他最后的愿望都是好的，都是快乐的。我们来验证一下，听听每一段的最后一句，第一个是"要做一个骑白马的大将军"，这是一个很光荣的愿望，还有一个是"细沙让我心里很快乐"，那么其他段的结尾是不是都是好的或快乐的呢？你们自己去看书验证。

······

幼儿发现的规律令我惊讶和惊奇，他们的发现和感悟要远远超越成人。如，瓜瓜说"原来他第一句先讲'小时候'，然后后面讲的是他喜欢做什么，后面介绍他是怎么做的，最后一个是讲他的感触"，这是将整本书或者整篇散文诗的结构规律高度归纳了。

当时，教师们非常震惊于大班幼儿已能够理解这篇散文诗的结构规律了，甚至有些不相信瓜瓜能自己总结，认为可能是他的爸爸妈妈和他一起讨论过这本书，帮助他归纳的。

于是，当天教师和瓜瓜的妈妈交流，不仅将瓜瓜的观点说给他妈妈听，还着重了解了他以前是否在家里读过这本书，妈妈和他是否一起进行过相关讨论。

瓜瓜妈妈告诉教师，自己家里没有这本书，自己也从未和他一起讨论过，他说的完全是自己的观点。

当然，幼儿能够产生让成人震惊的观点一定是有前提的，即教师在幼儿自主阅读之前一定要有意识、有目的、反复地引导幼儿带着问题去阅读和听赏，而且集体交流一定要在每名幼儿都充分自主阅读后才有意义，才能调动起全体幼儿参与的积极性。

集体交流的平台，不仅让每名幼儿的观点得以展示、分享，而且在交流的过程中，他们会相互启发、相互碰撞，不断激发出智慧。

如，瓜瓜说"原来他第一句先讲'小时候'，然后后面讲的是他喜欢做什么，后面介绍他是怎么做的，最后一个是讲他的感触"。在他的基础上，佳佳发现了"每一次它结尾的不都是情感或愿望嘛，而且他的情感和愿望都是好的或快乐的"。

这也说明了充分的独立阅读是非常重要的，它给予幼儿充足的自我感悟、欣赏图书、体悟语言的机会，使幼儿能够沉淀并逐步形成自己的认识和观点。

讨论3：你有什么问题吗？

问题1

正彦：从哪里能看出是军营？

益生：那边有一个穿着军服的人骑在一匹马上。

教师：哦！这是将来我要做一个骑着白马的大将军，所以当我们记不住或不会说的时候，就用看图的方法帮助自己。

教师：怎么看出来是大将军的？

大宽：他带剑。

教师：还有什么？

衍衍：他穿着将军的衣服。

教师：因为他穿着将军的衣服，我们知道将军和士兵的服装是不一样的，即使服装一样，他戴的肩章和徽章是不一样的，他戴着将军的肩章。所以要仔细看书，我们只要看着图就能帮助自己说这个故事，记住这个故事。

问题2

益生：为什么说在大树下有一个家，他们不是在大树上吗？

教师：谁知道为什么是大树下有一个家？而不是在大树上呢？

可乐：因为他们把宝物藏在树上，他们自己在下面，如果有人来抢宝物，他们就可以不让别人找到宝物。

教师：益生的问题是"为什么说是大树下，不是大树上？"，再好好想想。

大宽：如果在大树上就只能一个人住，还有其他两个人怎么住。（幼儿在自己推想合理性，而不是去理解作者为什么要这样写，同时，也说明幼儿没有依据问题观察画面。）

安宁：因为那块板子在大树的中间，不是在大树的上面，也不是在大树下面。

教师：她说这个家是放在中间的位置上。

瞳瞳：因为如果在大树上的话，是在大树的最高处，在树下是在大树最矮的地方。

教师：有一点儿道理。

佳佳：可能他们现在要在上面玩，等会儿他们可能还会到树下。

正彦：在大树上的话会掉到大树下。

教师：他说了一个可能性，还有其他想法吗？

瓜瓜：因为你们在大树下的话，他们应该在大树上。

仁义：因为大树上放着东西，所以不能盖家。

可乐：上面是他们休息的地方，下面是他们玩的地方。

教师：小朋友们都说出了自己的理由。现在我们来仔细看书上的这棵树上"家"和"我"的位置，刚才有小朋友说他们的家是在大树的中间位置，"我"在哪个位置？

幼儿：他站在树上。

教师：家在他的上面还是下面？

幼儿：哦！我明白了，他站在树上看他的家是在树的下面。

教师：对了。因为"我"的位置在树的顶端，"我"看我们的家就是在下面。如果"我"是站在树干这儿了，"家"是在"我"的上面还是下面？（教师手指着大树树干接近地面的部分，通过"我"的位置变化帮助幼儿理解语言的准确性和空间位置的相对性，这恰恰是大班幼儿理解空间方位的难点，也说明幼儿的空间思维与他们理解语言和故事内容的相关性。）

幼儿：我知道了，树上还是树下要看"我"站在哪里。

教师：对了。我们不仅要看"家"在大树的什么位置，还要看"我"在大树的什么位置，这样才能明白故事和怎么准确地说故事。所以，要将每页画面上的内容看全、看仔细，还要边看边想为什么要这样画。

问题 3

优优：院子里，"小时候，我喜欢坐在一只小凳子上"，为什么是凳子？不是椅子？

幼儿：因为它没有靠背。

教师：从哪里能看出它没有靠背？

幼儿：你们看图上没有靠背。

教师：真的耶！图上没有靠背，所以，你只要看着图说，就不会说成椅子了。这再次说明，我们只要仔细看图就能说出故事。

在幼儿充分地自主阅读后，教师组织集体学习，让每名幼儿提出自己在阅读中遇到的难题或产生的问题是不可缺少、非常必要的环节。只有如此，教师才能准确了解幼儿在阅读中的个性化问题和共同的困惑，给予针对性的指导。

通过集体讨论引起幼儿思考，从而进一步深入细致地观察画面，不断尝试自己寻找问题的答案，这种解决问题的方法和策略也是在给幼儿示范，不仅能帮助他们主动迁移这些方法和策略到自主阅读中，而且能进一步激发他们深入阅读、反复阅读的内在动机，从而真正对阅读产生兴趣，喜爱读书。

第三章

小班幼儿自主阅读实验

　　我们在大班开展幼儿自主学习项目后，经过观察评估表明：大班幼儿经过自主学习的培养和练习后，在成人的支持下，完全可以进行语言、数学、音乐、科学等领域的自主学习。那么小班幼儿是否可以开展自主学习呢？他们的自主学习可能是怎样的呢？教师又应该提供哪些支持性策略呢？

　　为此，我们围绕早期阅读，从小班幼儿入园的第二周（2019年9月9日）开始到放假前一天（2020年1月16日），开展了为期一学期的自主学习研究。

　　我们采用的主要方式是每个月（以幼儿在园四周时长为一个月）在语言区投放一本新书（由于10月有一周的国庆节长假，所以，虽然是五周，但除去国庆节，实际幼儿在园阅读时长依然是四周），前三个月为每月一本新书，最后一个月同时投入《你几岁了？》和《好吃的水果》两本新书。其目的有两个：第一，观察幼儿在经过前三个月的自主阅读培养后，能否一个月阅读两本书；第二，观察幼儿自主阅读图书的兴趣和能力是否会受到图书类型的影响。《你几岁了？》是一本儿歌集，共计11首儿歌，儿歌从6句到11句不等，每首儿歌都是问答式，都以跨页呈现，左边是文字，右边是对应的画面。而另一本是科学绘本《好吃的水果》，这本书也没有情节，是逐页介绍一种水果，也是以问答式贯穿始终。这两本书与前面三本不同，没有情节，没有主人公，每一页内容都是独立的。我们期望通过观察了解幼儿的自主阅读是否会受到影响，到阅读区读书的次数和兴趣是否会下降。通过我们的观察发现，在小班上学期，幼儿对图书的喜好没有受到图书类型的影响，没有因为是科学类或儿歌类图书，没有情节和故事就减少阅读。我们发现，不仅《你几岁了？》和《好吃的水果》这两本书之间幼儿阅读总量没有差异（由于两本书是同时投放的，为了减少小班幼儿认知和记忆的负担，没有让幼儿在记录表中将两本书分开记录，但是，教师在观察时做了记录），而且这两本书的总阅读次数有大幅度提升。虽然两本书同时投放，但阅读总时长依然是4周，幼儿总阅读次数是473人次，而《长长的》《爱吃水果的牛》《多多什么都爱吃》的阅读总人次数分别是：334人次、304人次、289人次。

教师的主要任务是观察发现小班幼儿自主阅读的状态、可否通过学习进行推进、有效推进的策略有哪些。所以，教师每天进入语言区全程观察每名幼儿，其具体任务包括四个方面：一是观察每名幼儿主动进入阅读区读书的情况；二是分析每名幼儿阅读图书中遇到的困难；三是不断寻找、调适适宜每名幼儿的个性化指导策略并梳理出适宜的共同的指导策略；四是通过每周组织一次集中学习来分享幼儿自主阅读过程中个别幼儿的积极读书行为、方法等，教师提出幼儿阅读中遇到的困难，引导幼儿共同讨论，学习解决问题的方法，帮助幼儿积累自主阅读的方法和经验等。

教师观察发现，小班幼儿喜欢进语言区不是对阅读图书本身已经产生兴趣或已养成阅读的习惯，而是喜欢某本具体的书或想看教师推荐的书，或是喜欢看电子书中的动画或喜欢听录音中教师讲故事的声音。幼儿进入语言区后，指向性非常明确，直接拿自己喜欢的那本书开始阅读，或是直接走向平板区看听动画、故事，对其他书籍并不阅读或翻阅，刚开始时，30名幼儿中只有2名幼儿经常主动进入语言区翻看图书。所以，教师尽一切努力想出各种策略让每名幼儿都喜欢读每一本书。

事实证明，经过4个月的努力，全班每名幼儿都喜欢读书，每个人都会主动进入语言区。更为重要的是，每名幼儿进入语言区后，不仅选择读教师新投放的以及以往投放的图书，而且会主动要求教师提供新的图书。

这说明，幼儿读书的兴趣是可以培养的，幼儿对阅读的兴趣来自他们以往阅读每一本书的感受、体验、经历和经验。当然，也来自他们自主阅读能力的增强和自信。

采用共同的阅读指导流程和策略

教师的核心任务是激发幼儿不断阅读的兴趣，通过问题引导，不断给幼儿提供新的阅读任务和线索，激发幼儿带着疑问和线索去阅读。这些问题既可以是幼儿提出的，也可以是教师提出的。特别是在每一次集体研讨后，都留下疑问让幼儿再去阅读图书，仔细观察画面，不将幼儿所有的问题一次性解决或直接给予答案。具体流程如下。

1. 看封面，猜内容。

每投放一本新书时，引导全体幼儿观察封面：封面上有什么、他（它）是谁、说的是什么事情等。教师通过引导幼儿观察封面，帮助幼儿学会自主阅读的方法，怎么观察画面，怎么依据画面进行想象和讲述。

如，教师投放《爱吃水果的牛》时，根据封面主要引导幼儿围绕三个方面进行观察和预测。

第一，教师手指着封面上的一张大嘴巴，引导幼儿猜测。

教师：这是什么？

幼儿：是狗的嘴巴、猪的嘴巴、猫的嘴巴。

教师：到底是谁的嘴巴呢？请小朋友自己看书，看谁能够找到答案。

第二，教师手指着封面上牛嘴巴里的水果，引导幼儿观察。

教师：这些是什么？

幼儿：苹果。

教师：你们吃过苹果吗？是什么味道？

幼儿：甜甜的、有点酸。

教师：嘴巴里有几个苹果？

幼儿：好几个。

教师：我们来数一数。

幼儿：1、2、3，3个。

第三，教师手指着封面上牛的肚子，引导幼儿观察。

教师：这是它的什么地方？

幼儿：肚子。

教师：这里有什么？

幼儿：苹果。

教师：有多少个苹果？我们一起数一数。

幼儿：4 个。

教师：这本书里除了有苹果，还有没有其他水果呢？请小朋友自己看书，找到答案后，告诉老师和小朋友。

教师通过引导幼儿观察封面，不仅帮助幼儿学会仔细观察画面，学习通过画面进行判断和讲述，引导幼儿有线索地进行阅读，更为重要的是激发幼儿看书的兴趣。

2. 每名幼儿根据观察封面猜测的问题，自主阅读图书一周。

在这一周里，每天入园后的晨间区域活动时间、上午区域活动时间、下午区域活动时间这三个时段，幼儿自己到语言区阅读图书，教师在旁边观察，并给予适时的问题引导和指导。

3. 每周五下午教师组织集体讨论，主要解决三个问题。

第一，为幼儿提供在集体中交流分享自己一周阅读中的发现的机会，验证自己的猜测是否正确。教师引导每名幼儿说出自己是从哪儿发现的，让其明确说出发现的具体页面及在画面上的具体位置，并引导全体幼儿观察验证其发现，帮助幼儿积累观察画面内容的方法，知道要找出相应证据证明自己的观点。引导幼儿发现，每一页画面上都藏着很多秘密，每一次阅读都能有不同的新发现，所以，要不断地持续阅读图书，才能有更多的发现。

如，在集体交流阅读《你几岁了？》的个人发现时，柔柔说，第 6 页"你家在几楼"里儿歌说了"怎么上去，坐电梯，怎么下来，坐电梯"，可是，没有看到电梯。

于是，教师就组织全体幼儿重点观察与第 6 页文字对应的第 7 页的画面。教师引导幼儿观察：这一页有电梯吗？电梯在画面的什么位置？你从哪里看出是电梯？教师不是在一次活动中解决这三个问题的，而是通过三次交流完成的，引导幼儿不断地细致观察画面，努力将听到的文字与画面对应。

让教师惊讶的是，幼儿不仅找到电梯在画面中的具体位置和判断依据："这个是长方形的，里面有人、数字，所以是电梯"，而且还说出哪一部电梯是上，哪一部电梯是下的理由："有一个电梯上的数字是超过 7 的，还有一个电梯是没有超过 7 的""一个是从左边开始数 7654321，说明是向下的；一个是 123456789，说明是向上的"。可见，幼儿在问题的引导下，不仅能够仔细观察出画面上的每一个细节，并依据这些细节结合自己的生活经验进行判断，将听到的文字信息与看到的画面细节进行——对应的匹配和关联；而且他们通过一遍遍地仔细阅读，亲身感受到图书每一页画面上都藏着许多秘密，从而激发出他们主动地反复阅读图书的兴趣。

第二，教师现场用大屏幕（可以是一体机或投影仪等设备）带领幼儿边逐页观察画面边完整讲述图书内容。教师现场讲述非常必要，一方面可以满足小班幼儿喜欢听教师讲故事的情感需求，另一方面可以示范如何逐页根据每页画面讲故事，引导幼儿学习按顺序逐页观察画面，并依据画面听故事。这种经验和学习对于小班幼儿非常必要，一方面有利于帮助他们掌握正确的阅读方法，另一方面有利于幼儿发现画面间的关系，激发幼儿仔细阅读图书的兴趣。

第三，通过教师或幼儿现场提出新疑问，激发幼儿带着问题继续阅读图书的动机。每一次集体阅读时，教师都会根据画面提出新的问题，并通过问题引导全体幼儿重点观察一页画面。现场观察后，教师并不急于给幼儿答案，而是激发幼儿再去仔细阅读的动机，以及自己寻找答案的兴趣。如，教师现场示范讲述《长长的》第 12 页，蛇的"长长的身体像弹簧，可以藏在花丛中"时，指着蛇弯曲的身体问幼儿"这是什么"，幼儿说"水管""花"，没有一名幼儿说是弹簧。教师分析后认为，一方面可能幼儿没有弹簧的相关经验，不认识和理解弹簧，另一方面也说明幼儿没有观察画面上蛇的整体身体，发现弯曲的身体是和蛇的头连接在一起的，而是将蛇弯曲的身体作为一个独立的部分进行观察。为此，教师请幼儿继续看书时，仔细看画面，看一看弯曲的部分是什么。同时，教师了解到全班幼儿都没有看过弹簧，就请幼儿回家找一找哪里有弹簧，并承诺下次教师会带一个弹簧来给大家看一看。

4. 围绕幼儿在阅读图书中缺失的相关经验，开展主题课程。

我们发现生活经验是影响小班幼儿阅读兴趣的重要因素。如果他们在书中看到自己熟悉的生活场景、画面、物品等，就会反复阅读，还会边阅读边大声自言自语或拿着书指着画面跑到教师面前讲给教师或同伴听。反之，如果书中内容是小班幼儿没有经历过或不认识的，则会成为他们阅读的障碍，大大降低他们的阅读兴趣。

如，在阅读《好吃的水果》时，由于幼儿在家吃的水果都是家长切成块或片的，或者是家长榨好的果汁，他们很少见到完整的水果或者没有仔细观察过水果，也没有观察过家长准备水果块、水果片和果汁的完整过程，没有听过和看过水果的表面、剖面，他们并不理解什么是表面、剖面，加之，书中有些水果幼儿并没有看过实物，没有关于这些水果的现实经验。为此，教师就开展了"好吃的水果"主题，教师和幼儿一起准备了各种各样的水果，放置在班级阅读区，让幼儿自由观察自己喜爱的水果或不认识的水果，在幼儿充分看、闻、捏、触摸等基础上，教师每天组织集体活动引导幼儿认识一种水果，充分调动每名幼儿的感知经验后，结合图书内容重点引导幼儿观察每一种水果。如，为了帮助幼儿理解什么是表面、剖面等，教师在引导幼儿认识每一种水果时，都让幼儿指出表面在哪里，都现场切开每一种水果给幼儿观察其剖面。通过感知一个个真实的水果，以及一次次的现场观察，幼儿逐步建立了关于表面、剖面的经验和概念，丰富了关于水果的直接经验，不仅激发了他们不断去书中观察水果的兴趣，而且激发了他们不断认识了解新水果的动机。

5. 要求幼儿记录自己每天去语言区阅读图书的次数。

通过此举，一方面让幼儿清晰自己去语言区阅读的次数，激发他们的成就感，另一方面帮助幼儿逐步建立任务意识，逐步养成自主阅读的习惯。教师采用双维记录表，第一列是每一名幼儿的照片，第一行是幼儿选择的阅读方式，包括自己看纸质书（一本打开书的照片）、用点读笔帮助自己阅读（点读笔照片）、用平板帮助自己阅读（平板照片）、用播放器听书（播放器照片）。幼儿读完书后，走到表格处，先找到自己照片对应的那一排，然后在自己每天选择的阅读方式的照片下贴上一个即时贴圆点。如果是用点读笔，就在对应的点读笔处贴上一个即时贴圆点。一本书一张表，每周即时贴圆点的颜色不同，一本书读四周就有四种颜色。每周用不同颜色的即时贴记录，不仅利于小班幼儿通过颜色看到自己每天是否到过语言区读书、每周进语言区几次，自己通过记录就可以即时得到反馈，而且方便教师一目了然地了解每名幼儿的阅读次数，从而有针对性地引导和激发每名幼儿到语言区读书。即时贴记录的方法，一方面适合小班幼儿具体形象思维和小肌肉发展的特点，降低了记录的难度，另一方面顺应了幼儿喜爱贴画的特点，是吸引幼儿到语言区阅读的一个外部激发动机策略，帮助幼儿从追求在自己照片后面贴画才到语言区阅读，逐步转向对阅读图书内容的兴趣。

6. 尝试用前书写的方式学习做读书笔记的策略，激发幼儿不断阅读的兴趣。

小班幼儿小肌肉发展水平和符号化水平有限，但这并没有阻挡他们涂涂画画的兴趣，他们依然渴望像成人一样写字，写出自己感兴趣的内容、期望表达的情感，并能够用自己发明的字、画做笔记。小班幼儿为了做好笔记会主动地反复看书，反复看自己喜欢的画面。他们做笔记的方式主要是打开自己想要做笔记的那本书，对照书中自己喜欢的或想要画的人、动物、植物等边看边画，反复观察，用自己的方式进行涂涂画画。虽然，他们的笔记在别人看来只是看不出什么的一团或线条和点，但当你询问他们时，他们会非常清晰地告诉你画的是什么。如，柠檬的《好吃的水果》的笔记，虽然都是一根根线条，但是不同颜色的线条代表了不同的水果，她指着黄色的线条告诉教师"这是香蕉"，红色的短线是"草莓"，绿色的线条是"猕猴桃"。淙淙在画西瓜时，不仅用红色的圆形表示西瓜，而且在上面画了黑色的点，他告诉教师"黑色的是西瓜籽"，这说明做笔记不仅让幼儿对主动阅读图书产生了兴趣，而且促使他们细致地观察图书上的画面。

第一节　成人的陪伴是小班幼儿自主阅读习惯和能力养成的首要因素

大量研究表明，情绪在人的发展的各方面中起着核心作用，对于小班幼儿来说尤其如此。可以说，情绪支配了他们的一切行为和兴趣。任何听见的、看到的、品尝到的、闻到的、触摸到的、记忆的和想象的——与个人相关，如果是令人愉快的，就会产生积极的情绪，反之，则产生消极情绪。你的情绪反应将影响你再次经历该情绪的愿望。动机的一个亲密伙伴是情感——包括学习者在学习任务中产生的体验、情绪以及一般心境。正因为情绪和情感以各种方式与动机、学习以及认知相互关联，加之小班幼儿神经系统发育不完善，情绪控制能力较弱，所以教师应尤其关注幼儿的情绪变化和情感需求，努力让小班幼儿在自主阅读过程中产生积极的体验、积极的情绪，以及爱的情感和安全感的满足。

案例1：我陪你一起看书

莎莎是一个非常内向的小姑娘，其他小班幼儿会整天围着教师或通过遇事大声哭等方式引起教师的关注，但她在班级中却不声不响。教师若不主动找她，似乎班级中就没有这个人。

教师经过观察发现，莎莎从不到语言区看书，总是待在美术区中玩颜料或东张西望，也不和其他幼儿一起玩，常常默默地自己玩或发呆。

刚开学时，一方面由于小班哭闹的幼儿较多，教师的主要精力都在关注这部分幼儿的情绪调整上，对于莎莎这类幼儿采用让其自己玩的策略；另一方面教师采用观察法了解每名幼儿的兴趣点在哪个区域，主动到语言区的幼儿有哪些。所以，前两个月教师没有干预幼儿的自主选择，但是莎莎连着两个月一次也没有到语言区看书。

为了解幼儿是否愿意进入语言区，教师在第三个月初早上的区域活动时，对着在美术区的莎莎招手说：莎莎，过来，我陪你一起看书！

教师没有料到的是，自己话音未落，莎莎就立刻笑眯眯地放下手里的玩具，蹦跳着跑到语言区主动拿书到教师面前，表示要看书。在教师带着她一起读书的过程中，她始终紧靠着教师，非常专注地一边听教师读书，一边看书。

这说明，小班幼儿最初对看书或其他活动本没有喜欢与不喜欢，他们喜欢的是教师或父母与他们在一起，陪他们活动的美好时光。幼儿最初的兴趣是他们在乎的人表现出对他们的关注和喜爱，而不是书、玩具等物品。

于是，第二天教师又招手喊莎莎过来。这一次，教师还没有开口，只是眼光看着莎莎，刚招手，她就奔过来了。这说明，她也一直在关注教师，内心想主动过来，但又担心教师拒绝她，所以，一直在等待着教师的召唤。可见，前一天和教师一起看书产生的积极情绪体验激发了她对再次经历"像昨天一样，和教师一起看书"的动机。

教师待她跑过来时，摸着她的头说：喜欢和老师一起看书，对吗？她立刻点点头。教师引导她说：我每天都在语言区，从明天开始你可以自己过来，我们一起看书，好吗？她笑眯眯地点点头。

从第三天起，莎莎每天进班级后，就会主动跑到语言区拿着书走到教师跟前一起看书，一起寻找图书中有趣的画、人、动物等，渐渐地她来到区域后会自己看书，不再黏着教师，只有在翻到自己喜欢的画面反复看后，会笑眯眯地主动指给教师看。

从此可以看出：

"我陪你"这句话的魅力让幼儿从奔向教师到奔向阅读，奔向她原本不感兴趣的活动。此时，莎莎已经由最初对与教师一起读书的情感满足的追求慢慢发展到对阅读本身的追求，发现了阅读的快乐和有趣，对阅读本身产生了兴趣，从而促使她从最初每天到语言区和教师一起阅读转为养成每天主动到语言区阅读的习惯。在这一过程中，情绪情感始终起到了核心作用，从"爱教师"发展到"爱阅读"。

案例2：我不要看书

弘毅是班级中个子最小的幼儿，但是他的出生月份是11月，应该算班级中年龄比较大的幼儿。此外，从开学初直至一学期结束，他基本每周一的早上入园时都要哭一会儿，早上情绪始终处于不稳定状态。

一开始，教师以询问的方式问：弘毅，过来看书，好吗？他将两只小手插进裤子口袋里，看也不看教师说：我不要。

教师接着问：你想进哪一个区域，玩哪一个游戏呢？

他依然保持手插口袋、不看教师的状态说：我不要！

然后，他就一直站在班级门口发呆，或者过一会儿晃到一个角落里发一会儿呆，再晃到另一个角落发一会儿呆。这样的状态一直持续了一周。

第二周，教师采取不询问策略，在他哭闹的时候，教师就将其轻轻抱起，让其坐在自己的腿上，继续带着其他幼儿一起看书或读书。

教师不去干预他，一直和其他幼儿一起看书或读书。

刚开始，他不听也不看书，身子和头在教师腿上扭来扭去，教师也不去打扰他，也不采取任何引导行为。

过了一会儿，他自己就跟着教师和其他幼儿一起看书了。第一次发生这种行为时，是在看《长长的》第14页，教师问一起看书的幼儿：食蚁兽的舌头像探针，可以到地洞去寻宝，你们能找出它的宝贝是什么吗？在地洞的什么地方？他立刻跳下教师的腿，指着书中蚂蚁的位置说：这些蚂蚁都是它的宝贝。

教师立刻表扬他：哇！你看得真仔细，知道食蚁兽的宝贝的位置。

教师接着说：我们再接下去看看，还有什么新发现？他就站在教师边上，点点头。然后，和其他幼儿一起将这本书接下来的内容看完。

之后，教师问：你去选一本自己喜欢看的书，我们一起看，好吗？他点点头。

此后，一连几天教师都是采取这样的策略。渐渐地，他形成了习惯，跟爸爸再见进入班级后，不等教师去抱他，就自己主动爬到教师腿上。慢慢地，到语言区"坐在教师腿上"看书成了他每天的乐趣，他也由在教师腿上看他人读书、听书变成自己看书和听书。

由此可看出：

对于小班幼儿特别是刚入园的幼儿来说，进入新环境带来的安全感缺失和与父母分离的焦虑情绪情感支配了他们的所有行动，解决他们的情绪问题成为此阶段的首要任务。此时，他们不可能去做自己喜欢的活动，更不可能去参与他们还没有产生积极情感的活动。

他们会拒绝教师语言的亲近，会用语言拒绝教师的邀请，但他们暂时的"我不要"并不代表永久的"我不要"，他们嘴上的"我不要"并不代表内心的"我不要"。教师或成人不能一直以"尊重"他们意愿的名义将其"放任"，忽视幼儿内心对教师或其他成人关注他们情绪的需求，让其一直处于负面情绪之中。幼儿很难自我调整到积极的情绪状态，主动参与活动。

教师或成人可以通过"克制"的爱的行为将其抱过来，轻轻放在自己腿上，而不是一直用语言与其"唠叨"，让其有一个自我调整情绪的过程，让其近距离地在旁边听看他人的读书活动，用图书的画面、内容以及教师与其他幼儿讨论的声音转移其注意力，让其慢慢被吸引，从而主动参与其中。

在小班阶段，幼儿对教师爱的情感的渴求，被教师关爱、关注的需求超越了其他的需求，教师的爱与关注是发展和培养他们的自主学习的首要基础。

培养小班幼儿阅读兴趣的非常重要的一个策略是情感因素的满足。通过成人的陪伴让其产生积极的情绪反应，而积极的"情绪反应能产生学习"。因此，培养幼儿具有积极的情绪，不仅能促进幼儿的身心健康，而且能促使幼儿对活动产生兴趣，积极参与活动。

案例 3：焦躁不安的番茄

番茄从不主动进入语言区阅读图书，每次都是教师去请他，牵着他的手一起到语言区阅读。即使如此，他也总是拿着书随意翻看两页就要走，翻书时他总是东张西望，身子也是扭来扭去的，从来没有主动地完整看过一本纸质书或电子书，也没有完整听录音或用点读笔阅读。只有教师一对一地讲给他听时，他才能比较安静地阅读或倾听完一本书，但整个过程中身子也是扭来扭去的，显得无法静下心来，对于教师的问题多用点头或摇头的方式回应，从不用语言回答教师。教师原以为他性格内向且无法专注于安静活动，认为他对阅读图书没有兴趣。

可是，教师在第一次组织集体活动，带领大家观察图书画面时，发现他非常专注，眼睛始终看着屏幕上的图书画面，也一直跟随着教师的问题和引导。当教师提出问题后，没有请到他时，他由于急于发言，甚至一连两次自己跑到大屏幕前指着画面给大家看，在教师劝说后才回到座位上。可是，当教师提出第二个问题后，他又再次跑到教师面前主动说出自己的看法。

他在集体中的情绪状态、参与活动的主动性完全不同于在区域中阅读时的状态。为了了解他的行为表现的原因（喜爱这本书、一次集体活动中的偶然行为、喜爱集体阅读活动、参与集体活动的稳定行为和状态），教师拍摄了他每一次在集体活动中的表现并进行分析。

教师发现，只要是在集体活动中，番茄的学习状态都是积极的。他不仅在教师阅读图书时听得非常专注，而且在集体听音频或看视频时都非常专注。

特别是在幼儿已经阅读了5本书后，在集体阅读时，教师采用将每本书都看听一遍，每次让幼儿自己选择先听哪本书的策略。番茄每次都积极发言，选择自己要看的书，每次每本书刚读完，教师还没有询问幼儿下面要看哪本书时，他就大声说出自己想看的书名。在听看每本书时，他都非常专注，5本书连着看完或听完需要30分钟，他全程没有任何小动作或不耐烦的行为表现。

由此可以看出：

番茄更喜欢集体阅读的方式，在集体活动中他全程专注而放松。教师观察发现，当教师提问后全班幼儿七嘴八舌地发言时，他尤其放松，丝毫没有在区域活动中面对同伴和教师时的不自在，更没有在语言区域中的不耐烦。他完全投入对书的讨论中，在冲到教师面前主动回答问题时，没有一点儿面对教师的拘束，从内到外地沉浸在对图书本身的学习之中。

可见，集体活动的热烈感更吸引他，能给他带来安全感，能自然地消除他在区域中一对一面对教师时的紧张与不自在，也消除了他在语言区中由于不善于和其他幼儿互动而产生的对读书活动焦躁不安的情绪。一旦消除了他单独面对他人的紧张感后，他就能全身心地投入学习中，对阅读本身的兴趣自然就被激发出来了。

这进一步说明，对于小班幼儿来说，情绪问题的解决是发展幼儿主动学习、激发幼儿学习兴趣的关键。同时也说明，小班幼儿在一种环境或情境中（如区域中）的阅读表现并不能代表幼儿不喜欢读书，可能是这种阅读环境或情境不适合他，教师应该耐心地寻找最适合他阅读的环境。

案例4：什么都会的柠檬

开学初，虽然教师向全体小班幼儿介绍了需要阅读的新书，但教师观察一周后发现只有极少部分幼儿主动来语言区阅读图书。

柠檬就是不常到语言区阅读图书的幼儿之一。可是，在教师组织集体分享活动时，他不仅眼睛始终看着教师，而且教师所有围绕图书的提问他都积极主动地回答，且回答准确。课后，教师与他交流。

教师：柠檬，老师发现你很少到语言区看书，可是，老师提问时，你都能回答出来。你是怎么知道的呢？

柠檬：我在上课时认真听的。

教师：我在上课时就给小朋友说了一遍，你就会了吗？

柠檬：是呀。我好好听的，就学会了。

教师：书上还有很多有趣的地方老师没有时间带你们一起看，你怎么不到语言区自己看呢？

柠檬：我喜欢听老师讲故事，我喜欢和大家一起看书。

于是，教师在周五下午组织了一次集体交流，教师用实物投影仪边将书投放给幼儿看，边逐页讲给幼儿听。教师发现全体幼儿都聚精会神地看着书，没有一名幼儿东张西望。

这说明，全体幼儿都喜欢听教师讲故事，喜欢边看画面边听教师讲书。他们不到语言区看书不代表他们不喜欢看书，而是他们在开始时，更喜欢在教师或其他成人的带领下看书。

为了逐步引导幼儿自己到语言区读书，教师说：大家在一起读书时，书中有很多画面非常有趣，书中有很多秘密，受到时间限制，我们不能将每一页画面细致地看，你们可以每天自己到语言区去看，然后，我们每周五下午，老师再来和你们一起读书，一起来交流大家的发现，好吗？

全体幼儿都大声地回答教师说：好的。

之后，每天清晨，柠檬都会主动到语言区读书，主动到语言区读书的幼儿明显增多了，即使幼儿没有主动来读书，但当教师说"来看书好吗？"，幼儿会立刻点头或说"好的"，然后快乐地到语言区读书。

接下来的每周五下午，教师都会在集体活动中引导全体幼儿阅读大屏幕上的电子书，将每页内容讲给幼儿听。令人非常惊奇的是，幼儿每次都非常专注，不会因为内容熟悉了，就不感兴趣了。而且随着内容的熟悉，他们到语言区读书的次数反而越来越多，也越来越主动了，由开始个别幼儿需要教师的询问、邀请，到幼儿每天都主动首选到语言区读书。

之后，教师在投放每一本新书时，都将集体阅读活动作为激发幼儿独自到语言区自主阅读的一种主要策略。

由此可以看出：

1. 集体听教师读书是激发小班幼儿自主阅读的重要手段。教师带领幼儿集体读书的方式，满足了小班幼儿对教师面对面情感互动的需求，说明小班幼儿更喜欢教师带着他们读书并讲给他们听，更喜欢和教师一起看书、听书和说书。这种面对面情感互动的满足，能促使他们将这种情感满足逐渐转化为主动读书的习惯，逐渐感受到读书本身的乐趣，从而激发出他们的阅读兴趣。

2. 在第一次集体交流中，教师通过引导全体幼儿观察封面来预测书中的内容，请幼儿通过读书了解和验证自己的预测是否正确的策略，只能激发少部分幼儿主动阅读的兴趣。大部分小班幼儿只有在了解了图书的内容后，才能激发他们自己读书的兴趣。

3. 小班幼儿主动阅读的兴趣需要教师持续激发。每周五下午，教师都会再次带领全体幼儿边看书边逐页讲给他们听，从第一周的第一次阅读听书，到学期结束放假前一天，幼儿都是全神贯注地一起听看图书。这一举措不断吸引幼儿到语言区读书。到学期结束时，每名幼儿都将这5本书读了许多遍，最多的高达45遍。

第二节 使用工具的技能会影响
幼儿的阅读兴趣

为了帮助小班幼儿自主阅读，我们提供了点读笔、音频播放器和平板，其目的在于当幼儿自己不会讲、不想讲的时候，可以借助听教师讲的录音、看听电子书来帮助自己学习。我们在尝试过程中发现，在遇到困难时，一部分幼儿并不会主动想到使用这些设备和工具，而是习惯性地寻找教师帮助解决，还有部分幼儿会因为不会使用这些设备影响了他们阅读的兴趣。所以，在开始投放这些设备时，教师要关注全体幼儿的使用情况，既要通过集体活动示范、交流、分享使用这些设备的方法和策略，又要观察每一名幼儿在使用中的困难，逐一给予针对性的帮助，让其感受并积累使用设备的成功经验和经历，从而养成主动运用设备解决自己不会读的问题的意识和习惯。

案例 1：我喜欢自己看书

数字化设备的使用技能会影响幼儿阅读的兴趣和主动性，更会影响幼儿的自信心。

糕糕每天都主动到语言区读书，看一会儿后就走到记录栏记录。教师问他：你是用什么方式读书的？他总是说：我不用工具，我自己看书。

刚开始时，由于糕糕经常到语言区读书，教师没有关注到他，直至一个月后，教师在做本月每名幼儿自主读书方式统计时，才发现他全部都是看纸质书，一次都没有用过数字化设备。

教师开始认为他自主阅读水平可能很高，不需要借助数字化设备。于是，教师就去观察他是怎么读书的，阅读纸质书的水平如何。

糕糕进入语言区后，教师问：你准备怎么看书？糕糕连忙对教师说：我自己看书，我不用工具！

教师点头，在一旁观察他。发现他在看书的时候速度非常快，没有仔细地去看每一个画面，而只是满足于拿着书一页一页地翻。有时甚至是两三页地翻，而且眼睛也没有看画面，在东张西望。他只用了27秒就看完了这本书。

在他看完后想要去记录时，教师问：你能把书上说的是什么说给老师听吗？

糕糕摇摇头说：我不会。

教师：你会用点读笔吗？

糕糕：我不会！

教师：点读笔可以帮助你知道书上每页说的是什么。我们一起来学习用点读笔，好不好？

糕糕：我不要学！

听了他的话后，教师没有继续引导。教师分析可能是其父母担心使用数字化设备会影响幼儿的想象力，伤害幼儿的视力，反对幼儿使用数字化工具。所以，当天下午放学之际，教师与家长做了沟通。教师了解到，家长并不反对其在园运用数字化设备开展学习，只是自己在家里不知道如何用，怎么引导，家里没有这些设备，即使手机也从没有让他用过。所以，糕糕没有使用数字化设备的经验。

当了解到家长赞成糕糕在园使用数字化设备学习后，教师开始一对一地引导他学习使用点读笔读书。

在第一天学习时，教师发现，虽然自己细致地教过全体幼儿如何使用点读笔，且每周五都请会使用的幼儿上来演示使用点读笔的方法。但这些似乎对糕糕一丁点儿作用都没有。他对点读笔非常陌生，不知道开关在哪儿，不知道如何点开，更不知道点开后要将点读笔放在耳边倾听。

于是，教师就拿着点读笔，从认识开关开始，引导他学习开机、关机，让其反复练习，直至熟练掌握。教师在第一天学习结束后，表扬他"今天很厉害，已经知道点读笔的开关在哪儿了，而且还自己学会开机、关机了"。当教师表扬他的时候，他很开心，眼睛看着教师，有一点儿小骄傲的样子。

第二天，教师让其点开点读笔后，在封面上自己寻找录音贴，并用点读笔点录音贴。点完后，再让其放在耳边倾听。开始每一页，教师都逐一提示。渐渐地，糕糕越来越熟练了，自己也越听越放松，还不时地听一听，看一看画面，再自己想一想，不时还发出笑声。可以看出，糕糕已经开始享受点读笔给他带来的快乐，他能够跟着点读笔说的内容有意识地观察画面，跟着点读笔中的录音思考画面内容，开始将录音与画面进行匹配，并思考画面和语言中的合理性、趣味性。

当他读完后，教师问：书好看吗？他笑着直点头。教师表扬他说：你已经会自己使用点读笔读书了。用点读笔读书，可以让自己知道每一页的内容，知道书上说了什么有趣的事情，对吗？他笑着快速地点点头。接着，他又大声对教师说：我会用点读笔了！

接下来的每一天，无须教师提醒，糕糕会主动用点读笔帮助自己阅读。教师将其看书状态进行了录像，并与之前对比，发现他看书时非常专注，没有一点儿的注意力转移，始终在看书，在听点读笔，之前看完一本书用了27秒，现在读同一本书的时间是6分钟。而且，现在他在听看一页后，会想一想，似乎在回味点读笔中的内容，然后再去看一看这个画面，似乎在寻找验证点读笔中的内容。

通过录像对比，我们可以发现：

1. 数字化设备是帮助小班幼儿自主学习和"深入"阅读的一个重要拐棍。从糕糕的转变中我们可以看出，虽然他"能够"自己阅读，也愿意自己阅读，但阅读的质量需要提升，在成人无法时时提供支持的情况下，数字化设备的使用无疑是提升小班幼儿自主阅读能力的有效支架。它帮助幼儿从"我不用工具，我自己看书"转变为"我会用工具看书"，从读书时只是翻书27秒转变为专注读书6分钟，从"我看过书了"转变为"我知道书中说的是什么了"。当糕糕学会使用点读笔后，它提升的不仅仅是幼儿自主阅读的能力，更为重要的是，它转变了小班幼儿自主阅读的态度、行为、学习品质，让幼儿在自主阅读中感受到自信与快乐，从而真正产生阅读的兴趣。

2. 教师对小班幼儿的了解不能只看表面，而要深入观察，了解其实际状态。通过这个案例我们可以发现，作为教师，对幼儿的了解不能只满足于幼儿自己的表述"我不用工具，我自己看书"，不能只满足于幼儿会自己记录和统计数据。如果我们只看幼儿的记录表，糕糕到语言区阅读图书的次数并不少，我们可能会得出结论"糕糕会自己读纸质书""他不需要使用数字化设备"、"他的自主阅读能力很强"。可是，当我们观察他真实的阅读状态时，我们就会发现虽然糕糕的阅读次数很多，但是他每一次阅读的质量不高，他只是满足于翻书的动作和"我去看过书了"。所以，作为教师，尤其是小班教师，既要关注数据统计，更要关注每名幼儿真实的状态；既要倾听幼儿自己的表述，更要自己去寻求每名幼儿这样表述背后的原因。

案例2：我现在什么都学会了

班级中，小馒头很少到语言区读书，每次只有教师喊他，他才不情不愿地过来，而且也是匆匆翻几页就走了。教师一连几天观察下来均是如此，小馒头的眼睛几乎就没有停留在画面上，翻书不是逐页翻，有时是几页连着翻，教师观察发现他最快看完一本书只用了15秒。

教师想了解他是不喜欢读书，还是因为不会使用数字化设备而不来读书。

于是，教师问：小馒头，你这么快地看书吗？书上有什么都没有看清，你知道每一页上讲的是什么吗？

他对教师摇摇头。

教师：你来试着一页一页地看书，好吗？

他点点头，也不翻书，就一直看着教师。

教师：你不知道书上讲的是什么，是吗？

他点点头。

教师：自己不知道书上讲什么时，可以自己看画面。

于是，教师就用问题引导他逐页地观察画面，并和他一起将书完整地看了一遍。

看完后，教师鼓励他说：不知道书上的内容可以自己也可以和老师一起看画面。

教师接着问他：如果自己有看不懂的地方，可以用什么来帮助自己呢？

旁边的二宝说：可以自己用点读笔，可以自己看平板中的电子书。

教师问小馒头：你会自己用点读笔和平板看书吗？

他摇摇头。

教师就从认识点读笔的开关开始，一步步教他如何使用。

当他认识每一个按钮后，教师就引导他用点读笔听看书。

当他完整地听看完书后，教师表扬他：今天有进步，已经有点会用点读笔看书了。

接着，教师提出新要求：今天老师帮了你一点儿忙，明天早上你到语言区，自己用点读笔看书，一点儿也不用老师帮忙，可以吗？

他又点点头。

一连三天，教师都陪着他，指导他学习用点读笔看书。到第四天时，他已经能很自信地应用点读笔了，能安静地逐页将每页上的录音都听完。在他外婆来接他时，他高兴地对外婆说：我会用点读笔了，我知道书上说的是什么了！

教师又用同样的方法引导小馒头学会了用平板看电子书。

当他学会用平板看电子书时，高兴地大声对教师说：我现在什么都会用了！

自此以后，再也不需要教师喊他进语言区了，小馒头每天主动进入语言区选择看电子书或用点读笔看纸质书，到语言区看书已经成了他的习惯。

不仅如此，他每天进入语言区看书时，再也不是很快地翻书了，而是很有耐心地用点读笔逐页听看每一页内容，或者是用平板逐页看电子书。

由此可以看出：

1. 数字化设备的使用能够帮助小班幼儿了解图书的内容，促使他们有兴趣地持续阅读。小馒头开始不愿到语言区，不会读书，不仅因为没有教师陪着他读书，而且因为他不会使用数字化设备，无法感受到图画书的魅力，进而影响了他对阅读的兴趣，阻碍了他自主阅读能力的发展。当他掌握了使用数字化设备的方法后，他依靠个人的力量就能够发现图书中的有趣之处，大大激发了他阅读图书的兴趣，进而逐步养成自主阅读的习惯。这说明，在当下师生比低、教师不能始终一对一指导小班幼儿的条件下，幼儿学会使用数字化设备是可行的，也是必要的。

2. 掌握使用数字化设备的方法能够增加小班幼儿的自信心和成就感，进而激励他们成为学习的主人，自我驾驭阅读学习的方式、速度和深度。所以，教师要帮助每名幼儿熟练掌握使用数字化设备的方法。对于小班幼儿来说，每一个学习方法的学习，每一个设备或工具的使用，教师不仅要通过集体教学演示告知幼儿，更要在每名幼儿使用的过程中持续给予一对一的、有针对性的指导和充足练习的机会，直至他们能够独立使用。

3.小班幼儿心里对于困难是有清晰认知的。当成人没有关注到幼儿面对的困难并给予支持时，幼儿自然也就放弃了。教师要敏锐地发现小班幼儿不愿看书的关键原因。当教师听到小馒头自豪地说出"我现在什么都学会了！"时，作为教师不仅感到快乐，更感到有一些难过。这说明当幼儿有困难的时候，并不是他不愿意去克服，而是需要成人的支持，成人一旦给他足够的支持后，他就获得了解决困难以后的喜悦感、成长感、自豪感和获得感。

案例3：老师，这一句我不会说了

教师在投放第一本书时，就通过集体活动演示点读笔的使用方法，期望小班幼儿学习运用数字化设备解决自己不会阅读的问题。在幼儿自主阅读时，教师也一直观察幼儿主动使用点读笔的情况。当幼儿在使用过程中遇到困难时，给予及时的帮助。此外，教师在投放每本书时都将点读笔、音频播放器、平板的使用方法逐一演示给小班幼儿看，并请个别幼儿演示，同时，在他们使用时给予指导。

在教师一对一的指导下，很多幼儿都主动选择用点读笔来帮助自己读书。

但是幼儿只养成了用点读笔阅读的习惯，却不知道当自己遇到其他困难时，也可以运用点读笔、音频播放器和平板来解决自己的问题。

安安在用平板录《你几岁了？》时，有一句不记得了，就喊："老师、老师这一句后面是什么呀？"开始是在座位上喊，由于教师在其他区域指导幼儿，没有听见，他就跑到教师面前说："老师，这一句后面是什么呀？"

教师及时帮助了他。同时告诉他，如果下次再遇到记不住的内容时，可以用点读笔来帮助自己，并演示给他看，如何找到自己不会的那一句。

当天，教师又组织了集体活动，将此事说给全体幼儿听。教师首先表扬了安安，遇到困难会主动找教师帮忙。因为小班幼儿尤其是上学期的小班幼儿，他们在遇到困难时，大多表现是哭（大声哭或一个人默默地哭）或直接放弃或去玩其他游戏。所以，对于安安主动寻找教师帮助的行为一定要肯定，让他和全班幼儿都知道在遇到自己解决不了的问题时，要寻找他人的帮助。

接着，教师引导幼儿讨论：当老师正在指导别的小朋友时，老师特别忙不能立刻来帮助你时，有什么好办法可以解决自己"记不住下面一句"的问题？

在教师引导下，幼儿说出可以请其他小朋友帮助。

教师：如果其他小朋友也在忙时，怎么办？

当幼儿想不出办法时，教师请安安告诉大家。

此时，安安非常自豪地告诉大家，可以用自己听点读笔的方法，可以将书翻到自己记不住的那一页，用点读笔点在那一页，用仔细听和反复听的方法帮助自己。

教师请安安演示自己用点读笔解决问题的过程，让全班幼儿学习运用点读笔解决自己记不住的问题。

在全班幼儿都学会这个方法后，教师又继续引导：除了点读笔可以帮助我们，还有什么也可以帮助我们？

教师试图引导幼儿想出可以用音频播放器、平板等设备，让幼儿认识到教师提供这些设备不仅是帮助他们学习读书，还可以在自己遇到"记不住"的内容时借助设备解决自己的问题。

自此以后，教师会在每天集体活动时，询问哪些幼儿运用数字化设备解决了自己遇到的问题，并请其说明和演示给全体幼儿看，这一举措持续激励幼儿用数字化设备解决问题的兴趣，让他们体验到数字化设备在自己学习中的作用，并逐渐转为自己遇到问题时采取的首要解决策略。

很多幼儿在进行图画书和儿歌录音时，遇到记不住的内容，都会自己主动拿平板、音频播放器或点读笔反复听，自己解决问题。每当幼儿自己解决问题后，都会非常高兴地告诉教师自己运用数字化设备解决了问题。

由此可以看出：

小班幼儿能够运用数字化设备解决自主学习过程中遇到的问题，但需要教师的不断引导和持续支持。

虽然小班幼儿学会了自己使用点读笔等数字化设备，但他们并不会主动运用数字化设备帮助自己解决其他问题，而是需要成人在其遇到实际问题的过程中不断引导，让其经历、感受、体验到工具的价值，从而逐步养成运用数字化设备的意识和习惯。

小班幼儿需要教师及时将个别幼儿运用数字化设备的经验转化为全体幼儿的经验，需要不断让个别幼儿在集体中演示、示范自己使用数字化设备的方法，需要教师不断给予他们反馈、表扬、强化。此举，不仅是对已经会使用数字化设备的幼儿的肯定，激励他们更加积极主动地使用数字化设备，而且会激励全体幼儿学习使用数字化设备，经历和体验数字化设备在自主学习中的作用。

小班幼儿通过运用数字化设备解决了自主学习中的问题，获得了解决问题的成就感，感受到在遇到困难时自己的驾驭感和控制能力，激发了他们进一步积累自己解决问题的经验，从而让他们能够自信地进行自主学习。

案例 4：可以自己看纸质书吗？

教师在投放第一本书时就投放了点读笔、平板和音频播放器，同时，在每周五的集体分享和平时的区域活动中对个别幼儿持续指导，渐渐地全班幼儿都掌握了用数字化设备读书的方法。从投放第二本书起，就没有幼儿因为自己看不懂图书内容去求助教师了，他们已经逐步养成了使用数字化设备阅读的习惯，只要投放了一本书，他们就会首先选择平板中的电子书，或用点读笔、火火兔[①]帮助自己了解或学习图书内容。即使遇到某页内容不理解，也会自己找到那一页用点读笔、平板反复听、反复看。用数字化设备读书已成为幼儿阅读新书的主要方式。这说明，小班幼儿已经养成了主动运用数字化设备自主阅读的习惯。

在读第一本书时，幼儿运用数字化设备读书的比例就达到了 83.8%，幼儿到语言区读书总次数为 334 次，只有 54 人次没有借助数字化设备。到读第二本书时，运用数字化设备读书的比例上升为 89.5%，幼儿到语言区读书总

---

① 一种外形为兔子，可供儿童听故事的智能故事机。——作者注

次数为 304 次，只有 32 人次没有借助数字化设备。两个月后，我们统计幼儿用设备和自己读书的比例时，发现使用数字化设备读书的幼儿在持续增加。

我们一方面惊喜于幼儿学会运用数字化设备自主阅读了，不再需要教师一直在旁边帮助读书或陪伴指导了，另一方面又很担心幼儿过度依赖设备，从而剥夺了他们看图的想象力、解读力和讲述力的发展，造成幼儿不会通过阅读画面发现画面之美、之趣，不会依据画面展开想象或解读等。

于是，在投放第三本书时，教师组织了集体讨论：引导幼儿思考什么时候用数字化设备，什么时候可以不用数字化设备。

教师着力引导幼儿：可以先自己看书，阅读之后，在自己看不懂的地方，可以去看平板中的电子书，或用点读笔和音频播放器来帮助自己。

当教师询问幼儿"为什么喜欢一直用点读笔、音频播放器和平板"时，很多幼儿都说"用了以后，我就知道书中说什么了。用了它们就不要老师讲了，自己听、自己看就会了"，还有幼儿说"我已经开始在家看动画认字了，我认字后就可以自己看了"。

针对幼儿的这些说法，教师引导幼儿讨论后明确：我们不认识字，开始不会说，可以多看书上的画面，也能说故事。为了帮助幼儿建立信心和掌握方法，也为了验证教师"不认识字，老师、爸爸妈妈没有给你们讲过的书，小朋友也可以通过自己看画面就会说"的说法，教师出示一本新书，然后提出问题，引导幼儿从封面开始逐页观察，并引导幼儿通过观察画面尝试说出每一页画面上的内容。通过此举，让幼儿经历、积累自己可以看画面讲故事的经验。教师一方面逐步引导幼儿学习怎么观察画面讲故事，另一方面鼓励幼儿，强化他们依据画面说故事的能力，从而激发幼儿在自主阅读时，敢于尝试先自己看图画书，再去使用数字化设备。

此后，教师在每周一次的集体分享活动时都注重看纸质书的示范引导。首先教师请幼儿讲述自己看书中最喜欢的画面和自己在画面中的新发现。接着，教师引导全体幼儿共同观察个别幼儿讲述的画面，集体验证个别幼儿的发现。最后，教师再通过逐页讲述，幼儿看画面，并且和幼儿一起分析每页画面中有趣地方的方式，吸引幼儿仔细地观察画面。

教师还介绍了如何用平板录音，鼓励幼儿自己看书讲故事或将自己会讲的故事讲出来，借助录音和录像激发幼儿自己看书的欲望和尝试自己说故事的兴趣。

一系列的举措后，确实有几名幼儿采用先自己看书，再去看平板中的电子书，听音频播放器中的音频和使用点读笔的方式。但教师观察一周下来，发现大部分幼儿依然采用看平板中的电子书，听音频播放器中的音频和使用点读笔帮助自己看书。

于是，教师在周五下午集体分享时，首先表扬了先看书，再去看平板中的电子书和听点读笔中录音的幼儿，并请他们逐一上来示范边看书边说。

接着，教师问幼儿：为什么大家都喜欢看平板中的电子书，听音频播放器中的音频和使用点读笔呢？

幼儿：看平板电子书可以告诉我书中说的是什么，用点读笔我就知道每一页上说的是什么。我不知道的地方，听了后就知道了。

教师鼓励幼儿说：一开始不知道书中说的是什么的时候，小朋友可以用平板、点读笔和音频播放器帮助自己看新书。如果你们连续听或者看了很多遍后，就会知道书中说的是什么，你们能不能就不用平板、点读笔和音频播放器自己看书或讲故事呢？

教师引导幼儿敢于在听看过电子书和录音后，去看纸质书，在遇到不会的地方时，再去听看电子书或录音。

在教师引导后，少数幼儿在了解图书内容后，会自己看纸质书，但多数幼儿依然每天在语言区看电子书或使用点读笔、音频播放器来帮助自己。我们统计了整个学期幼儿用数字化设备阅读的总次数在总阅读次数中的占比，分别如下：第一本书83.8%、第二本书89.5%、第三本书86.5%、第四本书81.2%（第四本书和第五本书是同时投放的，时间也是一周，所以，未将这两本书分开统计）。

从统计数据及我们的观察中可以看出：

1. 听故事或听看结合是小班幼儿最喜欢的阅读方式。从第三本书开始，我们引导幼儿尝试先自己看书，在遇到困难时用数字化设备。虽然幼儿自己读第三本书和第四本书的总次数有所增加，但总体使用数字化设备的比例在

81% 以上，说明听故事和看电子书是小班幼儿最喜欢的活动，也是适应他们年龄水平、思维发展特点、语言发展水平、学习兴趣和自主学习能力发展水平的。即使教师一直在引导，依然不能改变小班幼儿在此阶段整体的发展需求和兴趣倾向，他们更喜欢输入（倾听），也更需要输入（因为他们词语不丰富，语句表达不成熟）。

如，球球每天进入语言区后，都是先使用点读笔看书或用平板看一遍电子书，然后再自己看纸质书。教师问她："你已经能熟练地讲给大家听了，为什么还要用点读笔和平板看电子书呢？"

被教师一问，球球愣住了。教师看她的表情非常纠结，她非常喜欢用点读笔边听边看书，但又担心教师不同意她用。过了一会儿，球球对教师说："有的地方我还会记不住，先看一遍电子书，或者用点读笔听故事，我再自己看书时就不会忘记了。"

根据教师的观察，球球已经能自己看书并比较熟练地讲述了。她自己边看书边讲述时非常流畅，没有一点儿停顿，每一次讲述时和书上的文字一字不差，在班级中总是最先会讲每一本书。但球球依然每天先用点读笔将书听一遍，且边听边跟着讲一遍后，再自己独立地看一遍书，边看边大声流利地讲述。这说明，即使能非常熟练地讲述了，听故事依然是她的最爱，是她的需求，即使教师引导和干预也不能阻挡。

2. 小班幼儿的阅读需要数字化设备的支持。从幼儿选择四本书的阅读方式比例（83.8%、89.5%、86.5%、81.2%）可以看出，正因为他们掌握了点读笔、平板和音频播放器的使用方法，使他们每天能够自信地进入语言区展开自主阅读，使用数字化设备帮助他们看"懂"每一本书。他们可以自由选择自己喜欢阅读的图书，改变了以往只能依赖教师或其他成人的情况，大大激发了他们自主阅读的兴趣，全班每名幼儿都能做到每周到语言区看书、听书、说书、录书（自己用平板将自己说的图画书的内容拍摄下来）。

3. 通过一学期的观察，我们发现小班幼儿语言发展水平和阅读习惯具有差异性。幼儿自己看纸质书的能力是可以有效提升的，作为教师应该有意识地给予必要的引导。教师连续引导几次后，虽然大部分幼儿依然喜欢或依赖数字化设备，但也有个别幼儿有意识地尝试自己看书和讲述。

如，年糕在知道了不借助点读笔阅读的办法后，在教师和幼儿讨论后的第二天早上，自己用点读笔读过书后，跑到教师跟前大声说："老师！我读得很认真。我用点读笔听一遍、看一遍、说一遍！"一边说一边做给教师看，他是怎么听一遍、看一遍、说一遍的。

再如，柠檬除了在教师投放新书时，用点读笔、平板和音频播放器帮助自己阅读外，在自己比较熟悉图画书的内容后，不需要教师提醒，就主动去看纸质书，且每天坚持，非常享受自己慢慢看书的乐趣。

从幼儿自己看第三本书和第四本书的纸质书次数的增加，使用数字化设备次数的下降（幼儿使用数字化设备的比例由看第一本书时的83.8%，上升为看第二本书时的89.5%；教师发现问题后果断采取措施，看第三本书时降至86.5%，最后看第四本书时降至81.2%），可以看出教师引导小班幼儿自己看纸质书的策略是有效的。这既体现了教师对小班幼儿阅读兴趣和倾向的尊重，也说明教师对幼儿阅读能力的发展发挥了引领作用。

案例5：每天用平板看电子书的赛赛

自从班级语言区提供了平板后，赛赛每天来园的第一件事就是到语言区看电子书。

一开始，教师分析他是因为喜欢电子产品而来，或是因为他家里不提供平板等电子产品。于是，教师一方面与其父母交流，了解家长对于赛赛使用电子产品的态度，询问他在家中是否有电子阅读的经验和经历；另一方面持续关注赛赛每天读电子书的时间和内容。

教师在与家长的交流中了解到：由于赛赛的父母工作很忙，不能每天陪伴他一起看书或给他讲故事，所以父母在家中会适度利用数字化资源，下载一些故事在手机里让他看或听。他在入园前就已经有用数字化设备自己看书或听故事的经验。所以，当班级教师演示用平板看书和听故事时，他迁移自己用手机看书的经验，轻松掌握了使用平板的技能，是班级中最先掌握平板使用方法的。

同时，由于赛赛在家中已经养成了使用手机听故事或看电子书的习惯，为他在园自如使用数字化设备进行自主阅读打下了基础。

　　教师连续观察了赛赛一个月，发现他每天自觉遵守班级的规定，只看一本电子书就离开平板区域。即使如此，在每次集体阅读中，他都能积极参与讨论，对书中的内容非常熟悉且能大胆地表述出来。

　　但他只读电子书，从不看纸质书。

　　为了拓展他自主阅读的方式，也为了引导他能够依据画面展开想象，提升他自主解读画面的能力等，教师对他做了一些引导。

　　教师：赛赛，你能看一看纸质书吗？

　　赛赛点点头。接着，他就拿纸质书认真看起来。

　　待他看完后，教师：你看纸质书和看平板中的电子书有不一样的地方吗？

　　赛赛：不一样。

　　教师：什么地方不一样？

　　赛赛：电子书只要找到这本书，用手指点一下就可以一直放了。

　　教师：你是说，电子书很省事，不需要一页一页地翻书，而纸质书要一页一页翻，是吗？

　　赛赛：是的。

　　教师：纸质书一页一页翻也有很大好处的。你想看哪一页就看哪一页，想看哪一页多长时间就可以看多长时间，我们一起来试一试。每个人找到自己最喜欢的那一页来看一看，好吗？

　　接着，教师和他分别将自己最喜欢的那一页找出来，分别说出自己喜欢的原因。教师引导他发现纸质书上很多细节，并和他一起分析画面中有趣的地方。

　　这一过程，让赛赛充分感受到了看纸质书的好处。

　　自此以后，赛赛改变了以往只看平板电子书和只听点读笔的阅读习惯。虽然在投放新书时，他还是选择先看电子书，但他在熟悉了图书内容后，就会去看纸质书。

　　但他依然没有放弃看电子书。他每天进入语言区后，总是先用平板看一遍电子书，或用点读笔逐页听一遍录音后，再开始自己阅读，每本书都是如此。教师观察发现，即使已经能够很熟练地自己边看书边讲述，他依然会先看一遍电子书或听一遍点读笔录音后，再开始看纸质书。

　　为了增加他自己看书、说故事的兴趣，教师特地请他在集体活动时给全体幼儿示范自己如何看书、讲故事的，他当时说得非常流畅。赛赛讲完后，全体幼儿自发地给他鼓掌，他也非常自豪。

　　可是，之后在看这本书时，他依然还是会先看电子书或用点读笔，再自己看纸质书。

　　教师：你为什么每天都是先看平板中的电子书，或者先用点读笔听一遍呀？

　　赛赛看着教师，不知怎么回答。（一方面可能是小班幼儿的语言表述能力还不能帮助他准确地表述自己感受，另一方面也可能是赛赛不理解教师问题的内容。于是，教师将问题改成选择性问题。）

　　教师：你是因为喜欢看电子书和听点读笔里的故事，还是因为先看电子书，听点读笔里的故事后，能帮助自己看书呀？

　　赛赛：有的地方不会说，先看了电子书后，就会说了！

　　教师：这本书你自己看时就已经讲得很熟练了，一点儿也没有忘记呀！

　　赛赛：可是，我还是会忘记呀！

　　由此可以看出：

　　1. 小班幼儿即使已经掌握了自主阅读的策略，也养成了自主阅读电子书的习惯，但仍容易受惯性思维的影响，偏爱一种阅读方式。作为教师，不能止步于幼儿已经养成自主阅读习惯，学会自主阅读策略了，要继续关注这部分幼儿，敏锐地发现他们阅读方式的局限性，引导他们拓展自主阅读的方式，使他们的自主阅读经验更加丰富、多样，促使他们的发展更全面。

　　2. 小班幼儿在自己阅读的过程中，能够感受到平板中的电子书和点读笔中的录音可以帮助自己将图画书中的每一页内容都看明白、说清楚，这增加了他们自主阅读的兴趣，也让他们逐步积累借助数字化设备帮助自己学习的成功经验，从而更加主动地运用它们。

　　3. 小班幼儿喜欢听故事或听图书是不以成人的引导或干预为转移的。虽然幼儿已经能够独立讲述，且在全班幼儿面前讲述，但他们依然选择每天先看一遍电子书或使用点读笔听一遍的方式。这是小班幼儿的年龄特点和发展需求的体现，教师应给予尊重，不要强求幼儿在熟悉书的内容后，只能看纸质书，以发展幼儿想象力或其他名义剥夺幼儿听故事和听图书的权利。

第三节 学习品质是自主学习能力的核心要素

《指南》中明确要求重视幼儿的学习品质。幼儿在活动过程中表现出的积极态度和良好行为倾向是终身学习与发展所必需的宝贵品质。要充分尊重和保护幼儿的好奇心和学习兴趣，帮助幼儿逐步养成积极主动、认真专注、不怕困难、敢于探究和诚实、乐于想象和创造等良好的学习品质。那么这些学习品质在小班幼儿自主学习过程中有体现吗？可以培养吗？怎么培养呢？

案例1：我教你

小馒头在班级中是年龄最小的，一直是奶奶照顾，特别爱黏着教师。每次看书时，都对教师说：老师你讲给我听。开始，教师以为他只是喜欢和教师在一起，认为这是他由于缺少父母陪伴产生的情感需求，因此每次都给予积极应答，读书给他听。

由于关注他的情感需求，教师忽略了他从来不用平板读书的情况。一个月后，教师观察评估全体幼儿对平板使用方法的掌握情况，请每名幼儿一对一地演示给教师看，所有幼儿都非常自豪地操作着：自己开机、寻找照片文件夹、点击自己喜欢阅读的图书封面打开阅读、阅读后自己退出操作流程。

只有小馒头不愿意使用平板。

教师：是不是不会用？

小馒头：是的。

在旁边的嘟嘟立刻说：我教你。小馒头立刻跟着他学习，嘟嘟像小老师一样，告诉他怎么找到照片文件夹，怎么打开。

当打开照片文件夹后，出现了教师投放的5本书的封面照片，嘟嘟问：你要看哪一本书？

小馒头指着《好吃的水果》封面照片说：这一本。

嘟嘟：点开封面就可以看了。

嘟嘟边说边点开了封面，并帮助他把耳机带上。嘟嘟也坐在平板前看起了自己的电子书。虽然这是她在班级中第一次帮助同伴，但看起来驾轻就熟。

在整个过程中，小馒头都非常认真地听着嘟嘟的指令，看她一步一步地演示，没有一点儿抗拒行为。之后，小馒头非常高兴地听电子书《好吃的水果》。

为了将个别幼儿自发的行为转化为全体幼儿的行为，更为了强化嘟嘟自发流露出的这种积极行为，帮助其将偶发的主动帮助他人的行为转变为经常性的、习惯性的行为，教师立即组织了集体学习分享活动。教师将嘟嘟帮助小馒头的事件描述给全班幼儿听，并说：嘟嘟不仅自己先学会了使用平板的方法，而且还会主动帮助不会的小朋友学习使用平板，大家要给她大大的表扬，一起给她鼓掌。

在教师叙述的全过程中，嘟嘟始终身体坐得笔直，眼睛里满是喜悦的光芒，很高兴地一直看着教师，特别是当幼儿鼓掌时，她自己也将手拍得很响。

同时，教师也表扬了小馒头愿意接受嘟嘟的帮助，全程非常专注地听嘟嘟讲解，看嘟嘟怎么做，所以很快就学会了使用平板的方法。

接着，教师引导幼儿：每个人在学习中都会遇到困难，遇到困难后不要着急，自己要先去试试看能不能解决，如果解决不了，除了找老师还可以请会的小朋友帮助你，就像今天嘟嘟帮助小馒头解决了他不会用平板的问题一样。

由此可以看出：

1. 小班上学期末的幼儿已经出现偶发性的、无意识的积极行为，这种行为是个别幼儿在情境中瞬间表现出的偶然行为。作为教师，要及时发现和捕捉个别幼儿的积极行为，不仅要在幼儿表现出行为的情境中及时对幼儿进行表扬和正面强化，而且要及时地将这些积极行为告知全体幼儿，并分析其积极性，放大并作为示范行为，成为全体幼儿模仿学习的榜样。

2. 小班幼儿乐意接受同伴的帮助。从小馒头的反应来看：小馒头并不是不喜欢读电子书，只是因为不会使用平板，他内心是期待有人帮助他的，而且很喜欢同伴间的互助行为。教师不仅应该关注并满足幼儿的情感需求，准确分析幼儿每一个行为背后的可能原因，及时给予帮助和指导，还要引发同伴间的互助行为。教师尤其要注重培养小班幼儿主动说出自己需求和困难的意识和行为，引导幼儿学会主动寻求教师和同伴等的帮助解决自己的问题。

案例2：早上不能东晃西晃

开学两周了，每天早上依然有一些幼儿入园后不适应。他们有的哭，有的跑来跑去，有的晃来晃去，有的站在或坐在一边发呆，即使教师引导后，依然维持自己的状态。

可是，也有一些幼儿很快适应了幼儿园的生活，早上来园后，会明确地走入自己喜欢的区域玩游戏。

柔柔就是其中之一。她每天早上入园后，会主动进入语言区静静地读书。这天早上，她读完一本书后，又读了第二本，在整个读书过程中非常专注，即使教室里不时有其他幼儿的哭声，她依然不受打扰。

早上的区域活动时间，她专注地一连读了两本书，这对于入园才两周的幼儿来说是非常了不起的。因此，在当天集体活动时，教师用角色扮演的方式，将柔柔来园后的一系列行为演示给大家看，帮助小班幼儿理解什么是抓紧时间及抓紧时间带来的好处——可以读好几本自己喜欢的书，做自己喜欢做的事，否则，整个早上什么事都来不及做。

教师不仅表扬柔柔在早上很的短时间内已经读了两本书，是第一个在早上得了两个标记的幼儿，而且重点将她能够读两本书的原因分析给全体幼儿听。因为早上柔柔会抓紧时间，将其他人闲逛的时间都节省下来了。同时，教师用模仿的方式，将一些闲逛幼儿的状态表演给大家看，让幼儿理解什么是浪费时间，什么是抓紧时间。最后，教师告诉全体幼儿，只有像柔柔一样，早上来了以后抓紧时间，才可以做很多事情，学很多本领，成为一个很棒的人。

同时，教师请大家看柔柔当天读书的记录表，一个早上就得了两个标记。教师特别详细地讲述并演示了获得标记的方式：每天每个小朋友读一本书就可以贴一个标记，读两本书就可以贴两个标记；读完一遍书就可以贴一个标记，读完两遍就可以贴两个标记。无论你是读同一本书，还是用平板、点读笔，或者用火火兔读，还是自己阅读，每读一次就记一次。如果你用同一种方法读同一本书，也是读一遍记录一次，读多少遍就记录多少次。幼儿通过观察自己的记录表获得直观的成就感，从而理解要抓紧时间，主动多读书。

当教师采取以上方法引导时，也只是做一个尝试，看看小班幼儿能否在教师的引导下，有意识地学习控制自己的行为，向榜样学习。

第二天早上，教师感受到小班上学期的幼儿是懂得这个道理的，全班幼儿都表现得非常积极，每个人都主动跑到语言区，抓紧时间阅读。班级里爱闲逛的弘毅也没有东晃西晃，而是直接进入语言区阅读，一个早上连续读了两本书，也记录了两个读书标记。

教师不仅当时给予他面对面的表扬，还将他的进步之处讲给全班幼儿听，让全班幼儿给他掌声鼓励。同时，也逐一表扬当天所有抓紧时间的幼儿。

之后，教师将抓紧时间作为幼儿进步的一个重要标准，每天都进行针对性的评价，全体幼儿也逐渐养成了抓紧时间的习惯。除了个别幼儿偶尔出现情绪问题需要教师关怀和引导外，幼儿早上进班级后，都会直接进入自己喜欢的区域中，专心读书或做手工等。

由此可以看出：

1. 小班幼儿能够理解抓紧时间的含义并做到。教师要用幼儿能够理解的方式（如角色扮演）让他们直观地理解并记住早上来园后不能东晃西晃。不仅如此，教师还要一直坚持要求，对于幼儿点滴的行为改变都要及时发现、表扬和强化。当然，教师也要尊重小班幼儿的认知特点和神经系统发展不完善的现状，他们可能近两天能记住并做到抓紧时间，但并不代表他们已经养成了抓紧时间的习惯。小班幼儿情绪波动较大，容易受情境和环境的影响，他们可能会出现反复，甚至倒退，致使他们会忘掉一切要求和规则。如，某幼儿以前一直是爸爸送他入园，一天早上换了一个人来送他就情绪不佳，整个早上都在哭，要爸爸来接他。此时，教师就不能简单要求他"早上要抓紧时间"，他不仅不听，甚至情绪波动会更大。对此，教师应给予理解和尊重，要用转移注意力或其他方法首先帮助他解决情绪问题。

2. 小班幼儿具有自主调节行为的能力，他们能努力使自己的行为与他人的期望匹配。教师应该从小班起培养幼儿的自我控制能力。自主学习的核心是自我控制，教师要让小班幼儿自己发起、执行、评价和调整学习行为，要求幼儿抓紧时间就是让小班幼儿实践自我控制，发展其自我控制能力。从以上案例可以看出，小班幼儿可以根据榜样和成人的要求有意识、有目的地改变当前东晃西晃的状态，能将自己与教师提供的榜样对比，不断修正、改变自己的行为。当小班幼儿自我控制能力提升后，他们自主阅读的质量也自然提升了。

案例3：姑姑，您等我一会儿，我去读书

小班幼儿是否有任务意识，教师可以做些什么从而推进他们任务意识的发展呢？

在开始自主阅读实验之初，我们在第一周集体活动中向幼儿介绍新书后，又向全体幼儿介绍了自主阅读记录表，请他们每次到语言区阅读一次，就在表格中自己照片后面的空格中贴一个点。为了区别幼儿每周读书次数的差异，教师每周提供不同颜色即时贴供幼儿记录。一本书投放四周，即时贴的颜色顺序是红、黄、蓝、绿。

第一周后，教师观察发现，主动到语言区读书的幼儿非常少，分析原因后发现，有的幼儿不喜欢读书，喜欢其他区域的游戏活动；而大部分幼儿是忘记了教师要求一周至少要到语言区一次的任务。

于是，教师采取了两项措施：第一，每周五将全体幼儿的读书记录表通过大屏幕展示给全体幼儿看，大家一起来了解一下，哪些幼儿本周读书了，然后看一看、数一数、比一比，谁读书的次数多；第二，教师在每周三下午，对本周还没有读过书的幼儿，提醒他们到语言区读书或陪着他们一起读书，借此帮助每名幼儿完成每周一次的读书任务。

开始几周，幼儿只是跟着数一数图书记录表上的记录，只有少部分被评为冠军的幼儿很高兴，其他幼儿只是鼓鼓掌，似乎并没有对他们的自主阅读起到多大的作用，很多幼儿没有"我要去语言区读书"的意识。于是，教师

改变了策略，每周三通过看幼儿的记录表，观察哪些人还没有到语言区读书，就去提醒他，请他到语言区读书。在教师没有开展每周数一数、看一看表格的活动时，幼儿并没有"我要到语言区读书"或"我还没有去语言区读书"的意识，这可能是因为小班幼儿对时间的感知，特别是一周的时间概念还未形成，而且小班幼儿的任务意识相对较弱，也影响了他们对任务的完成。

为此，教师通过每周三的提醒，带领幼儿到语言区读书，读完书后继续指导他们在自己照片旁边记录。通过贴圆点的具体记录行为和直观看到自己照片后面的格子里有读过书的证明——圆点，逐渐帮助他们形成"我读过书了""我已经到语言区读书了"的意识，通过外部的记录和激励逐渐帮助小班幼儿养成到语言区读书的习惯和意识，促使幼儿通过阅读发现读书的有趣、快乐，从而喜欢读书。

由于教师坚持实施这两项措施，八周后，渐渐地幼儿由教师请他们到语言区读书时的不愿意，到教师一提醒就飞快地跑过来，再到每名幼儿养成了每天早上来园后的第一件事就是先到语言区读书的习惯。每周的记录表也由开始没有期待的跟着数一数，到全体幼儿逐渐期待每周一次的交流，期待知道这一周班里读书点子（次数）最多的是谁。

为了帮助幼儿根据记录表调整自己的读书行为，提高幼儿的自我控制能力，教师将每周三下午由教师提醒还未读书幼儿的措施，调整为让幼儿每周三观察自己的记录表来调整自己的行为。为了支持幼儿完成该任务，教师在每周四上午组织全体幼儿集体观察记录表，帮助每名幼儿明确自己是否已经完成了读书任务，自己读了几次书，从而让幼儿清楚自己的任务完成情况，并在周四下午和周五一天调整自己的读书行为。如果已经完成了读书任务，就可以到其他区域玩游戏；如果还没有读书，就要到语言区读书；如果想做本周的读书冠军，就继续到语言区读书。

12月，教师一次性投放了两本新书：《你几岁了？》和《好吃的水果》。这是教师第一次尝试将两本新书同时提供给幼儿选择。

周三时，教师有意识地没有提醒还没读书的幼儿。在投放图书的第四天，教师将所有幼儿的记录表拍下，通过大屏幕展示给幼儿观察，寻找看书最多的幼儿并检查这一周每名幼儿是否完成了任务。

本周的即时贴是红色。幼儿根据每个人照片旁边是否有红色的点及其数量，判断其是否完成了阅读任务，每个人读了多少次，红色点最多的人就是本周到目前为止的冠军。

幼儿反复观察、数红点后发现，桃桃和饼干都是6个点，柠檬是7个点，他是本周到目前为止的冠军。

教师特别强调柠檬是本周到目前为止的冠军，因为还有两天本周才结束，所以，如果其他幼儿到语言区读书次数或者遍数超过她，可能冠军就是其他人了。当然，如果柠檬依然每天坚持去语言区读书，而且读的遍数也很多的话，可能冠军还是她。教师通过此方式让幼儿知道，即使得不到冠军，只要持续努力就会有不同的结果，而且读书的过程中自己也会有很多收获。

教师在引导幼儿观察每个人是否都完成任务时，大家发现宇航一个点都没有。教师记起他姑姑早上送他时，帮他请假，说周五家里有事不能来园。于是，教师就将这个问题提出：今天已经是星期四了，明天宇航要请假，不来上幼儿园，那他就不能完成一周读一次书的任务了，怎么办呢？

幼儿：那就今天下午，在爸爸妈妈来接之前，把读书任务完成。

教师：宇航，你能做到吗？

宇航大声说：可以的。

可是，下午他姑姑接他的时间比较早，他还没来得及到语言区读书。当他看到姑姑来了，就去架椅子准备走了。

此时，教师走到他跟前说：宇航，刚才你看到其他小朋友都已经完成读书任务了，只有你还没有完成，你明天又不来了，如果你现在不去读书，这一周你一个点都没有，你就没有完成读书任务了。你要不要现在去读书，读完书以后再走？

他看了看教师说：好的。

他对着姑姑说：请您到门口等我一下，我要去读书！

说完这话，他就自己走到语言区拿着新书和点读笔认认真真地边听边看书了，直至听看完了一遍，把书收起来以后才走。

从这以后，宇航每天早上到园后，总是第一个到语言区读书，并主动进行记录。记录后还会跑到教师跟前自豪地说：我今天已经读过书了！

从幼儿对待每周至少到语言区读一次书的态度和行为变化可以看出：

1. 小班幼儿能够理解并具有"每周至少到语言区读一次书"的任务意识。小班幼儿受到时间知觉发展和大脑前额叶皮层不成熟的限制，容易忘记任务和被其他事物分散注意力，任务意识较弱，教师一直在每周三提醒或引导幼儿一起读书，直到第八周后才出现较大的变化。如，案例中的宇航，虽然他在集体面前答应要在今天读完书后再回家，可是他姑姑一来，他就忘记了自己的任务。但在教师的引导下，他控制住了自己急于和姑姑一起回家的想法和行动，会主动对姑姑说："请您到门口等我一下，我要去读书！"实践证明，经过有意识的培养和引导，小班幼儿都能主动进入语言区读书，且已经成为他们每天早上入园后的主动行为。不仅如此，幼儿会在平时，经常主动走到记录表前，数一数自己和他人的记录点，然后主动告诉教师，自己已经到语言区读了几次书或自己比同伴中的某某多或少几次。这说明，他们不仅有任务意识，还会通过记录表中的记录点来监控自己的读书次数和行为。

2. 小班幼儿任务意识的培养需要成人不断给予与之发展水平匹配的持续支持。在本案例中，教师通过直观的记录表支持幼儿随时通过观察记录表上的点，了解自己执行任务的动态情况。幼儿不仅可以了解自己执行任务的情况，而且可以了解他人执行任务的情况，可以看到自己和别人的差距或优势。借助随时随地可以看到的记录表，幼儿可以精确地反思，逐步增加向他人学习的意识，获得不断努力后的自信和自豪感。不仅如此，教师还通过每周一次的集体观察和讨论，让每名幼儿明确自己的任务执行情况，激发他们有意识地通过调整自己的行为努力完成任务。教师在每周三或周四开展集体讨论，这个时间点保证了幼儿在知道自己任务执行情况后，有一个充分调整的时间，有助于幼儿完成任务，从而促使幼儿感受到，只要控制自我行为，自己完成任务的时间是充裕的，任务通过努力是可以完成的，让幼儿获得积极的行为体验，增强幼儿的主动权和胜任感。

3. 教师要因人而异地给予不同幼儿具体而持续的指导。每名幼儿表现出的任务意识各不相同。如，本案例中的宇航，若教师因他本周情况特殊而不坚持要求，可能会让他形成"虽然前面没有抓紧时间到语言区，但只要我后面有事就可以不完成任务"的想法。教师不仅没有放弃，而且具体指出他因为前面没有完成任务，影响他当天不能按时回家，必须完成任务后才能回家。教师让他感受到前面完成任务的重要性，否则可能会因为后面的突发情况致使自己的任务无法完成。这个经历给了宇航非常深刻的感受和经验。所以，他改变了自己的行为。自此以后，他每天一到班级中就首选到语言区读书。后来，他已经从外部的完成任务转变为喜欢读书了，每次读书都会有自己的发现，还会把自己在书中的发现主动告诉教师，或用平板进行录像，或去画读书笔记。

4. 家园携手非常重要。如，案例中的宇航，当教师提醒的话刚说完，他就直接跟姑姑说"请您到门口等我一下，我要去读书"。当时，他的姑姑在旁边愣住了，不知道他要做什么，宇航直接用双手推着姑姑到门口。由于他是一个特别情绪化的孩子，在班级中月龄也较小，以往都是要求姑姑第一个来接他。只要姑姑比其他家长来迟一点点，他就会大哭大闹。所以，姑姑对他今天的表现存有疑惑，不知道他要干什么，是高兴还是闹情绪。此时，教师立刻将事情的来龙去脉向她说明，并请其配合。他姑姑立刻站在门口说"没关系，应该支持的。他在家也是这样，答应的事情往往会改变。我们也希望他能够说到做到，能有任务意识"。所以，教师与家长的沟通很重要，只有这样，才能取得家长的配合，双方形成合力，助推幼儿任务意识的发展。

案例 4：老师，点读笔没了

一天，教师在阅读区投放了 4 本新书，并在每支点读笔中录了 4 本书中的故事。这样，每一种颜色的点读笔中都有 4 个故事，扩展了幼儿的选择范围。同时，点读笔可能不够用了，16 本书（每一本书提供 4 份，每一本书上都有红黄蓝绿 4 个圆点标记，一个圆点标记的书录在相同颜色圆点的点读笔里）只有 4 支点读笔。由于每名幼儿看的书不同，但点读笔只有 4 支，所以当读书的幼儿超过 4 人时，点读笔就不够用了，需要幼儿一起协商解决的办法。

所以，当琳琳说"老师我要读《海豚》，但红色的点读笔没有"时，教师问：那可以怎么办？

旁边的大苹果立刻说：我也读《海豚》，我这里有点读笔（她拿的是贴有蓝色圆点的点读笔和书），我带你看。

在整个过程中，大苹果每翻一页，点读一页，就将点读笔放在琳琳的耳边，同时，将自己的头歪过去，紧紧靠在琳琳的耳边，方便两个人一起听点读笔里的录音。在这个过程中，琳琳有时会被音乐区的音乐和在音乐区跳舞的幼儿吸引，扭过头不读书，此时，大苹果会将琳琳的头轻轻转过来说：还没有读完书呢！就继续带着她一起读书，直至读完整本书。

在当天集体分享时，教师将问题情境描述给全体幼儿听，并和他们讨论：如果你遇到点读笔不够的情况，怎么办呢？

幼儿1：可以自己读书，不用点读笔。

幼儿2：可以先读书，等有点读笔后，再用点读笔读书。

幼儿3：可以去看平板中的电子书。

幼儿4：可以去听音频播放器。

幼儿5：可以去看其他自己已经会读的书。

幼儿6：可以一起看。

教师表扬幼儿很会解决问题，并继续问道：如果两个人一起读书，怎么读才能让两个人都看清画面，听到声音呢？

在教师的引导下，幼儿说出要将书放在两个人的中间，点读笔点过书上的录音贴后要将其放在两个人耳朵中间。

当全体幼儿都清楚了如何两个人一起用点读笔读书后，教师又将早上大苹果和琳琳一起看书的事情详细地告诉了全体幼儿，强化如何合作读书。

最后，教师又请大苹果和琳琳表演了一起读书的片段，让幼儿既清楚合作的方法，又通过自己的观察，亲眼看见和他人一起读书的具体做法。通过这些方式，每名幼儿都清楚地知道和他人一起读书的方法，更明确了如何做才是"一起读书"，有利于将大苹果和琳琳两个人的经验转化为全体幼儿的经验。

第二天，香蕉来到点读笔处，看到没有点读笔了，没有一丝犹豫地走向平板处看起了电子书。

晨晨选择了自己读纸质书，可是在读书过程中有些地方他不会讲。此时，在一旁用点读笔的优优恰巧和他读的是一样的书，且正在读同一页的内容。

由于他们两人是面对面坐着，与大苹果和琳琳两人坐一边的情况不一样，优优就主动将自己的点读笔放在桌子中间，两人一起听。

教师不仅立即表扬了优优的行为，而且在当天集体分享时将这一事件讲给全体幼儿听，并请晨晨和优优上来给大家示范。教师及时将幼儿间主动解决问题的策略强化并分享给全体幼儿，转化为全体幼儿的策略。

由此可以看出：

1. 小班幼儿已经能够依据出现的问题情境想出解决问题的方法，具有自己解决问题的萌芽。无论是出现问题时，大苹果立刻说出的"我和她一起看"，还是在集体讨论时，幼儿想出的 5 种解决方法，都说明小班幼儿也具有解决问题的意识和能力。作为教师，既要创造问题情境，让他们有机会面对问题、解决问题，又要及时将他们的个人经验进行强化，及时依据问题组织全体幼儿共同讨论，调动全体幼儿的经验，学习解决问题。

2. 教师要有意识地为幼儿提供多样化的学习经验，让幼儿亲身经历并体验、熟悉各种学习方式。在集体讨论中，全体幼儿都积极发言，一个接一个地将这 5 种方法说出。因为这 5 种方法都是幼儿在语言区的日常做法，每名幼儿都已熟悉并掌握。所以，当遇到点读笔不够的情况时，他们马上能想到解决方法，熟练调取已有的经历和经验，不仅不会因困难出现消极情绪，反而能获得自己成功解决问题的经验和成就感。

3. 教师要依据小班幼儿的发展水平有意识地创造问题情境。如，刚开学时，由于幼儿阅读经验少，不会使用数字化设备帮助自己阅读，而且小班幼儿易于模仿他人，别人用什么他就要什么，所以，教师在准备图书和设备时，要每次提供多本相同的新故事书，且一本书匹配一支点读笔。此时设备和书是多于幼儿阅读人数的，即"供大于求"。而当小班幼儿熟悉每种设备的使用方法，且自主阅读能力提高后，教师提供的书和设备少于幼儿阅读人数，即"供小于求"。这里要说明的是，总的图书和设备是充足的，只是由于一次性提供了 4 本新书，4 本新书同时录入在一支同样颜色标记的点读笔里，如，4 本贴红颜色标记的新书只匹配一支红颜色标记的点读笔，4 本贴黄颜色标记的新书只匹配一支黄颜色标记的点读笔，4 本贴绿颜色标记的新书只匹配一支绿颜色标记的点读笔，4本贴蓝颜色标记的新书只匹配一支蓝颜色标记的点读笔，这样，一支点读笔就要对应4本新书，当读新书的幼儿超过4名时，就会出现点读笔不够用的情况。教师通过创设"点读笔不够用"的问题情境，让幼儿面对"如何解决我没有点读笔"的问题，从而有机会尝试自主解决问题，发展小班幼儿的问题解决能力。

4. 教师要敏锐地发现幼儿主动解决问题的策略，持续进行集体分享和指导。无论从香蕉在第二天遇到问题后，就主动运用前一天教师分享的经验，还是优优将前一天大苹果将点读笔放在两个人耳朵中间拓展到将点读笔放在两个人桌子中间，且用两本书同时看的方法，都说明了教师前一天的指导对幼儿来说是及时雨，教师及时将个别幼儿的经验在集体中分享是必要的、有效的。教师的做法不仅对出现这种行为的幼儿是一个强化和鼓励，更能帮助其他幼儿学习和积累解决同类问题的新经验，从而能够促进幼儿主动解决同类问题或在他们的经验上创造性地解决新问题。这不仅给了幼儿解决问题的方法，更增强了他们解决问题的自信和主动解决问题的意识。

5. 小班下学期的幼儿已经出现了相互合作的萌芽，教师要有意识地创设环境，有针对性地发展幼儿合作阅读和合作游戏的能力。虽然合作行为只是发生在个别幼儿身上，但教师依然要有意识，既表扬强化个别幼儿的合作行为，又要将其介绍给全体幼儿，供全体幼儿学习、模仿。

案例5：我会讲《你几岁了？》

早上，球球和艾艾两个人一起看《你几岁了？》时，艾艾开始边看边讲述。球球是她的好朋友，听到艾艾在讲述，她也跟着讲述起来。在讲述过程中，当球球在有的地方停顿了，想不起来怎么说时，艾艾则继续讲述；有的地方艾艾记不住了，球球依然在讲述，她俩就这样，互相补充着将一本书完整地讲述完了。讲完后，两人相互一笑。

教师：你们好厉害，这本书有很多首儿歌，你们竟然都记住了，而且能把整本书都说出来，真棒！你们看了多少遍记住的？

艾艾：好多好多遍！

教师：只有看了好多好多遍，才能学会记住，记住了就肯定会讲了。待会儿，你们给大家表演一次，好吗？

她们一起点头。接着，她们又开始第二遍边看边讲述这本书。全程她们非常熟练地念着儿歌，与书上的文字一字不差。开始，教师以为她们认识字，是看文字念的，但是观察几遍后，发现她们的眼睛始终在看画面那一页，完全不看文字那一页，她们是通过画面在帮助自己讲述。听觉的练习和记忆在小班幼儿的学习中是非常重要的，但是也离不开幼儿对画面欣赏和画面阅读的观照，如果没有画面阅读是不能支持他们自主阅读图画书的。

在之后的集体交流中，教师把她们早上一起边看边讲整本书的事情讲给全班幼儿听。

教师特别强调：她们在自己读了很多很多遍后，就可以不用点读笔和平板帮助自己了，可以自己边看书边讲述。你们大家也可以试试读很多遍，看看是不是像她们一样，可以自己讲。你们在看书过程中有没有帮助自己学会讲故事的好办法呢？

教师请她们表演给大家看。全体幼儿都非常专注地倾听她们的讲述，因为她们是班级中第一对也是第一次展示边看书边讲述的幼儿。

在听她们边看边讲述的过程中，有两名幼儿说：她们有一个字漏掉了。

教师非常惊讶幼儿能够听辨出这一个字的差异，一方面说明幼儿听得非常专注，非常喜欢听同伴讲故事，另一方面也说明这两名幼儿也已经通过点读笔和平板中的电子书完全记住了书中的文字内容。

于是，教师说：还有谁也会像她们一样上来边看书边讲给大家听？

有好几名幼儿举手。教师看到从来不愿意说话的柠檬举手了，非常高兴，立即请她上来给大家讲述自己喜欢的图书《好吃的水果》。

她在讲的过程中，声音时高时低。在她会说的地方声音很响亮，不会说的地方声音就比较轻。由于她不会说的地方比较多，其他幼儿听不清楚内容，许多幼儿就不听了，开始讲话并玩了起来。

教师表扬了柠檬以前从没有在集体面前大声发言，今天能够在有很多人的地方大声地讲述，有很大进步，并请全体幼儿给她鼓掌。

同时，教师向全体幼儿说明，敢于上来讲故事是非常了不起的事情。所以，对于每名愿意上来讲故事的幼儿，大家都要给他鼓掌。教师告诉幼儿，当别人给大家讲书时，所有人都要认真听，这是对讲书者的尊重，是有礼貌的行为，也是对他们的支持，讲书者看到大家非常安静地听，他们就会讲得更好。

接着，教师又请暖暖讲述，他同样存在不熟练的情况。暖暖讲述的时候，有的地方声音小，有的地方声音大。虽然教师在前面进行了教育和引导，但部分幼儿依然出现了讲话和打闹行为。

暖暖讲完后，还有几名幼儿举手表示想来讲述，为了给这些幼儿积极的情感体验，也为了给其他幼儿提供示范，教师请举手幼儿中自主看书能力最强并能完整讲述的二宝进行讲述。

二宝讲《爱吃水果的牛》时，非常流畅，一点儿都没有停顿。虽然她讲的速度很快，但全班幼儿都认真专注地听她讲述，在她讲完后，主动给她鼓掌。

二宝讲完后，没有一名幼儿举手表示想继续讲述。这引起了教师的反思：讲述对于小班幼儿来说是有难度的，虽然像二宝这样能力较强的幼儿可以流畅、连贯地在全班面前讲述，但对于绝大多数小班幼儿来说是做不到的。开始，他们认为自己是可以的，可是在听了柠檬和二宝的讲述，尤其是二宝的讲述后，他们知道自己可能达不到，主动选择了放弃，这不利于小班幼儿表征能力的发展。

于是，教师调整了策略。第二天，在集体分享时，教师出示平板，向幼儿介绍点开平板中的相机可以自己录像。当想要讲故事或认为自己可以讲给其他幼儿听时就可以录像。接着，教师通过大屏幕向幼儿介绍如何录像，并请个别幼儿尝试录像的方法。

接下来几天，有一些幼儿跑去录像。教师站在平板前，观察幼儿说了什么，有什么困难，并给予适当的指导。教师每天在幼儿吃午饭前播放幼儿录的自己讲述的故事。虽然录故事的幼儿有的讲得不完整，有的只讲了几句，但由于在录的过程中，旁边没有人给予压力，而且，他们可以反复录，不满意就再录一遍，教师播放时选择的是最好的一次，所以，每名幼儿讲述时都很自信、放松。

平板既是满足幼儿讲述需要的工具，更是幼儿练习讲述的工具。教师在指导每名幼儿学会使用平板录播后，并没有强求每名幼儿都要来录播，而是尊重他们的喜好，让他们选择自己喜欢的表征方式。

教师观察发现，小来、悦悦等几名幼儿很少到录像处来，他们基本上看完书后就跑到做笔记的地方去画笔记。教师一一询问他们为什么不到录像处，他们说喜欢画笔记。

教师不仅尊重他们的喜好，而且在集体分享时，常常将他们的笔记展示给大家看，并请他们向大家介绍画的是哪本书、哪一页，画的是什么，并请全体幼儿来解读，通过分享他们笔记的方式给予支持和激励。

教师将本学期幼儿所做笔记的数量进行了统计：《你几岁了？》30篇《多多什么都爱吃》40篇、《好吃的水果》99篇、《长长的》236篇、《爱吃水果的牛》382篇。这一方面体现了幼儿的喜好，另一方面也体现了幼儿做笔记受到自身绘画水平的限制，他们选择的多是画面比较简单，画面上的物品是他们可以表现的图书。如，《你几岁了？》和《多多什么都爱吃》的画面虽然丰富，但是有布局构图，楼房、人物、动物之间有遮挡、重叠、覆盖等关系，故而这两本书虽然幼儿非常喜欢阅读，甚至喜欢去说，但笔记是所有书中做得较少的。即使是特别喜欢做笔记的幼儿，这两本书的笔记也是做得较少的。如，来来5本书的笔记数量分别是：《长长的》24篇、《爱吃水果的牛》15篇、《好吃的水果》2篇、《你几岁了？》1篇，《多多什么都爱吃》一篇没有。

悦童5本书的笔记数量也验证了这一结果：《长长的》19篇，时间跨度为4个月，从2019年9月25日至2020年1月7日，从教师与幼儿讨论怎样做笔记的第一天起一直到寒假结束的前一天。虽然其后又有4本书，但她始终没有忘记这本书。而她笔记做的最多的书是《爱吃水果的牛》，有37篇，时间跨度为3个月，从2019年10月24日至2020年1月8日，也是从投放这本书的那一日开始，她就开始同步做读书笔记了。期间她一直在读《长长的》和《爱吃水果的牛》这两本书，并做笔记。《爱吃水果的牛》是10月份投放的第二本自主阅读图书，虽然阅读时间没有9月投放的第一本《长长的》长，跨度只有3个月，但她做了37篇笔记。虽然不能说明她对这本书的喜爱超越了《长长的》，但可以说明她对这本书的喜爱绝对不低于第一本书。此外，《好吃的水果》只有3篇笔记，《你几岁了？》只有1篇笔记，《多多什么都爱吃》一篇笔记都没有。

从来来和悦童两人对 5 本书做笔记的数量来看，小班幼儿不仅对阅读图书方式的选择是有偏好的，而且做笔记的偏好也与图书画面的复杂度相关。

由此可以看出：

1. 小班幼儿能够从自己的经历中得出经验。只有"听看很多遍书"后，才能自己边看边讲。在教师有意识地询问艾艾和球球"你们看了多少遍记住的？"时，艾艾说："好多好多遍！"这不仅反映出她们的直接经验和体会，更展现出她们的自豪和自信。所以，教师正面强化"只有看了好多好多遍，才能学会记住，记住了就肯定会讲了"。教师请她们在全班展示，并特别向全体幼儿介绍她们是听看很多遍后，才会自己讲的。"你们大家也可以试试读很多遍，看看是不是像她们一样，可以自己讲。你们在看书过程中有没有帮助自己学会讲故事的好办法呢？"教师通过提问引导幼儿关注自己的学习经验和方法，尝试对自己的学习过程进行反思总结。

2. 小班幼儿对同伴讲故事的水平有判断标准。从幼儿对待柠檬和二宝讲故事的不同态度就可以看出，虽然此时幼儿还没有达到这样的水平，但是他们知道讲故事的标准是什么。如果教师贸然让个别幼儿讲故事，可能会给幼儿失败或负面的情绪体验。所以，教师停止了继续让幼儿讲述的行为。虽然个别幼儿讲述能力很强，但是教师并没有要求全体幼儿都进行讲述，而是尊重小班幼儿的现有讲述水平，为他们练习讲述提供支持，让幼儿自己录故事。这既满足了幼儿讲述的需要，更让他们获得了积极的成功体验，激发了他们自主练习讲述的兴趣。教师帮助幼儿通过一遍遍地录像自然地进行讲述练习，使录像成了幼儿边看书边讲述的平台和工具。

3. 小班幼儿能够判断自己能否胜任某种学习方式和表征方式，期望对自己的学习拥有自主权和控制权。教师要最大化地给予尊重、满足和支持。正如幼儿对柠檬和二宝的判断一样，幼儿认为二宝讲得好就会主动给予掌声并全程专注地听，当柠檬讲得不精彩时，他们马上就不听了。虽然教师告诉他们要尊重他人，要认真倾听，但他们依然控制不住自己的行为。他们在听了二宝精彩的讲述后，判断出自己不可能讲得比二宝好，立刻不举手展示了。

在表征方式上，他们每个人都能找到与自己的喜好、能力匹配的方式，或做笔记或录像，有的书做得多，有的书做得少。如，《爱吃水果的牛》做了382篇，而《你几岁了？》只有30篇；全班幼儿中做笔记最多的是60篇，最少的只有8篇；录像最多的是46次，最少的只有1次。这些数据体现了教师对幼儿的学习喜好、方式和表征方式的尊重，教师在确保每名幼儿都会使用数字化设备的前提下，允许幼儿表达多种学习风格与喜好，教师并没有要求每名幼儿都要向数量最多的幼儿学习，而是让幼儿根据自己的喜好选择喜欢的、自己能胜任的图书和表征方式。无论是在集体面前讲述，还是自己录像讲述；无论是用录像表征，还是用做笔记的方式表征；无论是反复对一本书做笔记，还是对每一本书做笔记，教师都给予尊重，满足幼儿的需求和选择，提供适宜的支持，不用统一的要求或"向××学习"去"绑架"幼儿，这激发了每名幼儿的学习兴趣，让他们获得了发展自己判断力、控制力和自主权的机会，让他们从小班起就会主动选择感兴趣的并对自身有意义的事，展现了他们对学习的渴望。

案例6：我要看很多书

因为新冠肺炎疫情的影响，开学时间从2020年2月延迟到5月25日，而小班幼儿则延迟到5月28日开学。为了了解小班下学期幼儿自主学习能力的发展水平，我们决定在上学期末一次性投放2本新书的基础上，改为一次性投放4本新书，同时，依然将上学期读过的5本书和相应的点读笔也放在一个书柜里，只是将该书柜放在4本新书所在新书柜的旁边，将点读笔也做了区分，原有书柜中的点读笔在原有的颜色标记处写上数字1，在新书柜上红黄蓝绿色标记处写上数字2。这种做法能够帮助幼儿区分新书点读笔和"旧书"点读笔，而音频播放器和平板中的电子书是放在一起的，让幼儿通过听书名和看封面的方式自己选择。

由于开学是周三，家长出于安全考虑，小班一个班只来了15名幼儿。本周教师主要观察幼儿经过4个月的超长假期，对上学期自主阅读的5本书的兴趣是否有变化，以及自主阅读的能力和自主做笔记的能力状态。

教师惊喜地发现，幼儿入园后，依然主动走到语言区自主阅读5本书中自己最喜欢的书，并且做笔记的兴趣提升了，绘画水平也提高了。上学期一直画爱心的涵涵，在画《好吃的水果》里的草莓时竟然画出了剖面的草莓结构图。她不仅画出草莓的形状，还逐层表示其颜色——最外面红色，里面是肉色，顶端是黑色的籽，而且造型逼真，特别是草莓顶端的边缘用锯齿线画出，草莓一粒粒黑色的籽非常写实。教师经过询问得知，涵涵整个假期和上大班的姐姐在一起，是姐姐教她画的。同时，家长也带她去过草莓园，采过草莓。一方面幼儿有亲身采草莓的经验，对草莓产生了亲近和喜爱的情感，另一方面姐姐喜欢画画并对涵涵进行了指导，再加上随着年龄的增长，幼儿手部的肌肉灵活性增强了，这些都促进了她对画画的兴趣和技能的提高，进而也增加了做读书笔记的兴趣。

盛盛的绘画记录中出现了人的形象，虽然是蝌蚪人，但出现了头和四肢，头上还出现了五官——头发、眼睛和嘴巴。昊昊画了一头大象（有了类似大象的轮廓和一个长鼻子），象鼻子上还画了晾着的两件衣服，这与上学期幼儿只会用颜色或一团线、一根线、一个圈来代表一个水果、一棵树、一只动物有质的不同。

除了做笔记的兴趣和能力提升了，幼儿对读书的兴趣依然浓厚。艾艾一来就拿着自己喜欢的《你几岁了？》边看边大声地讲着。

虽然只有原班级人数一半的幼儿入园，教师决定依然延续上学期的自主阅读实践研究，下周一一次性投放 4 本新书让幼儿自主阅读，继续了解幼儿对图书类型是否有偏好（两本科学图画书，一本有关动物的《海豚》、一本有关植物的《莲花》；一本童话故事《蛇偷吃了我的蛋》；一本儿歌故事《小黑捉迷藏》）。同时，为了了解幼儿对 4 本新书的喜好，以及是否依然喜欢阅读上学期的"旧书"，教师将 9 本书的封面都做成了即时贴（这不同于上学期使用的圆点即时贴），幼儿每天根据自己阅读的图书寻找对应的封面即时贴，贴在自己的照片旁边。这样教师就可以统计、梳理幼儿阅读新旧图书的特点、选择新图书的偏好，从而给予幼儿尊重和针对性的指导。

在开学第二周周一上午，晨间活动时，教师将 4 本新书放在语言区的一个新书柜里，观察幼儿是否会发现并主动阅读。一方面由于图书位置醒目，另一方面由于幼儿已经习惯于进入班级后首先进入语言区，所以，早上幼儿一走入班级就说："老师，你发现有新书了吗？""咦，这里怎么变了？"并且有幼儿自主迁移以往的经验，用点读笔开始阅读了。

在幼儿做完早操后，教师组织了集体学习。一方面向幼儿介绍了放原有5本书的书柜位置，另一方面重点介绍了4本新书。

教师先请幼儿说说自己的发现。让教师非常兴奋的是：幼儿观察得非常仔细，不仅说出教师新投放的4本新书，而且还发现了新书点读笔上颜色标记上有数字2。

教师引发幼儿讨论：为什么要在每支新书点读笔的红黄蓝绿色标记上贴上数字2呢？

教师借此与幼儿讨论，引导他们发现上学期5本"旧书"配套的点读笔上红黄蓝绿色标记上贴的是数字1，在颜色标记上写上数字，幼儿就可以根据数字把它们放到各自的"家里"，不会弄错，耽误幼儿的阅读。

接着，教师逐一介绍了4本新书。和上学期一样，教师只引导幼儿逐一观察4本书的封面，预测书中可能有谁、说了什么故事。关于书中的内容，教师并不去讲解，只布置任务让幼儿自己阅读，到本周五上午大家一起交流，说说自己读了哪本书，发现了书中有什么好玩的事情。

教师又向幼儿介绍了本学期开始用封面即时贴，看完书后，找到此书的封面即时贴贴在自己的照片旁边。教师请个别幼儿上来尝试，请全体幼儿观察他的操作过程，让全体幼儿迁移上学期贴圆点即时贴的经验。教师只是提出要注意贴得紧密一些，因为原有照片后贴标记的空间相对较小，封面即时贴是正方形的，比原有的圆点要大。正因为如此，教师将原有一个月一张表改成一周一张表，方便幼儿张贴。（幼儿非常喜欢改变后的即时贴，因为是书的封面，是画面。教师提醒幼儿在张贴时要仔细寻找、观察，因为即时贴是非常小的封面，而且，颜色和原书封面差异较大，所以需要非常仔细地观察，准确地取用。教师建议幼儿沿线贴，这样可以节省空间，但受到小肌肉灵活性发展水平的限制，幼儿难以控制手部动作，做不到。）

接下来，教师每天主要在语言区观察幼儿自主阅读（选择读什么书、读书中有什么困难或突出行为）及自主记录的情况（能否准确地找到自己读的书的封面即时贴，贴在自己的照片旁，能否按照教师的要求沿线贴）。

教师观察时发现，艾艾在平板中的9本书（包括上学期已经读过的5本书以及新投放的4本书）中先选择了《蛇偷吃了我的蛋》，看了2页后说："这本书一点儿也不好看。"她又重新选择了自己非常熟悉且在全班讲过、受到教师表扬的《你几岁了？》，非常专注地看平板中的电子书。看完后，又到书架上拿纸质书自己边看边讲述起来。

教师站在一边，没有做任何引导。教师决定在本周五上午集体交流时，带着全体幼儿将每本书边看边讲述一遍，不做任何评价，而是平等对待每本书，不做影响幼儿喜好的判断。

周五时，教师按计划带领幼儿逐一边观察4本书的画面边讲述了一遍，没有特别讲述哪一本书更好看，而是将每本书中有趣的地方都通过自己讲述中的表情、动作表现出来。如，在讲到《蛇偷吃了我的蛋》中鸡妈妈说"糟了，蛇偷吃了我的蛋！"时，教师加上了拍大腿的动作，表现鸡妈妈的懊恼和着急，引的幼儿哈哈大笑。教师在每本书中都找出了有趣之处，以此激发幼儿继续看每本书的兴趣。

同时，教师也将班级中幼儿到语言区读书的次数进行了统计，请幼儿找出本周读书次数最多的幼儿，评为本周读书次数冠军。

接着，教师引导幼儿观察每个人照片后图书封面的即时贴，看一看，数一数，每名幼儿都读了什么书，读了多少遍。在观察每个人的封面贴时，教师引导幼儿发现：有的幼儿一直在读一本新书，有的幼儿是每本新书都读了一遍。教师说："这是每个人不同的读书方法，都可以。有的人是一本书反复看，一直看到会了以后，再去看另一本新书；有的人是同时看每本新书，每天同时看，这也是可以的。"教师还引导幼儿发现，很多幼儿一直在看"旧书"，有的幼儿是将上学期5本"旧书"都逐一看了，有的幼儿一直在反复看一本"旧书"。教师说："这也是可以的。一本书只有反复看，才能发现这本书中所有有趣的地方。"

教师的目的是让幼儿知道，要每天读书，至于读哪本书，是新书还是"旧书"并不重要，重要的是去读书。同时也让幼儿知道，要尊重每个人的读书习惯和喜好。

在周五上午集中统计，产生读书冠军后，下周周一早上二宝进入班级后直接来到语言区连续看了3本书，一直到区域活动结束。她在记录时，教师在旁观察，她先贴了两张《蛇偷吃了我的蛋》的封面贴，接着贴了一张《海豚》的封面贴，最后又贴了一张《荷花》的封面贴。

教师：你早上看了3本书吗？

二宝：我先看了《蛇偷吃了我的蛋》两遍，然后看了《海豚》，后来又看了《莲花》。

教师：你都是用点读笔看的吗？（因为教师观察她时，她正在用点读笔看《蛇偷吃了我的蛋》，看完一遍后，她看着教师说："我还想看一遍。"教师说："可以呀！"然后教师就离开了，所以，后面发生的事情教师不太清楚。）

二宝：《莲花》和《海豚》我是看平板的。

这说明二宝非常清楚自己读了什么书和怎么读的，不仅会用封面即时贴进行准确记录，而且还会用语言清晰地表述出来。

同时也说明，上周五的统计和评价对二宝产生了激励作用。因为她上周只读了两本书——《小黑捉迷藏》和《海豚》，而且每本书只读了一遍。

当天，教师就将二宝的事例分享给全班幼儿，表扬她一个早上都在专注读书，一个早上就读了3本书，而且其中一本书还读了两遍。教师这样做的目的是让全体幼儿知道，可以一个早上都读书，一个早上可以读很多本书。

所以，当时很多幼儿说我要读很多书。

皓皓：我要读一亿本书。

教师：一亿本书可是很多很多本书，你要达到这个目标，从现在起每天都要读很多书哦！

从此以后，班上每名幼儿都非常有意识地多读书，努力做读书小冠军。他们突出的表现是每天读完书后，贴封面贴时，都会主动数一数自己现在有几个封面贴了，然后会高兴地告诉教师他已经读了几次书。

为了让每名幼儿都明确自己已经读了几本书。教师在周三吃午饭前带领幼儿观察每个人的记录表，产生了到周三为止读书次数的前三名。教师不仅带领全体幼儿给他们鼓掌，还给前三名幼儿每人一张小贴画。同时，告诉幼儿，还有几天时间，只要大家去看书，每个人记录表上的封面贴就会增加，到周五时就有可能当上本周的冠军。

这又再次激发了所有幼儿当冠军的热情。每个人吃完饭后都到语言区去读书。读完书后，幼儿就开始数自己的封面贴。

皓皓每天都数，他不仅数自己的，还会数一数同伴的，周四时他对教师说：我已经读了9本书，我现在最多。

教师：你怎么知道自己最多呢？

皓皓：我数了自己的，也数了其他小朋友的。说着，他就拉着教师的手，来到他的记录栏处指给教师看。

教师：真的呀！你不仅是目前本周读书次数最多的，数得也很准确。不过，今天上午和下午，以及明天，如果有其他小朋友读书次数增加得多，也有可能会超过你，所以，你还要继续努力哦！

他非常开心地点点头。

到第二天早上，他读完书后，又告诉教师说：我今天读了两本书，现在是11次了。

教师：还是最多吗？

皓皓：是的。

教师：一会儿我们一起看一看每个小朋友这一周的读书次数，看一看到底谁是本周的读书冠军，好吗？他又点点头。

接着，教师组织了本周读书过程的总结分享活动。教师讲述完本周在自主阅读中幼儿间发生的很多积极事例后，请全体幼儿观察本周读书记录表，请每个人先数一数自己的，然后，找一找自己认为读书次数最多的小朋友。

全程皓皓都非常专注，记住了每个人的读书次数，并一一与自己比较。教师带领幼儿数到晨晨有10个封面贴时，带领幼儿一起鼓掌，他举手说：我比他多一个，我是11个。

教师：你都知道11比10多，很厉害！你再等一等，一会儿，我们将每个人都数完后，看一看是不是你最多。

在这个过程中，教师对每名幼儿都给予了鼓励，因为每名幼儿都像皓皓一样，不仅记住了自己的读书次数，而且读书的次数都比前一周有了增加。

最后，教师不仅带领全体幼儿对本周读书冠军皓皓以及第二名、第三名鼓掌，而且给全班幼儿鼓掌，表扬每个人都在进步，都会主动来读书。

由此可以看出：

1. 小班下学期幼儿的目标意识增强了。他们能够给自己制订目标：我要做读书冠军，初步出现朝这个目标努力的行为。但要让幼儿完成目标，并获得实现目标后的积极体验，需要教师在过程中持续的支持和激励。如，在本案例中，教师采用的评选读书冠军的策略，对幼儿产生了激励作用，出现了二宝一个早上读 3 本书（共 4 次）的行为。但教师并没有止于此，而是及时将二宝依据自己的目标做出的落实行为给予强化，并将其分享给全体幼儿，让幼儿知道既要有目标又要有行动，再次激起幼儿当冠军的目标意识，全体幼儿都在说"我要读很多书""我要比二宝还要多"。为了帮助小班幼儿记住并坚持自己的目标，教师在周三又增加了一次集体观察记录表的活动，让每名幼儿清楚到目前为止自己落实目标的情况，再次强化幼儿的目标意识——想做冠军一定要每天去读书。在这样的持续激励下，每名幼儿渐渐知道，当冠军不是嘴上说说，关键是要有行动——每天记录表上的读书次数要有所增加，这些次数是可以改变的，而这种改变要靠自己去读书才能实现。教师让幼儿明白，积极主动的学习态度很重要，只要努力就可以进步，就能获得掌声，就有可能成为冠军。

2. 教师对于幼儿表现出的主动性、差异性要给予充分的尊重。小班幼儿对于越熟悉的内容越喜欢。当开始出现 4 本新书时，有部分幼儿依然坚持读上学期提供的 5 本"旧书"，有的甚至一直读"旧书"中的一本。他们甚至一开始会拒绝读新书。如，案例中的艾艾，在教师投放新书后，也想看新书，也做出了一些努力，但依然选择读"旧书"。这是由于她非常熟悉且能非常熟练讲述《你几岁了？》，获得过成功体验——在全班幼儿面前大声讲述过并得到了大家的掌声，所以，更加喜爱这本书。而看新书对于她来说是有一定难度的。因此，她在看了 2 页后，毅然放弃了看新书的想法和行为。虽然此时，教师就站在她的旁边，她依然不受任何影响地做出了决定。教师并没有制止或批评，而是尊重，但也不露痕迹地做出引导，等待其愿意看新书，不断拓展自己的阅读范围。幼儿无论是看新书还是"旧书"教师都给予表扬，还说明每本书都需要反复读，持续读，才能发现其中的有趣之处。教师通过自己声情并茂的示范朗读和动作表演，引导幼儿观察每本新书中的有趣画面和角色，激发幼儿读新书的兴趣，既尊重了幼儿现有的读书选择，又不带倾向性地做出了引导，让每名幼儿都积极地去读书。

第四章
家庭中幼儿自主学习实践

自主学习作为一种能力，其形成和发展要经历一个渐进的、相对漫长的过程。自主学习过程包含大量的子过程或部分过程，这些子过程只有达到熟练、自动化，才能保证自主学习活动的顺利进行。作为一种能力，自主学习是随着认知和自我的发展，通过多种途径，经过长期的学习实践活动发展起来的。尽管自主学习能力在某些时候可以通过自己"发现"来获得，但是在更多情况下是"教"会的。这里的"教"，不同于传统讲授式教学中的教，准确地讲是"导"，是为学生的学习提供"示范""支架"。自主学习能力的形成离不开系统的教学指导，因此，学校教育应该把培养学生的自主学习能力作为教学中的一个重要目标，把指导学生的学作为教学的基本原则。

为此，我们不仅在幼儿园里将培养幼儿自主学习作为教育目标，把指导幼儿的自主学习作为课程实施的基本原则，循序渐进地为幼儿的自主学习提供"示范""支架"，而且我们在研究自主学习的伊始，就将家长纳入我们的研究团队之中，采用家园合作循环渐进的方法，通过弱化一次性学习效果的评价标准，设计分阶段、分层次的学习内容和目标，强化家园双方鼓励的循环叠加效应，不断推进幼儿自主学习意识和习惯的养成，实践着家园共同体的建构。

让家长和我们一起共同成长。每一个自主学习项目开展之时，就是我们和家长共同研究和学习提高之时。对于刚开始实践自主学习的家长，我们会围绕班级日常开展的一项自主学习任务全程地、持续地、分阶段地引导家长。既有家长来园观摩幼儿在园自主学习的样态，听看教师示范、讲解支持幼儿自主学习的策略，又有针对家长问题和困惑的个性化解答，且通过分阶段多次组织的家长小型座谈会共同研讨和分享经验，提升全体家长培养幼儿自主学习的意识和能力。如，在初次实施大班幼儿自主跳绳学习任务时，教师从自主学习跳绳的绳子准备阶段到最终幼儿跳绳汇报阶段，共组织了 4 次小型座谈会，座谈会的主题分别是：第一阶段，大班幼儿的自主学习是怎样的，需要成人支持什么。让家长树立支持的意识，了解支持的方法，包括如何给幼儿提供适合的绳子，怎么引导幼儿喜爱跳绳。第二阶段围绕幼儿遇到了什么困难，如何引导才能让幼儿愿意坚持练习。第三阶段围绕幼儿如何向他人学习，突破自己，创造跳绳的方法。第四阶段围绕如何引导幼儿反思，引导幼儿总结通过跳绳获得了怎样的经验，再面对其他新的自主学习任务时可以怎样做。通过座谈会引导家长有目的地观察了解自己的孩子在每个阶段的表现和需求，发现其在每个阶段的变化和进步，学习在每个阶段给予其适宜的支持策略，积累引导、支持幼儿自主学习的经验，逐步建立培养幼儿自主学习的意识和能力。

　　除了日常实施自主学习项目的班级教师关注家长的同步指导和相互学习外，我们还根据小中大班幼儿的心理特点和自主学习能力的差异，循序渐进地在每一个寒假和暑假向幼儿布置一项自主学习任务，以任务完成为导向，为幼儿和家长创造共同学习的家庭生活内容和机会。

　　自主学习项目包括：学习一个运动项目，如拍球、玩跳跳球、滚铁环或跳绳等，学习一首儿歌或一个故事，阅读一本图画书，学习一个舞蹈、一首歌曲或一节早操，学习一项手工（如看视频自己学习编织一条围巾），学习玩扑克牌，进行一次旅行活动等。借助一个个项目，将幼儿的自主学习意识的培养、习惯的养成、能力的发展融入其中，循序渐进地培养幼儿的自主学习能力。如，发展幼儿计划意识的层次性体现在：小班每天练习前问"准备连续拍多少个球"、中班学习做"水仙花生长记录"和制订"趣味扑克计划"，大班学习制订详细的旅行计划和每天学习早操的计划和反思等。

　　让家长陪伴幼儿一起亲历每一个自主学习过程，引导家长学习观察幼儿的情绪、行为和语言，了解幼儿的兴趣、能力和需要，学习给予幼儿适宜的支持策略和方法，不断推进幼儿自主学习意识和能力的发展，在实施科学育儿的过程中实现自己与幼儿的共同成长。

为了帮助家长主动积极地参与假期中幼儿自主学习的项目，有效地给予幼儿支持，班级教师实施了全程的指导。

一、放假前的指导

为了帮助家长参与幼儿自主学习的项目，降低家长的任务难度和焦虑感，增加家长的自信和主动性，我们在放假前尝试做好两方面工作。

（一）为了强化幼儿的自主意识，教师在放假前就将任务布置给全体幼儿，并强调这是幼儿自己的学习任务，一定要自己完成，并与幼儿共同讨论完成任务的详细步骤，让每名幼儿都清楚地知道需要做什么和怎么做。

如，第一，幼儿要主动告诉父母假期中自己的自主学习任务和内容。第二，幼儿要征询父母的意见，学习和父母共商计划，尊重父母的时间和工作需要。如，暑假为了要了解一座城市，需要父母陪着一起外出旅行，父母是否有时间，有多少时间，在什么时间段有时间等。因为要选择一座城市了解，所以，幼儿自己需要事先了解以便做决定。需要征询父母是否可以陪着自己一道去书店买介绍城市的书或帮助下载介绍该城市的视频。第三，幼儿自己要制订旅行计划。制订完计划后要主动给父母看，讨论是否可行，是否需要修改，让父母知道自己的计划，配合自己完成计划。第四，要将计划带着去旅行，每天晚上要对照计划进行自我评价，计划是否完成了，若完成了，就给自己一颗星或打个钩，若没有完成就打叉。教师通过与幼儿的共同讨论，不仅帮助幼儿明确自己的任务内容及落实的步骤、方法，而且强化了幼儿的自我意识，明确这是"我"的自主学习任务而不是父母的任务，增加幼儿的责任意识和任务意识。

（二）制作微视频，给幼儿和家长观看。

教师改变以往用文本或语言交代任务的方式，将假期中幼儿需要完成的任务制作成两个微视频，一个供幼儿学习用，一方面幼儿和家长一起通过反复看视频不断明确自主学习任务和要求，另一方面幼儿通过反复看视频自己学习。在此视频中，教师通过演示、示范和表演的方式，不仅将任务内容、要求逐一介绍，而且将完成任务的要领和步骤等逐一演示、示范和说明。同时，教师还制作了微视频《家长小课堂》，细致引导家长明确此项自主学习任务的目的、价值，以及针对任务中幼儿可能出现的困难，家长如何有针对性地引导幼儿反思，并与家长讨论出问题的原因和解决的方法等。

微视频不仅便于幼儿明确任务，知道操作方法和要求，而且便于家庭中所有成员高质量地支持幼儿自主学习。微视频不仅解决了不同家庭中家长和同一家庭中不同成员因对文本的不理解或畏难情绪而不支持或无法支持幼儿自主学习的问题，而且得到了所有家长的赞扬。父母辈的家长认为此举解决了以往他们仅通过文本或口头沟通时，因为不懂幼儿教育而无法支持幼儿或错误地要求幼儿的问题。尤其是很多家长由于工作繁忙没有时间陪伴幼儿，将任务交代给祖辈家长，以往转述给老人时比较困难，而现在可以直接放视频给老人看，使老人能够迅速、准确地理解任务，知道具体支持的方法。不仅如此，此举还利于家长和幼儿通过共同看视频、反复看视频的方法共同学习、共同讨论，增加亲子活动内容，支持幼儿自主学习任务的完成。

由于教师给予了家长如何支持幼儿完成自主学习任务全过程的具体化支架，降低了家长的困难和焦虑，让家长知道在幼儿自主学习的每一环节需要做什么和怎么做，大大提高了家长主动开展家庭自主学习活动的意识和水平，从而保障了家园一致提高幼儿自主学习的意识和能力的质量。

二、放假中的指导

在假期中，教师不仅对每名幼儿进行家访，逐一深入家庭了解并指导每名幼儿在家的自主学习情况，帮助家长解决实施过程中的难题，而且坚持定期对每个家庭进行电话或视频指导，还请全体幼儿将自主学习的阶段性成果，通过前书写、图画、图表、照片、视频等方式记录并发到班级微信群或 QQ 群中，一方面让幼儿有获得感，激发幼儿完成任务的兴趣和坚持性，另一方面有利于同伴间相互激发、相互交流、相互学习，保障每名幼儿都能完成自主学习任务，培养幼儿自主学习的意识和能力。

三、返园后的指导

为了帮助家长在每次实施自主学习项目后都有提升，我们坚持每学期开学初都围绕假期中的自主学习任务，召开小型座谈会。班级教师将全体家长分成不同小组，每一次讨论我们都围绕以下问题展开。

1. 幼儿自主学习意识怎么样？
2. 在自主学习过程中，幼儿遇到什么困难，是怎样解决的？
3. 您在其中起到什么作用？
4. 幼儿对自主学习的态度和能力是怎样的？

我们认真倾听每位家长分享他们与幼儿在实施每个自主学习项目过程中的经验、困惑和问题，根据家长们的问题展开讨论，不断深化家长们对自主学习的认识。不仅不断明晰幼儿园应该做什么、怎么做，而且不断明晰家长在家里应该做什么、怎么做。

经过从小班到大班三年中众多自主学习项目的练习，不断提升全体家长对自主学习的认识，帮助家长积累了在家支持幼儿自主学习的策略，不仅提升了幼儿的自主学习意识和能力，也提升了家长们在家支持幼儿自主学习能力发展的意识和能力。

第一节　小班幼儿家庭中的自主学习任务

由于小班刚开始实行自主学习项目，再加上小班幼儿注意力、任务意识等发展不完善，家长和幼儿都需要自主学习意识和方法的指导，所以，教师一方面请家长来园观摩幼儿在班级中日常的自主学习情况及教师的指导策略，另一方面强化了对家长的过程指导，针对每个自主学习项目进行小型座谈并开展研讨和分享。

　　小班寒假期间，教师给每名幼儿布置了在家里自主学习拍球的任务。教师不仅在班级中跟幼儿说了这个任务，还亲自表演各种拍球方法并拍视频做成微课放给幼儿看，然后请小班幼儿想一想，自己想学习哪一种拍球方法。同时，教师还告诉幼儿，在假期中练习时可以请爸爸妈妈将自己练习的样子拍下来发到班级群里，大家一起相互学习。开学时，幼儿园要请爸爸妈妈一起开会，说一说你们在家是怎么学会拍球的，用了什么好方法。

　　教师给家长制作的微视频"家长小课堂"中不仅向家长说明什么是自主学习、小班的自主学习是怎样的，还特别强调小班幼儿的自主学习是在成人引导和支持下发展起来的，培养小班幼儿对学习任务的兴趣尤其重要。教师同时告诉家长，小班幼儿自主学习拍球的目的之一是促进其任务意识和反思意识的萌芽，针对此价值家长对应的指导要点是什么，教师不仅罗列出幼儿可能会出现的具体问题，而且逐一展示了针对每一问题家长可以怎么引导的策略。"家长小课堂"微视频不仅可以让家长明确小班幼儿自主学习拍球的要求、要点，而且帮助其清晰小班幼儿自主学习拍球的特点、目的及对小班幼儿的发展价值，并且可以提前了解幼儿可能出现的问题和针对这些问题的指导策略，起到了支持家长轻松帮助幼儿完成自主学习拍球的作用，实现了培训和指导家长科学育儿的目的。

　　教师在放假前一天就将视频发到班级群里，让家长观看并下载后，和幼儿一起再次观看欣赏，讨论确定自己要学习的拍球方法。随后，帮助幼儿明确任务——要在开学前学会拍球。教师需要告诉幼儿每天都要练习拍球，并请家长和幼儿一起讨论确定每天练习的时间段。如，每天下午起床后练习，或上午玩过游戏后练习等。

　　教师在微视频中以温馨提示的方式，提醒家长小班幼儿注意力集中时间短，以无意注意为主，对感兴趣的活动积极主动且注意时间较长，他们更喜欢做游戏，喜欢与成人一起游戏。建议家长观察并激发小班幼儿对拍球的兴趣，可以先让幼儿观看教师拍球的视频或其他幼儿拍球的视频或动画，再让幼儿自己玩球，探索球的玩法，最后再以游戏的方式，家庭成员与幼儿一起练习拍球。同时，教师请家长全程关注小班幼儿对拍球是否有兴趣，幼儿是否能主动提出要去拍球，即是否有自主学习的意识和能力。请家长尝试每天拍球前和幼儿商量当天的拍球个数，并观察幼儿是否有任务意识的萌芽。请家长在幼儿有困难或取得进步时，尝试引导幼儿反思：是否满意今天拍球的成果或为什么没有学会，引导幼儿学习反思并共同找到原因和调整的方法。同时，请家长反思用了哪些方法引导幼儿有兴趣地主动拍球，哪些方法是有效的，哪些方法是无效的。教师告诉家长，在练习拍球的过程中如果遇到困难，可以随时打电话与教师研讨，同时，教师在开学时会组织全体家长召开座谈会讨论。

在开学的小型座谈会上，每位家长都分享了自己初次在家中引导幼儿自主学习拍球的心路历程。

案例 1：对抗情绪下的自主拍球

咚咚妈妈：

我觉得我真的是来学习经验的，因为到现在为止咚咚还拍不了 5 个。所以现在的问题其实还是挺需要讨论的。目前咚咚对于拍球这个事情完全是一种对立情绪的状态。

实际上，我们当时设定的目标是第一天拍 1 个，第二天拍 2 个，第三天拍 5 个，到第七天才设定为 20 个，但是大家可以看到第六天后都没有完成，也就是说我们制订的目标其实是没有完成的。

咚咚的反应是非常不配合。我们开始练习比较晚，咚咚前期发高烧，所以我们开始练习的时候，已经在群里面看到很多小朋友的视频了，我们首先给他看了小朋友拍球的视频，咚咚的反应很漠然。他就看了一两眼，好像说我不太想看了，或者他会转移注意力去做其他事情。他以前其实很喜欢看视频。

接着，我就开始跟他说"我们要开始练习拍球了"。我们尝试了很多种方法，包括把球拿出来和大家一起拍。他最开始给我的信号是明确的拒绝。他说："妈妈我不想拍。""球不是用来拍的，球是用来投的，球是用来踢的。"

在咚咚这样的情绪下，我自己可能也有些崩溃了，后来我采取了强制的办法。咚咚的反应就是号啕大哭，他边哭边拍，这种效果非常差。

他哭号着，然后把球往下一扔，第二下就找不着球了。我跟他不断地讲方法，他完全不听，我也没有办法给他正确的指导。这种对立情绪一直持续了大概五六天，到了第七天的时候我选择了放弃，我没有再继续以对抗的方式来实施自主学习项目。

我开始自我反思，我在想这个事情到底是怎么回事。

我相信很多家长在和幼儿交往的过程中都会遇到这种问题，因为每名幼儿的特点不一样，他可能在某些事情上会有很强烈的抵触情绪。

这个时候我非常感谢张老师，包括园内的其他老师，我在遇到困难时打电话给班级老师，请教可以怎么做。老师给了我指导，一方面向我介绍小班幼儿的年龄特点和适宜他们的学习方法，另一方面和我一起分析咚咚的特点，使我反思到自己有两方面的问题。

一是在引导方法上有问题。因为我是研究大学教育的，经常给大学生讲技术学习，我们很强调场景建设。对于大学生来讲，我们做得很简单，只要告诉他你要去学这个东西就可以了。所以我就将这种方法用在我儿子身上了，但是发现这完全无效。对于低龄的儿童来讲，我觉得他们需要的场景建设可能比成年人更长更细致。在这个过程中，我不能只是简单地告诉他重要性，他不会理解重要性，不会理解这是一个任务，或者说他完全不理解这些应该完成，对他未来有什么帮助，所以，虽然我跟他讲了很多，他依然完全不接受。

二是在引导方向上，我们缺乏一种有效的陪伴。也就是说，我们以前更多是站在监督者的角度来带领幼儿做一些东西，但是我发现对于幼儿，我们更需要细致地陪伴。

老师一直提醒我，每名幼儿是有差异的，而且咚咚年龄在班里是小的，手眼协调能力相对其他幼儿较弱一些，所以，对他的要求要相对低一些，鼓励要多一些，要让他有成就感。

我观察咚咚在拍的过程中手眼协调能力以及对球弹起来的反应能力确实相对较弱，球弹起来后他就找不着球了。他在试了两天以后，完全找不到方法，也就体验不到成就感，所以这是咚咚个人发展中的一个阶段性问题。

另外就是他的兴趣点不在拍球，他认为球是投的，是踢的。在这个过程中，他跟我讲过无数次："妈妈我想踢球，我不想拍球。"我说："我们可以先拍，然后再踢。"他说："不行！我就想踢球。"

后来我们跟老师讨论时，老师给了很多建议。在之后的练习中，我们采取了一些方法，我感觉有一定的效果。

我跟他爸爸利用周末的时间带他去篮球场，看大学生打篮球比赛，他边看边说："原来球也可以拍。"我们不仅邀请了他同龄的小伙伴，还邀请了比他年长的小伙伴与他一起拍球。我们发现比他年长的小伙伴的陪伴比同龄小伙伴的陪伴效果好。当有一个哥哥带着他玩的时候，他的情绪立刻转变了，不再是对立的情绪，而是有意识地参与，他开始主动追着球跑。

我也调整了心态和对他的期待：他拍多少不重要，我只是希望他不抗拒这件事情。

另外，我觉得园里跟我们家长之间的配合非常好。张老师后来跟我讲，班里组织了拍球比赛，给拍得好和拍球有进步的小朋友发奖状和奖品。咚咚回来以后跟我说，老师也给他发了一个奖品，说他拍球有进步。现在他在小伙伴和老师的引导下，开始慢慢有主动学习拍球的意识了。

我们现在开展的活动是把拍球和投篮结合，利用他喜欢投篮的特点，在家里安装了篮筐，每次让他先投篮，投完了以后，再拍两下球，慢慢消除他在自主学习拍球过程中的对立情绪。

我个人认为，在幼儿的成长过程中，会出现很多问题，出现问题不可怕，把问题提出来也不可怕。我觉得可怕的是我们忽视问题，或者把问题都放过去。

所以我当时在写咚咚拍球计划表的时候犹豫了，我把这张表交给老师的时候，我就一直在想这个问题，我到底是写完成了还是写没有完成。后来我打定主意还是把问题显露出来，因为我觉得孩子在幼儿园学习的过程也是我们家长成长的过程，我们从幼儿园老师那边得到了很多指导性意见和建议，帮助我们以后和孩子更好地沟通。

咚咚妈妈的案例说明：

1.及时反思很重要。非学前阶段的教师，即使是大学教师一样缺乏对幼儿园小班幼儿年龄特点和学习特点的知识和教育经验，所以，会简单复制自己所教学段的教学方法。如，咚咚妈妈简单复制指导大学生学习中的方法。但我们也能看到，作为大学教师她具有很强的反思能力，能立刻反省发现自己采用的方法过于简单，并将大学生的学习与幼儿的学习做了对比，发现了幼儿的学习特点是不一样的。更为可贵的是，反思后她立即调整了自己的策略并积极尝试，体悟到教育一定要针对每个年龄段幼儿的特点，同时，也要尊重咚咚现阶段与同龄幼儿发展的差异性，采用带他到篮球场观看大学生打篮球、年长伙伴陪伴拍球、将打篮球与拍球结合等利于激发咚咚拍球兴趣的策略。

2.学会等待很必要。咚咚妈妈说："这种对立情绪一直持续了大概五六天，到了第七天的时候我选择了放弃，我没有再继续以对抗的方式来实施自主学习项目。"可见，当幼儿对将要学习的活动产生抵触情绪时，作为成人暂时放下任务，给幼儿一个喘息调整的时间是非常必要的，同时，成人也需要时间冷静反思：幼儿为什么会产生对抗情绪？我是否可以接纳他现在的想法？我现在做得对吗？有没有更好的方法？我可否尝试用游戏的方式或更适合他的方式进行引导？当然，我们说的等待不是消极地等待、放任，而是积极地等待，是在寻找恰当的时机和更适宜此幼儿的引导方法。

3.过程中的交流很需要。当咚咚妈妈不知所措时，非常需要与懂幼儿教育的专业人士进行交流和研讨，此时教师的主动沟通非常及时。教师给予了她有效的指导，如，再次提示她咚咚在班级中的年龄特点和兴趣所在，同时，再次提示她幼儿学习的方式是亲身参与、直接感知和游戏，只用语言讲道理是不行的。需要带他到球场去观看、发现，球不仅仅是踢和投的，还可以是拍的。虽然咚咚妈妈是大学教师，但一样需要学前专业教师的指导。

案例2：达不成目标的双手拍球

点点爸爸：

今年冬天是点点进入幼儿园小班后的第一个寒假，他在寒假中也收到了第一份寒假任务——自主学习拍球，我们给他制订了学习计划，我们家长也非常重视这项计划。

在学习之前要注重任务意识的建立，任务就是承担自己应做的事情，并认真完成。但考虑到点点的年龄比较小，所以我们选择在爸爸妈妈的引导下，帮助他实现有目的、有意识地完成任务的愿望。

因为之前我们在家里也锻炼点点拍球，他对拍球本身也有一定的兴趣，所以点点较顺利地建立起自主拍球的任务意识。

我们先告诉他老师发来一个文件，让我们看一下是什么，然后把文件里自主学习拍球的视频中的要求和他一起看一遍，让他知道这是幼儿园布置的一个任务。然后，我们将老师上传的拍球视频播放给他看，询问他想怎么拍，他说每一种方法都想学。他立刻想要拿球，试试各种各样的拍球方式。最后我们告诉他，寒假中我们要在家练习拍球，爸爸妈妈要拍视频发给老师看，点点对这项任务的接受度比较高，后期在练习拍球的时候还会主动要求我们给他拍视频，这样就给这次寒假作业建立了一个比较良好的开端。

我们在每天开始拍球之前，都会让他自己选择今天要达到的目标。当他目标不明确的时候，我们一般会采取询问的方式，如"今天我们双手交替拍，拍20个怎么样？"如果某天他完全不想拍的时候，我们会说过一会儿再拍。当他的情绪得到了充分的尊重，再真正开始练习的时候就会更加投入。

点点在练习双手拍两个球的时候遇到了一些困难，我觉得这个姿势对幼儿的协调能力、控制能力是有一定要求的，他可能之前也低估了难度，所以在第一天练习的时候只拍了十几个，不管怎么练都达不到他设定的目标，他当时觉得很挫败，哭得很伤心，把球一扔说："我不要双手拍球了！"

我说："你哭爸爸很理解，因为你没有达到自己设定的目标。你可以哭一会儿，爸爸抱抱你。"让他和自己的情绪有一个共处的时间，等他情绪平复下来后，我就进行语言上的安慰。我说："双手拍球是非常难的，你第一次就能拍十几个已经很棒了，就像你第一次单手拍球也拍不到一百个，都是需要反复练习的，你可以反复尝试慢慢练习，不能着急。"

接着，我问："你认为是什么原因造成拍的不多呢？"

他自己一边拍球一边观察说："我左手的球容易掉，好像左手的力度不够，我下次可能左手要用力一点儿会比较好。"他还觉得拍球时好像站得太直了，说下次是不是要用弯腰的姿势。

我说："你刚开始可能觉得拍球比较简单，目标定得有点高了，我们可不可以把目标分解一下，比如刚开始先拍 20 个，然后下次增加到 50 个、80 个再到 100 个，我们一步一步来，不要急于求成。"

寒假前一半时间点点都没有学会很熟练地双手拍球，一直只能拍十几个，拍的时候球也是左右乱跑，他的信心也受到了一定的影响。我们采取了各种方式鼓励他坚持学习，我们对他说："爸爸妈妈和你一起拍。"此后，我们和他一起每天不断地练习，为了增加拍球的趣味性，我们设置了一些拍球小游戏，如和爸爸妈妈抢球，或者比比谁拍得多。通过家长参与拍球，增加拍球的趣味性和点点主动参与的意识，增加他的积极性。通过以上这些方法，他又练习了大概五六天，拍球数量就从刚开始的十几个，增加到三十几个、五十几个，到了 2 月 9 日那天，突然一下子实现了双手交替拍球 110 个，点点的进步让我们家人感到非常开心，他自己也非常兴奋。我觉得这个过程培养了他的自信心，磨炼了他的意志！

从那天起，点点双手拍球就趋于稳定，明显能感觉到他的自信心得到了极大的增强，不得不感慨：每一次失败对他来说都是经验的积累，只有坚持不懈，量变才会上升到质的飞跃。

我们发现幼儿的学习过程也是我们家长成长的过程，锻炼幼儿也是锻炼家长的耐心。在他遇到挫折和迷茫的时候，我们的引导对他来说很重要。虽然点点跟班上拍得很好的同学比还是有一定的差距，但是对于他的进步我们还是比较欣慰的。当然，后面点点还是会继续努力的。

点点的案例说明：

1. 家长要接纳幼儿的挫折感和不良情绪，并要充分共情他的感受。当幼儿遇到瓶颈把球摔到旁边，说"我不要双手拍球了"时，家长不仅没有简单地批评，而是让他哭，让他和自己的不良情绪共处一段时间，并告诉他爸爸理解他："你哭爸爸很理解，因为你没有达到自己设定的目标。你可以哭一会儿，爸爸抱抱你。"同时，给予肢体上的安慰"抱抱他"。等他情绪平复下来后，再采用语言上的安慰。这种对幼儿不良情绪的接纳和共情，一方面让幼儿充分释放了不良情绪，让他学会理解和接纳自己的不良情绪，另一方面让幼儿明白在学习新技能时，遇到困难是正常的，有利于幼儿坚持练习。

2.家长陪伴、引导、鼓励和共同参与非常重要。幼儿需要家长和他一起分析原因，引导幼儿对自己当下出现的问题进行反思，虽然小班幼儿可能说不清楚，但是依然需要家长的引导，鼓励他说出自己的困难，找到没有达到目标的原因。而且点点爸爸采取了有效的策略：一是降低目标，循序渐进慢慢增加拍的数量；二是进行针对性的重复练习。拍球是一种技能，需要通过重复的练习去加强，是一个熟能生巧的过程。案例中，家长在幼儿不愿意拍的时候说"爸爸妈妈和你一起拍"，还采用了多种游戏的方式和他一起练习，不断激发幼儿拍球的兴趣和愿望。在幼儿遇到困难的时候和幼儿共同面对，及时鼓励，让他有面对困难和逆境的勇气。不仅让幼儿体验到成功的喜悦，也让其体验到失败的痛苦，每一种体验对于幼儿的成长都是必不可少的，只有如此，幼儿的意志品质、耐心才能够不断得到磨炼。

3.要有意识地培养小班幼儿的任务意识。虽然小班幼儿不会做计划，也不具备做计划的心理基础，但家长并没有因此忽略培养他们的任务意识。教师建议家长可以每天在幼儿拍球前用问题"今天你打算拍多少个？"逐步引发幼儿有计划地练习的意识，逐步帮助小班幼儿建立任务意识。家长采纳了教师的建议，坚持每天拍球前询问，每天坚持用这个目标激励幼儿，让他实现每天的目标。目标实现后，家长和幼儿一起在每天的表格中记录，并将其张贴在家里客厅醒目的地方，初步发展了小班幼儿的目标意识。正因为此，点点才会因为没有达成自己制订的双手拍球的目标而大哭，说明他已经有要完成目标的意识了，这也证明了只要成人有意识地培养，小班幼儿是可以产生计划意识和任务意识的。

案例 3：就怪你

项项妈妈：

今天讨论的主题是幼儿自主学习拍球，我认为学习什么内容不是很重要，重要的是引导他学习自主学习的方法并培养坚持性，我觉得这个活动对幼儿比较受用，对我们大人也同样受用。

项项小的时候爬得特别快，胆子很大，不怕高，不怕累，我一直觉得他是一个运动型的小朋友，拍球应该不在话下。可是通过寒假的拍球学习，我感觉还是把我给难倒了。他面临下面这些问题。

一是他不想拍，每次一拍球就说：妈妈我太累了，我不想拍。

我们想了各种办法吸引他去做这件事情。我先把老师发过来的视频看了好几遍，老师讲得很细，我把视频拿给他看，还给他看其他小朋友拍球的视频，依依家90岁老奶奶拍球的视频，接着，我们大人（包括他奶奶）一起拍球，开始他不加入，只是在旁边看，看着看着他就觉得很有意思了，自动要求加入进来。

可是他总是拍不起来，球总是乱跑，一次球刚好跑到我的面前。

他气得大哭，边哭边说：就怪你！你在旁边挡到我了！

他边说边拿球砸我。

我跟他说：你可以去休息一下，或者去玩一会儿别的东西，暂时放一放也行，但是你不要砸人或者砸东西，这是会伤害别人的一种情绪发泄方式，这是不对的。

待他平静下来后，我引导他进一步反思。

我说：项项，你今天拍球拍了几个啊？

项项：我拍了一个。

我说：你觉得拍球有什么困难啊？为什么只拍了一个啊？

项项：球拍得太低了。球跑掉了。

我说：球拍得低是什么原因啊？

他茫然地看着我。

我说：你知道吗？球拍得低是因为你用的力气小。一开始的时候球拍得蛮高的，拍着拍着就越拍越低。因为你力气太小了，要保持力度，球才能弹到一样的高度。球跑是什么原因啊？

他又看着我，不知道怎么回答。

我说：因为你拍球的方向有问题，方向不一样，它就跑，你拍侧面的话，它就跑前面去了，或者跑到你腿上去了。我们继续努力好不好？

当他学会连续拍球后，我们引导他继续看教师提供的视频，问他还想学习哪一种拍球方法。

他选择了蹲着拍球，并且说要蹲着拍100个。由于这是他第一天练习蹲着拍球，这个目标根本就无法完成。他在练习了很长时间后，只能拍到10个。他又大哭起来，边哭边说：就怪你！这个地方不好拍！

我说：蹲着拍球比之前站着拍球要难很多。你站着拍球练习了很长时间才拍了100个，今天是你第一天练习蹲着拍球，能拍10个已经非常棒了！你定100个的目标太高了，要根据你前一天的练习结果定今天的目标，只要比前一天有增长，就是比较合理的目标。我们一起来定一个合适你的目标吧。

后来，我们一直没有强调拍球的数量一定要达到多少的目标。只关注要不断的进步，比前一天多1个都可以，让他体验到每天在超越原有的目标就是在进步。

我非常喜欢幼儿的自主学习方式，以后不管是拍球，还是将来学各种技能，我都会按照这种原则去引导他，我们也是跟着项项在努力地学习中。

通过假期陪他练球，我体会到所有的事情其实都是自主学习的过程。他在学习拍球，对于家长来说就是在学习怎么引导幼儿自主学习拍球。

项项的案例说明：

1. 小班幼儿有反思的萌芽，但开始时他自己并不能找出原因。家长在幼儿自主学习过程中的反思引导是非常重要的。小班幼儿是会反思的，但是他的反思会受到认知能力的限制，开始时反思并不能达到着力点，需要家长提供渐进、持续的引导。如，案例中家长一连问他两个问题"是什么原因"时，他虽然反思了但不知道是什么原因。但家长依然坚持引导他反思，他能说出来固然很好，当他说不出原因时，家长就要告诉他"你知道吗？球拍得低是因为你用的力气小。一开始的时候球拍得蛮高的，拍着拍着就越拍越低。因为你力气太小了，要保持力度，球才能弹到一样的高度"。这样一方面帮助幼儿找出了问题所在，让他能够有针对性地练习提高，另一方面促使其反思意识和习惯的养成。

2. 引导小班幼儿知道要从自己身上找原因。案例中的项项习惯于归因"就怪你"，将每次不成功的原因归于他人和其他客观因素——"你在旁边挡到我了""这个地方不好拍"，家长发现了这一特点，于是逐步引导他遇到问题不做外部归因，学习从自身分析可能的原因，这是非常重要的。

3.成人要关注幼儿的努力和进步，且每天的评价要具体且有针对性。成人要用小班幼儿能听懂的语言说出他每次可以做或做到的一点点努力。如，"你今天完成了你制订的目标""你的目标订得非常好""你明天要订一个比今天多一点的目标""你要不要再尝试一下其他的花样"等。要让小班幼儿知道什么叫努力，如，"明天我们练习的次数比今天多一些是一种努力""今天你之所以没有完成目标，是因为你的力量不够，你明天要多用一些力量""找场地的时候，你要先把场地清空，不然各种东西满地都是，球就没有地方落下，就会落在东西上乱飞，你会找不到球"等。

第二节　中班幼儿家庭中的自主学习任务

中班家长在经历了小班自主学习拍球和阅读图书的任务后，对于幼儿自主学习任务有了初步的了解，积累了一些经验，故而我们鼓励家长除了根据自家幼儿的特点提供针对性的支持外，中班上学期，我们重点指导家长让幼儿学习用音频、视频和画画等方式记录自己的学习过程，通过记录发展幼儿自主学习过程中的自我监控能力。中班下学期，我们重点指导家长支持幼儿初步学习制订自主学习的计划，教师通过制作微视频，将自主学习任务的关注要点和计划要点具体列出，帮助家长明确任务要求和指导要点及方法，并帮助家长通过问题引导幼儿对自己的学习态度、任务达成情况进行反思，发展幼儿根据自己存在的问题调整自己的学习时间和学习方法的意识和能力。

案例1：水仙花的生长记录

水仙花是春节期间开花的一种花卉，是很多家庭春节期间摆放花卉的主要品种，很容易生长。中班幼儿已经在班级中种植过大蒜、洋葱等植物，且在班级中已经学习并积累了运用记录APP中的录音、拍照和录像功能自己记录植物生长变化的经验，教师和幼儿共同商定：我们自己种植一盆水仙花作为春节礼物送给爸爸妈妈，还可以装饰家里，庆祝春节。寒假期间，教师让幼儿自主学习种植水仙花并记录其生长过程。请每名幼儿将自己种植的水仙花的生长变化拍成视频、照片或自己用画画、符号等前书写方式进行记录，并在过程中将水仙花的变化及时发到班级群中，和大家一起分享交流。开学时，将自己种植水仙花的全过程记录材料带到班级中，向大家介绍并布置在班级环境中。由于水仙花至少需要种植25天—30天才能开花，而寒假只有20天，所以，教师提前两周和幼儿讨论如何水培水仙花，并请班级家委会统一购买了水仙花的球茎，引导幼儿观察和认识它的特征，并请幼儿自选一个带回家进行水培。

教师制作了微课发到家长群：第一，告诉家长幼儿寒假的自主学习任务是自主学习养水仙花，观察和记录它的生长变化，并演示如何用平板或手机建水仙花观察记录文件夹，如何用录音、拍照、录像功能记录，或用画画、符号等前书写方式记录。第二，演示如何水培水仙花，请家长和幼儿一起将幼儿带回去的水仙花球茎及时水培，以保证春节或寒假期间水仙花能够开花，给予幼儿成就感。第三，在温馨提示中告知家长：1.幼儿已经在幼儿园学过并已经会运用录音、拍照和录像来记录，家长只要给幼儿提供平板或手机即可，若幼儿或家长不清楚可以观看微课。2.家长观察幼儿是否有主动照料、定期观察、发现并记录水仙花生长变化的意识和行为，家长在这个过程中需要做什么。3.家长观察幼儿照料、观察、记录水仙花生长变化的过程中，是否遇到困难，家长有哪些困惑，如果幼儿或家长遇到困难时，可随时与教师联系，共同商讨解决的办法。

开学后，教师组织家长围绕以上问题展开了座谈。

问题一：幼儿能自己运用录音、拍照、录像或画画等方式自己记录吗？

浚伟爸爸：

因为放假前老师提供的视频指导我们怎么引导幼儿用APP记录，而且他在幼儿园已经学会了，且非常喜欢用平板拍摄视频，所以，每天不需要我们提醒，他自己就拿着平板到阳台去观察水仙花，给它拍照，他自己对水仙花的生长过程有一个比较直观的感受。

菁泓爸爸：

在放假之前，老师已经做了一个用 APP 观察水仙花的教程。我本人不会用 APP，是叮当教我的。按照教程上的要求，她先要把自己的姓名、班级建立一个文件夹。之后，她每天去拍照、录音，描述水仙花的变化情况。这种方式我个人觉得非常棒，比我们成人拍照，用语言描述，然后成人用笔记录要好。这是用一种可视、可听的方式，更直观，她的声音被原始地记录下来。

弈漉妈妈：

一开始把水仙花带回家时，她对电子产品比较感兴趣，说"我终于可以用 iPad 了"。她每次都录很多很多，录完之后，她就在那一句一句地回播。中间的时候，由于水仙花生长缓慢，几乎没有变化，她的兴趣减弱了一些。但是到后面，发现的变化越来越多，她的兴趣又慢慢提高了，每天非常愉悦地又拍又录音，一遍遍地回看，并且会将自己拍的照片进行选择，当看到不满意的照片时会说："这个拍得不好，我要删掉，重拍。"

佳琪妈妈：

当我看到老师发的视频后就跟瓜瓜说"有任务了"。当她看到视频上的老师，很兴奋。当时我俩认真地看了一遍视频，她就开始用手机拍水仙花了。她很快拍完一张照片后，对我说："可以了。"我看了一下照片，没有将水仙花拍正，就对她说："水仙花拍歪了，这个照片好看吗？"她说："挺好的呀。"我说："可以更好一点。"她又重新拍了一张之后，就走了。我说："老师在视频里介绍，这个 APP 还可以说话的，你再说一说吧。"后来她又回来进行录音。以后每天都是先拍照，再录音，不足之处是每天录音都是同样一句话"长高了一点儿"。

依晨妈妈：

我们做了一个最简单的观察表。因为她不会写字，就用最简单的图形来表示，然后，我问她每一个图形的意思，在旁边用文字写出来。但是她的语言也比较单调，如"长了一点点""长大了"等。

教师：

刚才各位家长都介绍了幼儿能够自己在家里进行观察记录；有的幼儿是因为喜欢用平板拍照和拍视频，所以每天都主动去观察和记录；有的幼儿是因为记得自己的任务，所以定期去观察和记录。无论是用 APP 录音、拍照、拍视频，还是用自己画图、画表格的方式记录，都是适合幼儿此阶段发展水平的，有利于激发幼儿自主学习的主动性的，都能帮助幼儿有目的地观察水仙花，帮助幼儿监控自己是否主动完成了自主学习的任务。

问题二：家长观察幼儿是否有主动照料、定期观察、发现并记录水仙花生长变化的意识和行为，家长做了什么？

浚伟爸爸：

因为使用 APP 全程记录，她喜欢用平板，所以，每天她都主动观察水仙花，拍视频，通过视频记录了水仙花从鳞茎，到开花的生长变化，对水仙花的生长有了直观的感受。整个寒假期间，我们都是放手让她自己去护理水仙花。我们认为，教师制作的视频微课非常直观、有效，比我们说得好。所以，幼儿若有不懂的，我们就让她再去看一遍视频，我们几乎没有干预她，她非常清楚地记得自己的任务，并每天努力去完成。

箐泓爸爸：

在她拿回来幼儿园发的水仙花鳞茎后，我和她一起看了教师制作的视频，并进行了一次对话。我问她："知道自己的任务吗？"她说："知道。就是每天要去观察水仙花，给它浇水，记录它的生长变化。"我问："这是谁的任务？"她说："是我自己的任务。"我问："是否要爸爸提醒？"她说："不要。"

之后，我基本是在一边观察，没有去指导她。由于有记录的任务，采用的这种记录方式是她自己能够完成的，而且她使用 APP 很熟练，无论是录音还是拍视频都比我们家长要好，我们在这些方面不能给她指导，所以，她非常自豪成了我们的老师。每天她不仅主动去观察和记录，而且主动将自己录音的内容和拍摄的视频播放给我们听和看。

依晨妈妈：

我不会养花。我看老师提出自主学习，就想最好是小糖自己来照顾这个花。等到它开花，他会有成就感。

我首先和他一起百度，查一下怎么养水仙花。我记得自己小时候，我奶奶养过水仙花，是要切开来的。网上有教你怎么把它切开，把花苞的位置全部都裸露出来的方法，会有一些黏液，要定时换包在上面的纸巾。我跟小糖一起把它切开来。因为有几个长得很好看，他怕我们切坏了，所以干脆就做了对比小实验。一组是切开来的，一组是没有切开来的。我的初衷是怕自己把水仙切坏了，花开不出来。小糖一开始对切开来的很感兴趣，因为切开来之后，水仙的汁液很黏。他要定期换上面的纸巾，我查了网上说汁液里面有微量毒素，所以，我就盯着他，他可以换纸巾，但是换了以后要洗手。两三天之后，慢慢的汁液就没有了。一开始，很长一段时间水仙花长得很缓慢，看不出太大的变化。

我跟小糖说："这是你的任务，你要自己完成。"因为是对比实验，所以我让他去找两组水仙花不同的地方，如，观察花苞，哪组先有花朵，哪组先开花等。

因为是寒假，小糖也会在爷爷奶奶、外公外婆家待一段时间，又有出游计划。我说："我们一周观察一次。"给她一个时间节点。但是她需要提醒：你的花怎么样啦？你有没有去看看？给水仙花浇水了吗？

佳琪妈妈：

他的任务意识还是比较强的，无论是记录还是观察、浇水，都是主动去做，不要我们提醒。当然，其中不排除他非常喜欢用平板的原因，因为只要拍照和录音，他就可以用平板了。

弈漉妈妈：

弈漉对 iPad 特别感兴趣，正好这个 APP 又要用到 iPad，她就很开心。老师的视频，他来来回回地看了很多遍。所有的观察都是他自己完成的。刚领到这盆水仙花的时候，他说："怎么这么乱，这么丑。"我说："你能不能把它摆摆整齐呢？"他就把高一点儿的摆中间，短一点儿的摆两边。有一个是我帮他摆的，因为他放不进去。水仙花在家摆了一个礼拜之后，我们就回老家过年了。在这个过程中，我们把水仙花也带回了老家。

到了外婆家，她看到阳台上有一些兰草和大蒜。她说："这两个有点像。水仙花更像大蒜。为什么大蒜种在泥土里，水仙花种在水里呢？"

我当时用手机百度了一下，了解这两个有什么区别。大蒜属于百合科，水仙属于石蒜科。因为我不是学植物的，我就说："可能水仙花的茎比较大，比较肥，这样它的营养就够它生长了。"

在自己家的时候，他每天都要观察无数次，就是想用一下 iPad。

在这个过程中，他还发现了浇水量的不同。我们在自己家隔一天就要加一点儿水进去，到了外婆家，一个礼拜不加也没关系，水还是满满的。他就问我为什么。我说："可能是因为两个地方空气的湿度不同，摆放的位置也不同。我们在家是放在飘窗上的，从早晒到晚，可能水分挥发得比较多一点儿。在外婆家是放在室内。"

我们返程的时候，有一片叶子压坏了一点儿，但是没有断，过了三天它又长好了。他问："是不是你把坏的叶子扔掉了？"我说："没有。"他问："为什么它又长好了？"我说："植物的自我修复能力很强，就像人一样，你皮肤破了，过几天也能长好。"

我们去外婆家的时候，在书店里找了一本关于种植水仙花的书，我和他一起阅读，他会按照书中对水仙花的描述去观察、印证。

教师：

家长们都反映中班幼儿已经有了任务意识，能够自主地观察、记录。当然，可能有些幼儿是因为喜欢平板的原因，通过记录可以满足他们使用平板的愿望，但家长可以逐步将这种外部动机转化为观察、记录水仙花生长变化的兴趣。幼儿在水仙花变化缓慢的阶段会出现兴趣减弱的现象；也有家长谈到幼儿在更换了生活环境后，如在祖辈家就需要成人的提醒，这些情况成人都会出现，更不要说一个中班幼儿了，所以，家长要放平心态，这是中班幼儿的年龄特点。

在幼儿出现这些情况时，家长可以像小糖妈妈一样用语言提醒；可以像依晨妈妈一样引导幼儿做对比实验增加观察点；可以像弈漉妈妈一样和幼儿一起上百度查询，当幼儿有问题时和他一起讨论、互动，甚至还带领幼儿一起去购买种植水仙花的书籍，这些都是非常有效的支持幼儿自主学习的策略，能够激发他们的好奇心，不断去观察、研究和记录，发现其生长特点，获得自主学习的成就感，积累自主学习的经验，从而能够更有自信地自主学习。

问题三：幼儿在照料、观察、记录水仙花的生长变化的过程中，遇到了哪些困难？家长提供了怎样的帮助？家长们有什么困难或问题？

浚伟爸爸：

我们养的水仙花一直没有开，这是他最大的疑惑。因为班里很多小朋友发了很多开花的照片在群里，我不知道如何引导他的兴趣。

菁泓爸爸：

在整个过程中，幼儿遇到的困难是，在一段很长的时间里，她没有很多可观察的、可变的、直观的观察点。她说的最多的一句话是："我的水仙花又长高了一点儿。"对于幼儿来说，较直观的一点就是每天水仙花长高了一点儿。当时，我也没有刻意地引导她，我不知道成人是否应该去干涉。因为到后面，我们的水仙花开花了，她刚开始对水仙花的颜色、花瓣的数目进行了描述。如果干涉的话，应该干涉到一个什么样的程度，我自己没把握。

佳琪妈妈：

拍照记录的方法她越用越熟练。最焦虑的就是她永远都在说"长高了"。

她每天录音的内容都是"我觉得它又长高了"。不仅内容相同，而且就这么一句话。我就着急了。

我就做了一点引导说："今天你干吗了？"她说："我带它晒太阳了。"我说："对呀，你能不能说点别的？"她就说："小水仙花，我带你去晒太阳了，你要赶快赶快长大。我很想看到你开花。"她就有新的语言说出来了。

后来我弟弟家的孩子（是佳琪哥哥）过来玩，他们之间产生了对话，我觉得挺好的，就拍下来了。

哥哥：妹妹，你觉得这个像什么呀？

佳琪：我觉得像洋葱，像大蒜。

哥哥：你这个花是什么颜色的？

佳琪：我没有见过，等开了以后我告诉你。

哥哥：妹妹，我也没有见过水仙花。妈妈，我们也买一盆水仙花吧。然后他家也买了一盆。

后来他发视频告诉我：姑妈，我的水仙花开了，是白色的。

佳琪也说：对，我们也是白色的。

孩子们很期待花开。在养水仙花的过程中，因为这个花，他们多了好多共同语言。

依晨妈妈：

小糖一开始也说得比较简单——"更长了""很长"，可是由于做了两组对比实验，小糖观察的点就会多一点儿，他会用比较的观点进行描述。如，"切过的，个子长得高，但是花骨朵开得不多。"

祎青妈妈：

一开始拿到任务的时候，我作为家长的第一个想法是：量高度，要把观察记录水仙花和数学元素结合起来。因为我平时比较注重对幼儿这方面的培养。

我问他："水仙花拿回来了，你数数有几个了吗？"他说："妈，我数过了，有5个。它是白白的，圆圆的，摸上去很光滑的。"他平时就喜欢观察植物。我们以前交流的时候，就是从颜色、形状和触感等角度描述的。他自己就跟我反馈了这些信息。

他还说："这个芽怎么跟我们家水仙花的芽不一样？"他要把家里的水仙花拿出来拍，我说没必要。我们刚领到老师发的水仙花的时候，家里的水仙花在打花苞。

他说："老师发的水仙花怎么跟家里长的不一样，这个叶面怎么弯弯曲曲的？这个应该是水仙花宝宝，那个是水仙花爷爷奶奶。"这是他第一天观察的反馈。

后来，我们把水仙花鳞茎排列整齐，在花盆里加了水就去旅游了。我们是2月2日出发，2月11日回来的，回来后，他观察了水仙花，只说了句："哎呀，这个水仙花长高了。"我就跟他说："你要不要找个东西量一下？"

他就自己拿了哥哥的三角尺。我说："三角尺怎么量？"

他又去拿积木量，他不喜欢搭积木，他爸爸就带着他搭。当时他用了10块积木。

过了几天，我又提醒他："你是不是要量一量水仙花有多高啦？"他自己就拿积木开始量了。

他爸爸教了他另外一种方法，把积木竖起来搭，这样就比较高，用两块积木就差不多了。他说："不行，我不按你的方法，我就要按我自己的方法。"这是他第一次用这个方法搭，因为这个方法搭起来很慢，所以他爸爸有些不耐烦。但是他自己很专注，一点点地往上搭。

他搭完后，自己数给爸爸看。有几次没数对，爸爸就握着他的手重新数。之后的观察，基本上是靠搭积木来测量水仙花的高度。

打花苞的时候，他自己摸着花苞说："这个很像毛豆。"因为平时他很喜欢植物的果实。他说："它像毛豆，摸上去饱鼓鼓的。"

教师：

1.座谈交流解决了家长们的困惑。家长明确了自主学习不等于幼儿自己学习，在他们遇到困惑或兴趣降低时，成人一定要给予积极的支持和引导，激发出幼儿新的兴趣。不仅如此，家长们还相互学习了支持幼儿自主学习的有效策略。如，祎青妈妈引导幼儿用积木量水仙花，小糖妈妈引导他对比切口与否对水仙花生长的影响，祎青妈妈用教师发的水仙花和家里已有的水仙花进行对比，这些都有效地激发了幼儿的好奇心，不仅引导幼儿从更多维度主动观察水仙花，而且能够从多维度进行思考和语言表述，发展了幼儿用语言描述水仙花的丰富性。只要幼儿持续观察，幼儿有自己的兴趣点，幼儿观察和记录的过程中有很多的价值，这对于幼儿自主学习是一个很好的载体。

2.中班幼儿有一定的任务意识且可以自主学习观察、记录水仙花。他们不仅能够通过自己的记录了解水仙花的生长变化，而且能够通过自己的记录内容以及记录质量监控自己是否按照教师的要求完成了任务，说明记录是幼儿自我监控的一种方法，是保障完成自主学习任务的重要策略。

3.拍照、拍视频和录音等数字化的记录方式以及画画、符号等前书写的记录方式是与中班幼儿发展水平相匹配的，激发了他们记录的热情和动机。成人一方面要引导幼儿适度地使用数字化产品，逐步帮助他们建立数字化产品是辅助自己学习的工具的意识，体验数字化产品在自主学习中的积极作用；另一方面要引导幼儿学习用画画、符号等前书写的记录方式创造性地记录和表征自己的观察结果，发展幼儿创造性表征的意识和能力。

4.幼儿语言表达的丰富性，有赖于家长的引导或周围环境的创设。当幼儿只是说"长高了""又长高了"时，家长可以说"你怎么发现它又长高了呢？怎么证明它长高了呢？你说长高了，到底长高了多少呢？我们可以拿什么东西来量一量呢？"这样幼儿通过测量和数量的比较，就会用更加具体、精确的语言进行表达。如，"我用乐高测量证明它长高了""昨天它是 2 个乐高高，今天是 3 个乐高高，今天比昨天长高了一个乐高"等，不仅促进幼儿的数学思维发展，而且帮助其精确地观察和表征事物。家长还可以引导其多维度地观察和表述，如，"除了长高，它还有哪些变化呢？""它有没有长胖啊？""它的叶片有多少？""有多长、多宽，它长的什么样子、像什么？""它开花了吗？花是什么颜色的？有几朵？有几瓣？花是什么样子的？像什么？"等。在这些问题的引导下，不仅幼儿的观察维度丰富了，语言表达也更多元和丰富了。除了家长和幼儿互动，还可以利用同伴资源，让幼儿和同伴一起讨论和观察，相互激发、相互学习。

5.中班幼儿能用图画、符号、数据、动作、语言等多种方式表现植物明显的生长变化。不仅可以用测量的方式了解植物的高度、宽度变化，还可以通过日期记录了解植物生长与时间的关系。不仅可以用前书写、语言表述和图画的方式表达，而且可以用肢体动作表现植物发芽、长高、分枝、开花、结果、枯萎等。家长可以让幼儿结合自己擅长的表征方式或学习某一种表征方式描述植物的生长变化。

案例 2：趣味扑克牌

考虑到很多家庭都玩扑克牌，而玩扑克牌蕴含了很多数学学习的价值和内容，中班教师决定将趣味扑克牌作为中班幼儿寒假的自主学习任务，教师在假期前制作了如何玩扑克牌的视频，幼儿和家长可以通过共同观看视频明确各自的任务以及怎么做等。

一、通过制作微课，教师首先帮助家长明确中班幼儿本次自主学习的任务是"在成人的引导下，学习制订玩扑克牌的计划并能够自我监控执行，能依据计划的执行情况对玩扑克牌过程中的事件进行反思调整"。让家长明确中班幼儿的自主学习不是他们独立学习，而是需要成人的全程协助和支持，同时也让家长明确本次活动的重点是学习制订计划并能够自我监控执行。

二、视频指出本次活动的关注要点，帮助家长明确全程应当关注什么，怎么关注。

1. 幼儿主动邀请家长共同商讨并制订玩扑克牌的计划。

2. 幼儿主动执行自己的计划，家长要及时了解幼儿的执行情况并给予适时的引导。

3. 幼儿根据玩扑克牌中的事件及计划执行情况进行反思，家长要根据幼儿反思中的困难进行引导。

4. 幼儿能根据自我反思或与家长共商的策略进行调整。

三、视频列出制订计划的要点并提供自主学习的计划模板，降低了家长制订自主学习计划的负担和焦虑。

1. 确定准备好扑克牌的时间。幼儿可以和家长一起购买或寻找家里已有的扑克牌。

2. 幼儿自己观察和玩扑克牌。观察了解扑克牌，发现扑克牌有不同花色，分别是红桃、黑桃、方块和梅花，自己通过计数、分类的方式了解一副扑克牌的总张数及每种花色的张数，探索扑克牌的玩法。

3. 查阅扑克牌的来历，知道扑克牌中的 J、Q、K 是英文中侍从、王后、国王的缩写，12 张人头牌分别代表历史上某个人物。

4. 观看教师制作的视频，选择学习哪一种或哪几种扑克牌的玩法。

5. 确定玩扑克牌的时间。选择是每天玩还是隔几天玩，每次玩多长时间；

先学习哪一种、后学习哪一种；每一种计划玩多长时间等。

6.确定每次完成任务的评价方式，可以选择用贴贴画、打钩或者盖印章等方式。

7.确定记录自己的反思方式和工具。选择用平板、手机或纸笔记录，选择用视频、照片或前书写方式记录。

为了让每位家长都能轻松地指导幼儿制订出具有可操作性的计划，我们还在视频中提供了计划表的模板，这样不仅方便了工作繁忙的家长或不擅长制订自主学习计划的家长，而且也为擅长制订计划表的家长提供了相关的参照。

四、围绕家长容易忽略的环节制作了温馨提示，帮助家长明确每一阶段可做的和应该做的，从而有计划、有步骤、有质量地全程支持幼儿自主学习。

1.提示家长要和幼儿一起共同观看教师制作的玩扑克牌游戏的视频，在遇到问题时可以反复观看相应阶段的任务指导要点，明确其学习要点和指导要点，同时，也可以与教师直接联系、共同讨论，寻找解决问题的办法。

2.强调先和幼儿一起讨论准备怎么制订计划，在此基础上，再让幼儿用前书写的方式写出计划。过程中家长可以引导幼儿按时间制订计划，如，一周计划或两周计划，也可以引导幼儿按玩法制订计划，如，学会一种、两种或三种等。

3.提醒家长不要每天都引导幼儿反思，以免引起幼儿的抵触情绪，可以在幼儿遇到困难或出现情绪问题时，或玩了一段时间后，或一种玩法要结束时，引导幼儿进行反思评价：第一，你喜欢这个游戏吗？你认为哪里最有趣？第二，玩的时候有什么困难？怎么解决？第三，玩的过程中你发现了什么？第四，下次准备怎么玩？

开学后，教师围绕此项学习项目组织召开了家长座谈会，请家长分享和幼儿一起自主学习的经历、经验和困惑。教师在座谈会之前将要重点讨论的问题发给每位家长，便于聚焦会议内容。

问题一：幼儿是否主动要求制订计划，制订计划的过程中是否有困难，家长给予了哪些帮助？

景然爸爸：

作为家长，通过几个自主学习项目，自己也有了一些成长和进步。从一开始不知道怎么带幼儿开展自主学习，到后来慢慢熟练，能够较快进入状态，能够更好地引导幼儿参加这个活动。

我觉得通过几次自主学习，特别是本次趣味扑克牌的活动，幼儿的任务意识、独立思考的能力在慢慢提高。前面几次自主学习中，家长说"我们这次要干什么，第一步、第二步、第三步"，他就说"我们就这么办"。

在这次趣味扑克牌任务中，他主动要我与他一起看视频，看完之后我问他："老师在里面说了什么，给你提了什么要求，寒假要做什么？"他不仅都能正确地答出来，而且主动说："我要做一个计划，寒假我要按计划执行。"

为了做好计划，我跟他一起讨论怎么玩扑克牌，然后讨论计划怎么做，大概分成几类。

我们的讨论有四项内容：分类、数一数、搭东西、玩法。之后他提醒我说："还要将每天有没有完成计划进行评价，这个也要放在计划表中。"我们参照老师提供的计划模板，将其放在每项任务对应栏中，他完成一项就打一个钩，他每天对自己的行为进行测评，这是他任务意识的表现。

萌萌妈妈：

她一回来就对我说："赶紧看老师的视频，我们要制订怎么学习玩扑克牌的计划。"我当时不理解什么是玩扑克牌的计划，看了老师的视频后，我们知道了中班阶段幼儿的自主学习是需要家长全程协助的。通过视频，我们了解了这项任务中我们家长应该关注什么和怎么指导，尤其是计划要点帮助我们明确了计划应该包含哪些内容，怎样将计划落实并与自我监控对应，这样能够帮助我们清晰地引导幼儿共同做计划。

萌萌在做计划时，非常纠结于学习玩几种游戏，是一种还是每一种都学习。我们就将视频中老师演示的玩法都再次演示给她看，让她依据难度选择学习几种。她看完我们的演示后问："这几种我都想学习，怎么订计划呢？"

我们就和她一起讨论一种玩法玩几天。我们找了一本台历，和她一起看寒假有多少天，一共有 4 种玩法，让她想想几天学习一种玩法。在和她讨论的过程中，她说可以每一种玩法玩 5 天。我们就和她一起在日历上数，每一个 5 天为一组，将日期写在计划表中。在执行过程中，她每天都去看日历，看看自己正在进行的这种玩法已经玩了几天，不仅自己每天对照计划执行，而且对日历非常熟悉。

睿函妈妈：

每个寒暑假前我们都会跟他一起讨论，假期应该做些什么事情，幼儿园的任务是我们整个寒假生活中的一部分，我们要把它融进去。我们先让他看视频，看完以后问他："扑克牌是什么？"因为我们之前玩的是动物牌，家里人也从不玩扑克牌，所以要让他先了解扑克牌，从而更好地制订自主学习计划。

我们计划是分两段制订的，我们先确定了买扑克牌的时间，查阅了解扑克牌来源的时间以及自己观察认识扑克牌和探索玩法的时间。接着我们就带着他一起去购买了扑克牌，买来后，就让他先观察认识扑克牌，然后探索扑克牌的玩法。他在观察扑克牌的过程中，产生了很多关于扑克牌花色的问题，如，"为什么要有四个花色？"、"J、Q、K 上的人是谁？"、"为什么每种花色是 13 张"等。

于是，我们就带着他一起查阅百度，一起了解了扑克牌的来源及 J、Q、K 上的人是谁。这些问题的解答，激发了他玩扑克牌的兴趣，他说："我们把老师视频中的每一种玩法都学会了。"

于是，我们开始根据教师提供的计划模板制订其他学习计划。他的计划是将 4 种玩法一起学习，每天将每种玩法玩两遍，我们尊重了他的想法，并没有提出修改建议。在执行过程中，他也是这样遵守的，虽然开始时需要很长时间，特别是刚开始用扑克牌搭城堡时，他没有掌握好摆放扑克牌的力度，总是倒塌，但他依然坚持执行每种玩法每天玩两遍的计划，这是让我们非常惊讶的地方。这说明中班幼儿是有执行计划和自我监控的能力的。

云峰妈妈：

云峰一回来就对我说："妈妈我们要制订自主学习玩扑克牌的计划。"我问："怎么订呀？妈妈不会呀。"他说："老师说看视频就会了。"我说："你先看，看完后教我。"他就自己非常认真地看完了视频，告诉我："妈妈，我会订了。"然后，就自己拿着纸笔准备写了。我说："妈妈还不清楚呢？你陪着我再看一遍吧。"于是，他又陪着我看了一遍，边看边给我讲解要做什么。

由于我从没有制订过学习计划，也不清楚怎么制订计划，但有了教师提供的计划模板，帮助我清楚了怎么订计划，定哪些内容。所以，我就完全照着老师提供的计划模板和他一起逐个讨论计划。在制订计划时，我们将老师制作的视频暂停在计划模板页面，对照模板按照顺序共同逐项商定，在这个过程中，他很积极，他做决定，我只是附和，很顺利地就完成了计划。我感受到他真的长大了，有了自己的想法。

教师：

1.中班幼儿经过一年的自主学习培养，自主学习意识明显增强了，有了任务意识和自我计划意识。从几位家长的发言中可以看出，幼儿都是自己提出要制订计划的，并且能够自觉认为这是自己的事情，没有将此任务推诿给家长或依赖家长，而是将自己作为制订计划的主体。

2.中班幼儿有了制订计划并依据计划执行、自我评价、自我监控的意识。从睿函妈妈的叙述中，我们能够感受到睿函坚持执行自己计划的品质，虽然前期由于对每种玩法不熟悉，所以花费了很长时间，但是依然能够坚持自己的计划"每种玩法玩两遍"，这是非常重要的学习品质。从景然爸爸和萌萌妈妈的叙述中，我们感受到幼儿能够通过对照计划表自我评价和看日历来帮助自己坚持执行每天的学习计划和监控自己的执行情况。

3.家长们也明确了自己的任务是全程协助幼儿，明晰了本次任务的目的、价值和关注要点，特别是提供的计划模板支持了家长有效地引导幼儿有质量地完成制订计划的任务。所有家长都认为教师提供的视频给了他们很大的帮助，能够让他们轻松开展家庭亲子自主学习项目，能够静下心来观察幼儿，根据幼儿的需要给予针对性的支持，个性化地制订学习计划。这些都说明了幼儿园需要站在家长的视角，为家长提供适宜的支持，降低家长的焦虑感和负担。

问题二：幼儿是怎么学会玩扑克牌游戏的？中间遇到了什么困难？你们又做了什么？

景然爸爸：

我们是让他自己看视频学习的。在他不会的地方进行讲解后，就和他一起玩。学习玩法他一点儿问题都没有。困难在于他的手小，抓不下许多牌。开始打牌的时候他把牌堆在一起，一一翻给对方看，每出一次牌要把牌翻一遍。我就让他学习将牌摆成扇形，他学不会，就采取自己的方法将牌全铺在桌上，出牌时再一张张取出来。我们引导说："这样对方能够看到你的牌，就会看着你的牌出，你就会输掉。"他就将牌铺在自己的身后，到出牌时再转过去拿牌，虽然很麻烦，但我们尊重他自己想出的这个方法。他非常高兴，开始阶段我们一直尊重他用这种方法和我们玩。

教师：

景然爸爸对于幼儿自创的铺牌方法的尊重是非常重要的。虽然扇形抓牌法很适合成人，但幼儿由于手小是很难完成的，所以，景然能够根据问题创造性地解决，虽然方法有点"拙"，但这是他积极主动想出的办法，同时解决了手小抓不下和其他人会看到牌的问题。此时，成人应该给予肯定和接纳，这样才有利于发展他解决问题的意识和能力，这也是我们开展自主学习的价值之一。

萌萌妈妈：

我们是让萌萌自己先看视频，了解每种玩法的基本方法后，针对她不懂的地方讲解给她听，演示给她看。我和她爸爸先玩一次给她看，她看懂后，就和我们一起玩。她基本上没有困难，只是在用纸牌搭桥时感到有难度。

最开始的几步都比较难，萌萌总是搭不起来。在桌子上搭了一会儿后，她说："不行，桌子上太滑了，老是会倒。"我说："你多试一试，我们在地板上试一试，在垫子上试一试，你觉得在哪里好搭？"她尝试在不同材质的平面上搭，在地板和垫子上都试了一遍，最后她高兴地说："妈妈，我都试验了一遍，在毛绒的地垫上好搭"。我说："真棒！你像科学家一样，通过自己的试验找到了最适合搭建扑克牌的地方，这个经验你可以在微信群中告诉其他小朋友。"她立刻拿着我的手机打开班级微信群，用语音将这一发现告诉大家。同时，还和小朋友说："我一点儿都不怕困难，因为我自己可以找到解决的方法！"我想，这就是自主学习带给她的自信和成就感。

教师：

萌萌妈妈始终将萌萌推在前方，让她自己先看视频，不会的地方再给予讲解和示范。在她遇到困难时，不急于帮助解决，而是通过问题引导其尝试在不同材质的平面上搭，在她取得成功后，鼓励其将发现发到班级群中，将自己的经验转化为大家的经验，让其感受到实验成功的喜悦，从而一步步激发其不断去尝试，体悟到自我的力量，认识到自己可以通过实践独立解决遇到的问题。

睿函妈妈：

他的困难是想赢怕输，一开始输了说："不行，你得拿回去。"但是我们跟他说："游戏有规则，你让我拿回去，如果我输了，我也让你拿回去行不行？"他就想了一下说："不行。"我说："你觉得不行，妈妈爸爸也觉得不行。"他也就认可了这一规则。

教师：

中班幼儿刚开始建立输赢观念。睿函妈妈坚持在一开始就帮助他树立规则意识，并告诉他一旦建立了规则就需要人人遵守，否则，对每个人不公平，游戏也会失去乐趣。然后通过让其进行换位思考来感受遵守规则的必要性。这些都是有效和适宜的策略。

云峰妈妈：

他学完一个简单的抽乌龟玩法之后，觉得蛮好玩的，就一直玩这个，其他的玩法他不想学了。我们说："我们玩一下其他的玩法，你看一看这个好不好玩？"正好过年家里人也比较多，几个舅舅和我们一起玩给他看，让他发现每种玩法都有乐趣，只不过体现在不同方面。在看的过程中，他逐渐感受到每种玩法都好玩，主动要求学习并和我们一起玩，自然地完成了自己制订的学习 4 种玩法的计划。

教师：

云峰妈妈在云峰拒绝新玩法后，没有采取强硬手段逼迫他一定要学习，而是自己和爸爸一起玩，并利用过节期间家中成员多的优势，调动家中成员一起玩给他看，慢慢吸引他，通过演示示范让其感受到每种玩法的乐趣，用家人的情绪和激情感染他主动参与学习。这是一种非常好的方法，是着力兴趣激发、调动内驱力的有效方法，只有幼儿认为"好玩"才能真正实现自觉自律的自主学习。

问题三：幼儿在玩扑克牌中遇到哪些困难或情绪问题，他们能进行自我反思吗？家长提供了怎样的帮助？家长有什么困难或问题？如何引导幼儿学会评价和反思？如何让幼儿意识到自己的困难在哪里？该怎么引导幼儿意识到自己在游戏中的困难？

景然爸爸：

他搞不清楚自己的困难在哪儿，这是需要我们家长引导的。你越会引导幼儿，可能就越会帮助幼儿了解自己的问题在哪儿。

如，我跟他玩争上游的时候，他的困难是手太小不能将所有牌抓在手里。他没有意识到这是个困难，也没有意识到这样做很不方便，会耽误其他人的时间。所以，在我们指出他将牌全部铺在前面，对方能看到他的牌时，他立刻改成将牌铺在自己身体后的方法，只是在出牌时将自己的身体转过去取牌。在开始阶段，我们一直接纳他自己想出的这一解决问题的方式。在他掌握了玩牌的方法后，我就开始引导他反思。

我说："你出牌时要将身体转过去，而且要一张张打开来看，才能找到自己想要出的牌，这样非常浪费时间。你为什么要这样做呢？"

他说："牌太多了，我抓不下。"

我说："你看爸爸怎么能抓下的呢？"

他看了看我抓牌的方式，就开始尝试模仿用扇形的方式抓牌。可是，试了很长时间还是不行。

我问："你知道为什么你的手抓不住这么多牌吗？"

他又仔细地观察了我的抓牌方式说："我和你一样抓牌的，我也不知道为什么我就抓不下呢？"

我说："你和爸爸比一比手的大小就知道原因了。"

他立刻伸出手和我比了比说："我知道了，因为我的手比你的手小，所以，即使用一样的方法也抓不了很多牌。"

我说："你有什么好办法解决这个难题吗？"

他想了想后说："我不知道。"

我说："我们把玩法改进一下，每人抓 5 张牌，这样你的手既能抓下，同时也减少了玩一次牌的时间，我们可以多玩几次。"

由于减少了牌的数量，他很快就将牌理成了扇形。我们连续玩了很长时间，他理牌的速度越来越快，牌排列的越来越像小扇子。

结束后，我问："今天我们用什么办法解决了你抓不下很多牌的难题？"

他说："每个人抓 5 张牌。"

我问："每个人抓 5 张牌比原来我们抓的牌多了还是少了？"

他说："少了。"

我说："对。因为你的手小抓不了很多牌，所以我们通过减少抓牌数量来解决问题。"

他说："我知道了。下次我和小朋友玩时，就可以用这种方法。"

教师：

景然爸爸向我们介绍了中班幼儿存在意识不到自己困难的特点。当幼儿不能意识到自己的困难和问题时，成人可以通过问题引导其反思，当幼儿仍然找不到原因时，成人可以直接点出问题所在"你和爸爸比一比手的大小就知道原因了"，然后再让幼儿通过自己比较找到原因。当幼儿受到自己经验局限想不出解决方法时，成人可以直接给出办法"我们可以将玩法改成抓 5 张牌"，让他感受到解决问题的方法是多种多样的，既可以用他的方法转过身铺牌，也可以改变玩法，从而逐步帮助幼儿积累解决问题的方法和思路，有利于他反思水平的提升。

萌萌妈妈：

萌萌第一次玩搭房子是在一个很光滑的表面上。我的搭法是把两张牌靠起来，她是两张靠前，两张一排慢慢地堆上去，但搭到第三张时就倒掉了，但她依然继续这样做。

过年的时候，家里的小朋友比较多，有一个哥哥过来时，她就向哥哥介绍自己搭的方法。

哥哥说："你这样搭会倒的，你想想看还有什么别的方法？"

她立刻反问："你有什么方法？"

哥哥说："我有一个办法，待会儿和你说。"

说完，哥哥就背过去搭，一下子就把所有的牌都搭起来。搭完后哥哥对她说："你看，我搭得比你高。"

萌萌观察了一会儿说："我知道了，你把牌窝了一下，我也会搭得比你好。"

她后来发现用这个方法搭的东西更稳更好，就一直沉浸在里面，搭了各种不同的建筑物。

教师：

当幼儿没有意识到困难或想出解决问题的方法时，利用比她年长或这方面能力比她强的同伴资源，与之一起观察、讨论并演示、示范等，更能让幼儿接受并相互碰撞出火花。萌萌在和妈妈玩时，虽然妈妈示范了自己的方法，但并没有完成作品，由于她没有看到妈妈用她的方法做成的完整作品，没有证明妈妈的方法一定比自己的方法好，能成功，所以，她没有接受妈妈的建议，依然坚持一遍遍地重复验证自己的想法。当哥哥说"你这样搭会倒的"时，她立即反问"你有什么方法"，当看到哥哥用自己的方法将作品完成后，她才认可了哥哥的方法。但她并没有直接问哥哥方法，而是通过自己的观察研究发现了其中的诀窍，并且一再运用，最后，转化为自己的经验。所以，利用同伴资源是提升幼儿反思意识和能力的重要方法。

睿函妈妈：

我们认识了牌以后，睿函问："牌怎么玩？"

我反问："你觉得牌可以怎么玩？"

他说："我可以用牌来搭东西。"

我问："你想搭什么？"

他说："我可以搭城堡。"

因为那段时间他很迷城堡之类的建筑。

我说："你可以试试看。"

他立刻就在桌子上玩了起来，结果牌不停地往下滑。我没有催促他当下一定要解决这个问题，而是让他自己尝试寻找原因和解决的方法。

过了两天，他跑过来告诉我："妈妈，我知道怎么搭了。"

我说："怎么搭成功的？"

他说："我在外婆的床上搭就成功了。"

我说："为什么在外婆床上搭就能成功呢？"

他说："因为床是软软的，不滑。"

我问："为什么我们上一次没有搭成功？"

他说："因为我们上一次不是在床上搭的，桌子很硬，很滑。"

我问："是硬和软的原因吗？"

他想了想说："是滑的原因。"

我说："除了床，你看有没有其他地方也可以搭？再去验证到底是软的原因还是光滑的原因。"

他就去其他地方尝试搭，最后，告诉我说："只要不是很光滑的地方都能搭起来。"

教师：

睿函妈妈的做法中有三点值得我们借鉴和学习。

第一，不急于让幼儿一定要立即找出"搭不成"的原因，而是给予幼儿充分的时间自己尝试，耐心地等待幼儿自己的发现。

第二，注重用反问、追问的方法引导幼儿不断反思搭不成的原因，不断将反思引向深入。如，当幼儿成功时问"怎么搭成功的"，当幼儿说出原因后问"为什么在外婆床上搭就能成功呢？"，当幼儿说出自己的理由后问"为什么我们上一次没有搭成功？"，当幼儿说出自己的依据后再问"是硬和软的原因吗？"通过追问激发幼儿不断深入思考，找出问题的真正原因，提升了幼儿反思的质量。

第三，引导幼儿用不断尝试各种地方的方法，自己寻找并验证"能搭成"或"搭不成"的原因。家长并没有止于引导幼儿在语言层面的反思，而是引导其去实践"除了床，你看有没有其他地方也可以搭？再去验证到底是软的原因还是光滑的原因"，帮助幼儿从小养成通过实践找到证明自己观点证据的意识和习惯。

云峰妈妈：

他在打牌的时候出现了一些情绪问题。他学小猫钓鱼和比大小是比较快的，因为外公外婆打牌比较多，他耳濡目染喜欢打牌。他刚开始学的时候，我们教了他小猫钓鱼和比大小的玩法，这两个实际上都不需要技巧，完全是凭运气。他赢了就很高兴，输了就哭。后来我们家长就将牌的顺序做些调整让他赢。他有时候比较极端，他不赢就接着玩，直到赢为止。所以我们开始为了照顾他的情绪，觉得等他大一点儿就会慢慢懂事，有时候会故意让他。

有一天他的表哥瑞瑞来了，他又要打牌，结果他输了，就不高兴了。他觉得瑞瑞的牌多他的少，牌少他赢的概率比较低。我们当时观察到哥哥没有欺负弟弟，但他自己心里觉得好像哥哥的牌要比他多一点儿。

于是，我就引导他反思。

我问："你觉得打牌好玩吗？"

他说："好玩。"

我问："有什么好玩的啊？"

他说："可以赢很多牌。"

我问："那你输了呢？还好玩吗？"

他说："还好玩。"

我问："你喜欢玩牌吗？"

他说："喜欢。"

我问："你玩牌的时候有什么困难吗？"

他说："没有。"

我问："没有困难啊？你跟瑞瑞玩的时候有什么问题吗？"

他说："瑞瑞的牌太多了，我的太少了。"

我问："你当时有没有提出来啊？"

他说："没有。"

我问："你玩得开心吗？"

他说："不开心。"

我问："你下次如果再遇到这样的情况，该怎么办？"

他说："我该跟他说说。"

我问："你发现牌不一样多的时候应该什么时候说？打牌之前说？打牌的过程中说？还是打牌之后说？"

他说："打牌前说。"

我问："这样才能保持公平，对吧？"

教师：

针对云峰的情绪问题，云峰妈妈通过问题引导其反思非常重要。通过问题引导他反思以下内容：第一，对规则有质疑就应该说出来，而不是自己哭闹或生气。让他反思到既然觉得哥哥的牌比自己的多，就说明自己认为规则不公平，既然自己对规则有质疑，就应该讲出来。第二，说出自己想法的最佳时机是在比赛之前。让他反思自己说出质疑的时机应该在比赛之前、过程中，还是之后，使其反思出：下次遇到类似情况，无论是同学还是家人，如果自己对规则有质疑就应该在之前提出来，这样自己的情绪会好一些。

通过以上家长的交流，可以看出经过成人的引导，中班幼儿是可以逐步学会反思的，且逐步感受到通过反思可以帮助自己找到自己的困难及问题所在，然后有针对性地解决自己的问题，并建构个人化的经验。如，手小抓不下很多牌可以改变玩法，减少抓牌的数量；通过尝试在不同材质的地平面上搭牌可以找到在哪里搭更能成功（在床上能搭起来，在毛糙的地方能搭起来）；自己认为他人有违反规则的可能，就要及时指出等。

非常感谢各位家长能够静心地观察并发现幼儿的困难和问题所在，并能够耐心地充分给予幼儿自己尝试实践及反思、练习的机会，在此基础上，家长再通过直接告知、利用同伴资源示范、反问和追问等策略来引导幼儿不断深入反思，支持幼儿的自主学习，推进幼儿自主学习能力的发展。

第三节　大班幼儿家庭中的自主学习任务

大班家长在经历了小班、中班两年的幼儿自主学习任务后，对于幼儿自主学习任务有了较深入的了解，尤其是经历了中班的观察种植水仙花和趣味扑克两个项目后，看到了幼儿计划意识、自我记录监控意识和自我评价意识的不断发展，对幼儿自主学习发展建立了信心，加之，幼儿园组织的多场座谈会及家长自己在与幼儿互动中积累了支持幼儿自主学习较丰富的经验，知道并能够全程较适宜地支持幼儿完成自主学习任务。故而在指导幼儿时，我们鼓励家长逐步退位，从计划、执行到评价更多地激发大班幼儿的主体性和自我责任意识，主动积极地完成自主学习任务。

案例 1：我了解中国的一座城

教师将假期中完成"我了解中国的一座城"定为大班幼儿的自主学习任务。确定此项任务的原因如下：一是教师了解到每到假期家长们都会带着幼儿外出旅行，拓展幼儿的视野。我们考虑将幼儿自主学习任务融合在旅行活动之中，可以帮助幼儿和家长理解培养自主学习意识和能力是可以渗透在一切生活之中的；二是让每名幼儿自主选择亲身感受中国的一座城市，为大班开学后开展主题课程"大中国"有意识地积累直接经验。当然，教师也专门说明，如果家长没有时间陪幼儿外出旅行，幼儿也可以了解自己生活的城市。

为了帮助家长更好地支持幼儿落实自主学习任务，教师制作了微视频，在微视频中将家长需要做什么和怎么做都通过图片、表格或表演演示，帮助家长明确具体操作步骤和每一环节中家长要引导的要点和可采取的方法。

教师在视频开头就说明：本次自主学习任务的重点是幼儿要自主制订详细的行程计划，要将每一天的行程确定并具体化；每天要对照计划反思行程完成情况并及时评价；在旅行结束后，要进行一次总结，尝试将旅行过程中遇到的、听到的、看到的、想到的有趣的事情，不仅在过程中要用拍视频和拍照的方式记录下来，还要在旅行结束时，用前书写的方式"写"下来，通过录像、录音或前书写等方式进行记录。

教师在微视频中列出了本次计划的要点，为了帮助幼儿和家长迁移制订"趣味扑克计划"的经验，降低难度和心理焦虑，教师指出本次计划与中班制订的"趣味扑克计划"整体结构相同，内容要点相同。不同之处在于，由于旅行相对"趣味扑克计划"时间要短，只有短暂的几天，为了体现计划的指导性和可操作性，需要将每天的具体行程确定。在视频中，教师提供了一份计划样表，将每天行程用红色标出供家长参照。

在视频温馨提示中，教师提示家长关注：

1. 由于旅行一定是需要家长参与的，所以，家长有无时间、哪一个时间段有时间、有几天时间等是幼儿确定旅行计划的前提。家长一定要和幼儿共同讨论，相互磨合达成一致后，再让幼儿用前书写的方式"写"出计划。即使如此，家长也一定要先听幼儿的想法，家长再和幼儿说一说自己的工作安排，自己是否有假期，假期大约在什么时间段，在此基础上，和幼儿共同商定外出的时间段和时间的长短。在此过程中，家长一方面要给予幼儿选择的空间，发展幼儿的自主意识，引导幼儿学习提出自己的想法，另一方面要引导幼儿学习妥协、考虑他人的要求，学习在与他人协商的过程中，发展其社会性，让幼儿认识到任何一个自主选择都是有条件的，是需要建立在他人能够支持的基础上。

2. 要对城市做充分的知识准备。在确定旅行地点之前，家长可以和幼儿共同购买中国地图、相关城市介绍的图书或观看相关城市视频介绍。借此拓展幼儿对城市的认识，让幼儿了解中国有许多城市，每个城市都有很多历史故事、历史名人、著名建筑和美丽的风景，每个城市都有好看的、好玩的、好吃的等，激发幼儿想去了解中国每一座城市的愿望，并让其找出这些城市都在中国地图的什么位置，在地图上所占的版面大小等，初步了解中国城市之多、之大、之美，激发幼儿对每座城市的好奇之心、行走之心、热爱之心。

3. 向幼儿介绍城市时要有所选择。由于中国的城市非常多，若全部一一向幼儿介绍，不仅家长没有时间和精力，而且幼儿也很难在短时间内认识、理解和记忆所有城市的信息和知识。我们只是借助对城市的介绍，激发幼儿对城市深入了解的兴趣，愿意积极主动去旅游。虽然我们强调要拓展幼儿对城市的认识，但家长请幼儿选择时一定要有范围。如，在幼儿说要外出旅行时，家长要先询问幼儿知道哪些城市，想去哪些城市。然后，再向幼儿介绍自己熟悉的城市，或自己想去的城市，或自己居住地周边的城市等，总之，通过主题限制缩小幼儿选择城市的范围。当幼儿决定去哪座城市时，如果家长时间允许就尊重幼儿的决定，若时间不允许就需要和幼儿商量，选择减少景点、缩短行程或引导其换一座路途相对近的城市。

4.要全面详细地了解选定城市的信息。充分了解所到城市的信息，一方面可以激发幼儿积极主动旅行的兴趣，另一方面这是幼儿制订出具有可行性计划的前提。为此，家长要带着幼儿一起去书店买中国地图和介绍此城市的书籍，或下载介绍此城市的视频或图片。家长要和幼儿一起观看或阅读资料，在此过程中，家长可向其详细介绍所要去的城市的特色，要重点介绍适合幼儿欣赏的美景，品尝的美食等，并询问幼儿是否想去，初步商定准备去的地点。家长要引导幼儿在地图上找出此城市所处的位置，从所住城市到旅行城市的路线和距离，并向其介绍到此城市的交通工具有哪些，乘坐各种交通工具的利弊有哪些，并征询幼儿希望乘坐哪种交通工具，为什么。

5.要重点引导幼儿安排每天的具体行程。安排每天的具体行程是本次制订自主学习计划的新要求，也是本次制订计划的难点。因为幼儿并不熟悉景点与景点之间的距离，以及需要花费的时间，所以，在幼儿安排行程前，家长要向其介绍景点之间的距离和一般需要花费的时间，提出自己的建议。当幼儿制订计划后，家长要针对计划提出自己的看法或建议。

6.要提醒幼儿对照教师提供的计划表模板，检查自己制订的计划是否齐全。当家长和幼儿共同确定旅行地点和内容后，家长要充分运用教师提供的计划模板来帮助幼儿自己制订计划。不仅在制订计划前，要和其共同观察分析计划模板里有哪些内容、每项内容有哪些，而且在用前书写的方式写计划的过程中，可以边对照模板边逐一写，在写好计划后，再对照模板逐一检查自己的计划是否齐全，从而充分发挥模板在幼儿自主学习中的支架作用。如，每天的行程是否清楚；计划中是否有选择地点、旅行前物品准备的时间等；是否有每天完成任务的自我评价栏；是否有最后做总结的时间以及是否确定了做总结的方式，是录音、录像还是前书写等。如幼儿忘了，家长要及时提醒并给予具体反馈。

7.旅行的所有准备环节都是幼儿学习的过程，家长要让幼儿全程参与。"我了解中国的一座城"并不是只有制订计划和旅行两个环节由幼儿参与，而是每一个环节都要让幼儿参与、亲历，尤其不能忽略旅行前的准备过程，要让其真正体验到制订计划、执行计划等旅行的全过程。如，当确定乘高铁到北京后，家长就要带着幼儿共同在网上订票，一起用身份证取票等，这本身也是丰富幼儿经验的过程。

8.通过亲身体验，获得对一个城市的了解。选一座自己感兴趣、希望了解的城市，了解的方式多种多样，如旅游、阅读图书、观看视频，了解的内容也是多种多样的，如好吃的、好玩的、好用的、名胜古迹、少数民族的风俗民情，家长需要和幼儿一起讨论要了解这座城市的什么内容以及通过什么方式了解，并一起制作计划表。至于具体的执行情况，家长和幼儿可以用照片、视频的形式记录下幼儿了解城市的过程和感想体会。

最后，教师通过视频告诉家长，请家长全程观察幼儿的困难所在并协助幼儿完成自主学习任务，请家长协助幼儿将全程资料进行收集整理，并在开学时召开的家长座谈会上展示、分享。

在开学的家长座谈会上，家长们不仅纷纷赞赏了教师制作的视频中的计划模板和指导要点，对于他们支持幼儿自主制订旅行计划和完成整个旅行计划发挥了重要的作用，而且都十分认可幼儿自主学习能力的显著提升，尤其是幼儿执行计划和自我监控能力。

七七妈妈的分享："我很厉害吧！"

当七七告诉我这次要选择一座城市去旅行时，我们一起将教师制作的视频认真地看了3遍。在选择城市时，七七对其他城市没有什么概念，没有特别想去的城市。我就引导他说："妈妈有一个非常想去的城市——芜湖。因为这个城市是妈妈之前工作的地方，妈妈离开后就没有再去过，你愿不愿意陪妈妈一起去看一看，了解这座城市？同时，因为妈妈没有假期，只能用双休日，这样只能去相对比较近的城市，而芜湖离南京很近，我们自己开车2个多小时就到了。"七七愉快地答应了。

当天晚上，我们就在网上搜索芜湖比较有名的景点，最后确定为：方特、大白鲸公园和离芜湖不远的马仁奇峰玻璃栈道。

接着，他就用前书写的方式写计划了。计划一共做了6页。写计划时，我提醒他："这次自主学习任务增加了一项新的内容，不仅在玩的过程中要用视频、照片或画画、前书写记录，还要在旅行回来后把你在旅行中看到的、玩到的、听到的、吃到的，印象比较深刻的写出来的，所以，在计划中要将这项任务写进去，要将写的时间确定下来。"同时，我让他选择旅行过程中记录的方式："可以是妈妈帮你拍视频或照片，也可以是你自己拍视频或照片。"结果这两个方式他都没有选，他选择的是自己画画的方式。

第一天我们去的是方特，第二天去的是大白鲸公园，这两个景点没有什么特别的地方，都是以一些游乐设施为主。

但是在这两天游玩过程中，让我惊讶的是七七到方特的摩天轮和大白金的旋转木马的时候，他每个项目都玩了6—8次。

我问："公园里有这么多项目，你为什么要盯着这两个项目玩呀？"

他告诉我："我不多玩几次，怎么能把它画下来呢！"我非常惊讶于他有强烈的任务意识，而且能够自己找到解决自己不会画的方法，通过多玩多看来熟悉其特点。虽然暑假人比较多，我跟他爸爸一直陪着他，他不停地一遍又一遍地排队去玩，正因为如此，他每天都能坚持将自己玩过的每一个地方和东西全部画下来。

我们印象最深的是第三天在马仁奇峰玻璃栈道，栈道大概有300多米，当时是8月份，天气非常炎热。

到栈道前，我问他："今天天气特别热，天气预报说有39℃，要不我们换一个室内的玩？"

他说："妈妈，我已经把第三天的行程画好了，你这样改变以后我的计划就完成不了了。"

我说："好，我跟你去。我们按照计划完成。"

结果进到山里后就出现了各种状况。

进门后，我提前告诉他说："这里有两条路，左边是可以坐缆车上去的路，右边是你自己爬上去的路，如果你错过了这个点，以后就不可能再坐缆车了，你选自己爬还是坐缆车？"

他就从左边绕过来、右边绕过去看了看后，问我："爬山要爬多久，我爬不动怎么办？"后来，他对我说："我还是爬山吧。"

我说："可以。"

结果，从大门到山脚下这段路就走了20分钟。一路上，他一会儿说热，一会儿说身上痒，一会儿说走不动了蹲在地上动也不动，一会儿要妈妈抱。

我就跟他说："怎么办呢？我们还没有到山下，你还有个机会就是从旁边那条路回家吧。山也不要爬了，因为你已经错过了坐缆车的机会了，你也不愿意自己爬上去，我们就回家吧。"

他也不讲话。他就看过来看过去，一路上两边都有卖电风扇的。他说："这样吧，你帮我买个电风扇，我再吃个冰棒，我就继续走上去。"

我就帮他买了一个电风扇，走到山脚下后，又出现选择题了。

我说："七七，左边这条路都是台阶，右边这条路是大马路。"

他问我："这有什么区别吗？不都是爬山吗？"

我说："左边对你来说可能比较难，尤其是坡很陡的时候需要你手脚并用往上爬，而且你的腿不停地在上下运动会很累，右边这个比较舒服，你不用爬台阶，但是走的时间会更长一点儿。"

他想了一下说："我走台阶。"

每一次问他项目的时候，我都说："你确定了？你确定了我们就走，这次是你自主选的，我跟爸爸都会跟着你走。"当他确定后，我们就遵从他的选择。

结果从山下第一个台阶一直到玻璃栈道上面，他足足走了一小时十分钟，中间休息了十几次，他也不讲话，就一个人拿电风扇坐在台阶边上默默在那边吹。我想跟他讲话，我说："七七累不累啊？"他头摇一下，汗水直流。

旁边一些路人说："小朋友不要中暑了，天气这么热赶紧给他喝点水吧。"他也不吭声。他一直拿电风扇吹，终于爬到了玻璃栈道，他突然闭上眼睛，然后笑了一下说："我终于到了！我完成了！厉害吧！"我说："厉害！"

在下山的过程中，我问："七七，你一路上休息了十几次，你坐在那边也不跟爸爸妈妈讲话，你有没有想过要妈妈抱啊？"

他说："妈妈，我只要坐下来一次，我就想跟你说，你抱抱我吧，我太累了，但是我又不敢说。"

我说："你为什么不敢说？"

他说："这是我选的，你当时在门口告诉我可以坐缆车，我不愿意。我要是不走下来，你肯定要笑我了，我的计划又完成不了了。"

这个对我的触动比较大，如果不是因为幼儿园有自主学习的要求，可能整个行程都由我一手包办，我不会让他选，不管是到哪儿玩，还是爬山、坐缆车，省得后面发生那么多事情。但是由于这次是由他自主选的，原来我一直以为幼儿制订计划做完就算了，当他在山顶上说"我终于到了！我完成了！厉害吧！"时，我还是很受触动的。

此行，让我意识到两点：第一，原来在他心中是有完成计划的意识的，这对我有很大的触动。第二，他是具有自我控制能力的。旅行的前两天是游乐设施项目，他自己就能找到兴趣。但是第三天爬山是一个非常累、热，又很枯燥的项目，需要他激发出自我控制的能力才能完成任务。而事实证明：幼儿原来是可以把这件事情完成的。

后来，老师来家访的时候，他就特别骄傲地跟老师说："我全程没有让妈妈抱！"并且主动地眉飞色舞地将自己全程怎么做的非常详细地告诉老师。他在叙述中流露出了满满的"自己很棒，很厉害"的自豪感。我觉得这次经历为七七以后做很多事情都积累了经验，增强了信心，让他切身感受到只要按照自己计划和决定坚持下去，就一定能达到自己想要的结果。

七七的案例说明：

1. 经过小中班的培养，大班幼儿已经具有了较强的计划意识和能力、自我监控意识和能力以及自我反思意识和能力。如，当妈妈提出天气太热，要更换一个室内项目玩时，七七说："妈妈，我已经把第三天的行程画好了，你这样改变以后我的计划就完成不了了。"再如，七七为了画出自己每天所玩的地方和东西，克服天热等不良因素，一遍遍地排队去玩。特别是在他选择了"自己爬山"，家长又不同意抱他的情况下，能够自己提出解决问题的办法

"这样吧，你帮我买个电风扇，我再吃个冰棒，我就继续走上去"。在选择了"自己爬台阶"后，就坚持"中间休息了十几次，他也不讲话，就一个人拿电风扇坐在台阶边上默默在那边吹"，最终完成了自己的计划。

2.成人提前给予幼儿自主选择的机会并告诉幼儿每种选择的结果非常重要。在此案例中，七七妈妈在每次需要选择时都让其选择，而不是代替幼儿做决定，并让其对结果有一个预知，虽然这种预知受到他们经验和经历的限制，对结果预知不够充分，但依然让幼儿体会到既然自己做出了选择，就要坚持完成。在妈妈问他"你有没有想过要妈妈抱啊？""你为什么不敢说？"时，他的回答是，"这是我选的，你当时在门口告诉我可以坐缆车，我不愿意。我要是不走下来，你肯定要笑我了，我的计划又完成不了了。"最为可贵的是，幼儿一旦做出决定，就能排除千难万险完成任务。

3.坚持完成计划对于幼儿建立自主学习的信心非常重要。由于幼儿完成了自己的计划，对于他们来说是一次成功的积极体验，让他们体验到自己的力量，有利于增加幼儿自主学习的信心，获得自我效能感，有利于激发他们的内驱力，从而更加积极主动地自主学习。

案例2：自学第二套全国幼儿广播体操——"世界真美好"

在幼儿经历了自主学习拍球、阅读图书、观察种植水仙花、玩扑克牌、认识一座城等一系列项目后，幼儿已经具有了初步的自主学习意识和能力，他们知道在做任务前需要先制订计划，在过程中要对照计划执行，做完后要对照计划和自己实际做的情况进行自我评价。而家长也能够依据班级教师的要求和自己孩子的实际需求给予个性化的支持。鉴于此，我们将大班寒假自主学习任务确定为幼儿自主学习第二套全国幼儿广播体操——"世界真美好"。

为了便于每名幼儿都能自主学习早操，降低幼儿的学习难度，教师不仅提供了完整的早操视频，而且提供了分节的视频；教师不仅提供了有音乐的操节，还制作了无音乐的口令版和儿歌版，便于幼儿根据自己学习的需求选择使用。

教师提供给家长的指导要点如下：

1.本次任务计划需要贯穿于整个寒假。本次任务具有一定的难度，历时较长，一方面需要幼儿持续练习，另一方面需要培养幼儿在假期中有规律的生活的习惯，每天通过做操锻炼身体。所以，计划制订中要求写出每天的练习内容。具体每天做一节、多节或完整做，由幼儿决定，但最后必须将所有操节学会。

2. 本次任务对幼儿的自控力要求比较高。一方面是历时长，需要每天练习，这对于幼儿有一定挑战。另一方面寒假中有的幼儿会在外地旅游，或到亲戚家等，生活不规律，同时，寒假中有春节，家里会有亲戚朋友来访等，家庭中学习环境会受到影响，家长要引导幼儿坚持每天有一定的学习和练习早操的时间。

3. 本次任务需要重复练习，趣味性相对弱一些。由于操节比较多，且每一节动作都需要重复练习多遍后，幼儿才能掌握，它更需要成人多方面的支持。一方面家长要充分发挥教师要求每天在微信群上传幼儿练习的视频和照片的作用，另一方面家长要在家里创造适合幼儿练习的空间，且过程中要给予及时的策略支持。

4. 本次任务重点发展幼儿过程性的反思意识和能力。由于每一节操的学习都有难度，明确并解决学习上一节操中的问题的经验都能帮助幼儿自然地迁移运用这些经验到下一节操的学习中，因此引导幼儿在学习每一节操时学会反思是非常重要的，所以，家长要及时引导幼儿对学习每一节操进行过程性的反思。

教师在温馨提示中提醒家长：

1. 家长可以将幼儿学习每一节操的视频拍下来给他看，从而使其有依据地反思自己学得怎么样、有什么问题、哪里需要改进、怎么改进，也可以引导幼儿将自己做操的视频与教师的视频对照，反思自己存在的问题。切忌仅仅引导幼儿回忆自己做操过程进行反思，因为幼儿仅仅依靠记忆表象的反思是无法做到准确和客观的，所以，当幼儿学习中有困难，不知道问题是什么，或幼儿认为自己已经掌握了时，家长都可以帮其拍视频，让他看自己做操的视频或和教师的视频对照，找出自己的问题以及需要调整的地方，从而准确地改进。同时，当幼儿出现厌烦或畏难情绪时，家长也可以比较其现在和之前做操的视频，让其感受到通过持续的练习后自己的进步，从而获得成就感，激发其坚持练习的兴趣和毅力。

2. 家长可以引导幼儿认识操节中动物的外形特征和生活习性，激发幼儿学习的兴趣，降低学习的难度。家长可以引导幼儿观看视频发现操节中有多少种动物，每一种动物是什么，它们有什么特点等。可以围绕这些动物和幼儿一起观看相关视频、图书，让幼儿能够熟悉每种动物的外形特征和生活习性，这些知识能够在其学习操节时提取运用，降低其学习的难度，提高其兴趣。

3. 家长要引导幼儿主动迁移以往制订计划的经验制订本次计划。本次计划的重点是学习将整套操节进行分解，并将其分解到每一天的计划中，不仅要有学习新操节的计划，还要有复习练习的计划。教师也提供了一份学习早操计划的模板，包括学习时间（日期、每天练习的时长、时段）、学习内容（学习几节、哪几节；复习几节、哪几节）、执行计划评价（是否按时）、反思（学得怎么样，可以是一颗星、两颗星或三颗星）。

教师在放假前一天与全体幼儿讨论假期中需要自主学习的内容——大班早操，要求开学前每个人都要学会。学习的方式是教师将大班早操的视频发到班级 QQ 群或班级公共邮箱，请家长去下载。教师和幼儿一起了解教师提供的视频有完整的视频和每一节的分解视频，有音乐版、口令版和儿歌版，供幼儿根据自己的需求来选择学习。教师提醒幼儿回家后要主动告诉家长这项学习任务，并请家长将视频下载下来；幼儿要先制订自己的计划；计划中要有完成时间、每天学习练习的内容、每天执行情况评价（全部完成、部分完成、一点儿没有完成）、反思（自己是否学会、为什么、怎么改进）；要每天练习，并将练习的视频发到班级微信群中，相互学习交流。

教师的任务是根据幼儿发在群里的视频给予针对性指导和鼓励，并根据不同家长的需求给予针对性指导。

开学初，教师将全班家长分成 6—7 人一组，分别召开座谈会，集体分享幼儿自主学习早操的全程状况和需要解决的问题。

潇南妈妈的分享："我的计划是独一无二的。"

潇南在这次的自主学习项目计划中，表现得比以往都要好很多。以前是我追着他问："寒假有没有任务？"这次不一样了，他第一时间跟我说："妈妈我有作业，我们寒假要自己学习做早操。你要配合我！有个录像老师已经发到你手机上了。"我说："妈妈马上就看一下。"

因为我们要去启东老家，他就对我说："妈妈，请你把视频下载后放到 iPad 里面，这样我在爷爷家就可以自己看着视频学习了。"

学早操对潇南来说是一个挑战。以往的任务他都很擅长，他会很有兴趣，主动地完成且学起来很轻松。但这次任务恰恰是他的短板，他动作发展不协调，每一节都需要重复练习很多次，所以相对于其他小朋友，这个任务对他来说可能更困难一些。所以，在制订计划时，我们就主动参与其中，和他一起制订，期望通过放慢节奏，增加他自主完成任务的信心。

我们先让他自己将视频看一看，并说："你看看一共有几节操节？每一节说的是哪种小动物？一共有几种小动物？第一个是什么小动物？第二个是什么，第三个又是什么，将小动物按顺序记下来。需要妈妈时喊我。"

他自己看了 4 遍后就将操节都记下来了，然后将自己的记录图给我看。由于他图画得不是很像，我看不出是哪种小动物，同时，我也希望了解他记的顺序是否正确。

我说："我们再一起看视频，对照一下你的记录是否正确。"接着，我们又一起看了两遍视频，他边看边告知我他画的是什么。这样把视频看了 6 遍后，我们统计出一共出现了多少种小动物并将小动物的顺序排列好。

他看完后就自己拿了 A4 纸，在那儿写写画画，我也看不懂是什么。他画完后就对我说："这是我的早操计划。"他是用前书写的方式来记录，有练操时间、练操地点、评价是否完成任务。我和他一起将他的计划阅读了一遍，发现他会主动运用以前制订计划的经验，内容也比较完整。但是，他没有根据这一次任务的要求，安排每一天练习的时间和具体的节数，也没有每天反思的内容，只是对是否按计划练习进行了自我评价，对于每天学习的怎么样没有反思计划。

于是，我就和他一起看教师提供的视频中制订计划的要求和模板，让他对比自己的计划还需要增加什么、修改什么。看完后，他说："我再重新制订一份计划。"

我说："你愿意重新制订一份计划非常棒！在制订计划前，我们先要商量一下寒假一共有多少天，早操需要每天学习和练习，每天学习几节新操、练习多长时间；学过的操节不复习就会忘记，所以，还要复习已经学过的操节，是每天都复习已经学过的操节，还是几天复习一次。这些都需要在制订计划前想好确定下来后再开始写计划。"

因为寒假是 20 天，如果仅仅用语言很难让他理解这 20 天是从几月几日到几月几日，我们找来一本日历，明确寒假第一天以及最后一天的日期，并在日历上做好标记。然后他从第一天数到最后一天，直观地理解了寒假的总天数是 20 天。

我问："今天是寒假第一天，上午我们在制订计划，学习早操是从今天下午开始，还是从第二天开始？"

他说："从今天下午开始。"

我问："每天练习多长时间？"

他说："30 分钟。幼儿园一节活动就是 30 分钟。"

我说："可以的。你是每天下午练习 30 分钟，还是无论上午、下午、晚上，只要每天练习 30 分钟就可以了。"

他说："这样有什么不同？"

我说："计划订下了就要执行。如果你定在每天下午练习 30 分钟，那么就必须在下午完成任务。如果定在每天练习 30 分钟，这样你的自由度大一些，如果上午有事就下午练习，下午有事就晚上练习，只要每天练习 30 分钟就可以了。"

他说："我定每天练习 30 分钟吧。"

我说："好的。你一会儿在计划中'每天练习时长'这一栏中写每天 30 分钟。你准备每天学习几节？"

他问："早操一共 8 节，妈妈你说我应该学几节？"

我说："因为这个操还是有一些难度的，每一节操有许多动作，可以一天学习一节，每天将这一节完全学会，将每一个动作练习到位且熟练化，最后，将所有操节连起来复习；也可以一天学习两节，第二天再复习这两节；也可以先整体边看边完整学习 8 节，然后将其中没有学会的每天重点复习，直至全部学会并且熟练连贯。你看，你选择每天学几节？"

他说："我还是选择一天学习一节吧。"

我问："你是按照早操顺序一天学一节，还是自己选择最难的或者最简单的，或者按你喜欢的重新排序来学习？"

他说："我就按照早操的顺序一天学习一节。"

我问："寒假一共20天，早操只有8节，一天学习一节，还剩下12天，这12天都用来复习吗？"

他说："是的。因为老师说早操要天天做。"

我问："剩下的12天是每天都完整复习吗？"

他说："是的。"

我说："你的计划表中'日期'这一栏就可以画上20栏，一栏代表一天，第一天可以写上1，第二天可以写上2……。'每天练习时长'这一栏每天都是一样的，可以写上30分钟；在'学习内容'这一栏，前8天每天写上要学习操节的名称，如大公鸡、小海鸥、小花猫、企鹅、小猴子、大象伯伯、小青蛙、小黄莺，从第9天开始就要写完整复习了。"

为了让他能够一目了然地通过计划清楚每天学习的内容对应的是哪种小动物的操，如，是大象还是青蛙，同时，看到计划就能想起每节操的动作特点，能根据小动物的外形特征联想小动物的动作，从而降低学习难度，我引导他说："我们这个计划可以和其他计划不同，除了用前书写的方式写计划外，其中的小动物我们可以用贴小动物图片的方式（他开始想将每种小动物画下来，但是不会画。因为要清晰地画出8种小动物的外形特征对于幼儿来说本身就有难度，而且他绘画相对于其他幼儿较弱），这样会与众不同的。"

他非常高兴地同意了我的提议。

我和他将家里所有关于动物的书和图片都找出来，我们一边挑选一边剪，他感到很有乐趣。

在找动物的过程中，因为书里有对动物的介绍，我们又将每种动物的特点进行了学习，加深了他对早操中每种动物的了解，不仅增加了学习的兴趣，而且也有助于他理解和学习早操动作。

这些准备工作都做完后，我说："你可以自己写计划了。"

他就自己拿着笔先写，然后，又将我们剪下来的每种小动物贴在对应的天数里。计划做完之后他非常有成就感地说："我的计划是独一无二的！"

当天下午，他就按照计划开始学习第一节，学完后，就在"执行计划"栏给自己评价了一颗星，但不知道在反思栏中写什么。

他问："妈妈这一栏应该写什么呢？"

我问："你认为这一节你学会了吗？你用什么方法学的？学的过程中有困难吗？有什么好方法帮助自己学得快、学得好呢？"

他说："我学会了。我是自己看视频学的，边看边学，学了很多遍学会的。"

我说："边看边学，而且要练习很多遍，这就是你的学习经验。你可以将刚才和妈妈说的话，写下来。你能记住自己看了多少遍，跳了多少遍学会的吗？"

他说："很多遍。"

我说："明天你可以边看边练边记，看一遍记一次，跳一遍记一次，这样你就知道你学习这一节操需要看多少遍、练习多少遍了。"

第二天早上，我们要去启东，没有要我们提醒，他自己就将计划和 iPad 装进了行李。

由于启东老家饲养了一些动物，所以，开始两天，每天他都是玩猪、玩羊、玩小鸡，将自己的计划完全忘了。每天晚上都要我们提醒："你还有什么事情没有完成？"他才会磨磨蹭蹭去练。

我跟他说："老师要求每天将自己练习的照片或视频发到班级群里，你的计划里是每天都有学习任务的，要把熟练的和不熟练的练习视频都发到群里，你如果没有练习，没有录视频的话，我们就没有完成任务哦！"

从此以后，他每天晚上 8 点以后就自觉地开始练习，几乎不用我们提醒。

若偶尔因为家里来亲戚忘了练习，他会说："妈妈，我今天的早操好像忘记练了。"如果没有这样的一个计划，他可能就不会有这样的反思。

在练习的过程中他遇到了两个困难：

第一，一开始练习的时候，他跟不上节奏，觉得很烦、很难。我就跟他说："你要不要试着一个动作一个动作去做，分解开来。"他说："可以试一试。"我们开始选择了教师提供的口令版视频。他爸爸为了提高他的积极性，同时也为了放慢口令的速度，就对他说："我帮你喊口号：1234，2234。"所以前期他练的时候基本没有音乐，就是喊"1234"，开始是我们在喊，后来我们说："你自己喊，不要我们喊了，行不行？"他就自己边喊口令边练习，慢慢地就掌握了动作，当他完全掌握了分解动作后，我们就让他跟着口令版连贯起来练习。然后，我们鼓励他跟着儿歌版练习："你可以根据儿歌，边念儿歌边做动作。"这样练习后，他自然就跟上音乐做动作了。

第二，他有些操节的动作不协调。在学习大象伯伯那节时，他总是同手同脚。我们说："你自己找一个以前会做的类似的动作，再根据这个动作联想你要做的动作。"然后，我和他一起讨论出："可以从解放军走路慢慢延伸到大象伯伯这个操节的动作。"用这样的方法克服了这个困难。

在每天的反思中，开始的反思比较模糊，只能说"还行""挺好的"，后来，我们就按照老师视频中的方法，和他商定，每天他自己练习到自认为已经做得很好了，我们就将其拍摄下来，让他自己看着视频反思"今天学得怎么样"。我们不提醒他哪些动作是对的哪些是错的，而是让他先反复看自己的视频，然后对照老师的视频，找出自己的差距。视频能够帮助他反思出自己的问题在哪里，反思的问题也比以前更准确、具体了，如，"我的手没有伸平""大象伯伯那一节我同手同脚了"等，从而有利于他准确地改进和有针对性地练习。给幼儿拍视频的方法不仅提升了幼儿的反思水平，而且对他自主学习早操起到了促进作用。

他自主学习的意识更加清晰了。在自主学习的过程中，很多时候是他一个人对着 iPad 学，不需要家长在旁边陪着。他经常跟我们说："你不要管我，我自己去学。"启东爷爷家有一个小房间，他就把自己锁在房间里面练习，每天在练习之前对我们说："我自己在里面学。"练习后再开门出来说："我学好了，你们帮我拍视频吧。"此时，他会做一遍让我们帮他拍视频。

在整个学习过程中，我们给的指导并不多，因为有老师的标准动作，我们把给他拍的视频和老师的视频放在一起给他看，这样一对比，他自己就发现不对的地方，也就慢慢扭转过来了。我们只是在开始阶段负责给他搜集小动物的图片；在他学习练习过程中帮他拍视频；在他完整重复练习阶段产生厌烦的时候，我们一方面和他一起做操，另一方面给他提供展示的机会。在老家，只要家里来客人，就让他做操给客人看，不断地向他人展示自己的学习成果，提高练习的积极性和成就感。

回顾整个过程，家长在当中起到的是引导和提醒作用。当他能够自己做时，全部放手，只有在他遇到困难的时候引导他，协助他去完成整个项目。不是直接告诉他应该怎样，而是让他主动说，引导他反思，倾听他的思路里还缺少哪些内容，鼓励他去完善。

潇南的案例说明：

1. 大班幼儿具有执行自主学习计划的意识和能力。本次计划的重点之一是制订每天的学习内容和时长，幼儿在家长的引导下能够制订出比较清晰的每日计划，但是每天严格执行计划对于幼儿来说是有一定挑战性的。在本案例中，潇南从第一天就开始练习，可见在没有干扰的环境下，幼儿是能够执行计划的。但当幼儿到了一个新环境且环境中有他在城市里看不到的，又非常喜爱的猪、羊、鸡等动物时，他就较难自我监控执行计划了，这种自我控制成人也未必能人人做到，而潇南竟然能够在妈妈提醒"老师要求每天将自己练习的照片或视频发到班级群里"后，进行自我控制，从此以后，坚持每天练习，不仅如此，还能够每天主动在小房间里独自学习，待自认为学好后，再请家长帮忙拍视频上传和反思。由此可以看出，潇南不仅能控制住自己想去和猪、羊、鸡等动物玩的欲望，而且能够自己寻找出策略（独自到小房间安静地学习）解决自己当下处于不利于自主学习的环境（爷爷家人多，人来客往）的困难，说明他具有较高的调控自己学习的能力。

2. 大班幼儿具有较强的自主学习责任感。潇南在第一时间就主动告诉家长假期的学习任务，主动要求制订计划，尤其可贵的是在要回家过年时，"没有要我们提醒，他自己就将计划和 iPad 装进了行李"便于自我执行和自我评价。在整个自主学习过程中，他经常和爸爸妈妈说的是"你们要配合我""你不要管我，我自己去学""我自己在里面学"等。不仅如此，他也将其付诸行动，如"不再要爸爸妈妈提醒，每天坚持练习""把自己锁在房间里面练习"等。可见，幼儿觉得他是完成这件事情的主体，家长是可以帮助自己的人，他们已经意识到自己是自主学习的主体，具有了自主学习的责任感。

3.大班幼儿可以进行有依据的反思。在本案例中，我们看到幼儿的潜力是无限的，大班幼儿是会反思的，他们也很享受反思的过程。当然，这离不开成人的引导和提供支持反思的依据：第一，详细的、可操作的、明确的每日计划——每天练习的内容、时长和时段，幼儿可以对照计划的落实逐一进行自我反思和评价；第二，每日练习的视频或照片，不仅可以将自己的视频与前面的视频进行比较，反思自己的努力程度和进步幅度，而且可以将自己的视频与教师提供的视频对照比较，发现自己与教师早操动作中的差异，寻找出自己的不足，有针对性地练习改进。总之，拍摄练习视频让幼儿自己观看，帮助幼儿有依据地进行过程性反思，适时地调控自己的练习质量，不仅使幼儿的反思有质量，也充分发挥了过程性反思在幼儿自主学习中的积极作用。

4.大班家长树立了幼儿是学习主体的意识。无论是计划的制订、执行还是评价反思，家长都能够将幼儿推在前方。虽然幼儿制订的计划家长可能完全看不懂，但依然在一旁耐心地听幼儿解读，然后再引导幼儿观看教师视频中的要求和每日计划模板，让他在对比中发现自己计划中的不足。不仅如此，当家长分析后认为幼儿对日期概念的认识有难度时，采用了看日历数假期天数，按天数顺序制订计划的策略，适应大班幼儿对时间概念的心理发展水平。在选择每日练习内容和时长时，家长先征询幼儿的意见，当其模糊不清时，给予解释，再让其选择。家长在给予具体化的指导时，依然全程将幼儿推在前方，让其成为计划制订的主体。在执行过程中，只有在幼儿偏离计划时（如被老家的动物吸引时）才进行提醒，只有在幼儿遇到困难时才给予策略和情感支持（如，合不上音乐节奏时帮助其喊口令、提醒其用儿歌辅助等；学不会大象伯伯的动作时，引导其迁移解放军走路的经验）。在幼儿不知道如何反思时，通过一系列具体问题，让幼儿知道可以从哪些方面反思、反思什么等。潇南妈妈始终将幼儿推在前方，使其真正成为自主学习的主体，增强了幼儿完成任务的责任感和自我效能感。

本章通过家长叙述的小、中、大班的案例，不仅让我们看到了大班幼儿较强的执行计划能力、自我监控和调整能力，也证明了幼儿自主学习能力的形成离不开成人持续的引导。幼儿的自主学习是成人陪伴式的,教师、家长的陪伴和持续引导是发展幼儿自主学习意识和习惯养成的前提条件。

在成人的支持下,幼儿通过一次又一次自主学习的过程,知道要事先制订计划,要按照自己的目标和计划做事,要进行自我时间管理,要对计划执行情况和所做之事进行反思,要持续改进等。幼儿在完成一项项任务的过程中,逐步得到自主学习的练习,在行为实现的过程中逐步形成了自主学习的意识,养成了自主学习的习惯,发展了自主学习的能力。

附 录

关于跳绳反思的前书写活动方案

我们在大班上学期围绕幼儿自主学习跳绳的活动，生成了 10 个前书写活动，不仅将前书写活动与幼儿的自主学习紧密结合，相辅相成，帮助幼儿有计划、有目标、有反思、有总结地进行自主跳绳活动，推进了幼儿的自主学习能力发展，促使幼儿创造出多种跳绳方法，激发了他们对书面表达的愿望，充分感受通过自己的写写画画表达自己想法和情感的乐趣和成就感，促进了幼儿初步书面表达能力的发展。

第一课时：什么是计划——绘本《歪歪兔学跳绳》

目标

1. 理解什么是计划，能看懂歪歪兔的跳绳计划，知道可以用数字、图画或符号等来制订计划。学习歪歪兔，尝试制订自己的跳绳计划。

2. 知道故事中计划在歪歪兔学会跳绳中的作用。

3. 初步体会用数字、图画的方式表达自己的想法。

准备

绘本《歪歪兔学跳绳》的 PPT 和录音。

过程

1. 谈话导入。

（1）教师：小朋友们知道什么是计划吗？计划有什么作用？

（2）教师：今天老师就给你们讲一个《歪歪兔学跳绳》的故事，你们听听看，歪歪兔有计划吗？它为什么要制订计划？

2. 幼儿看 PPT，逐页边看画面边听故事录音。

（1）教师：歪歪兔有计划吗？

（2）教师：它为什么要制订计划呢？

3. 幼儿再次看 PPT，逐页边看画面边听故事录音。

（1）教师：它为什么要制订计划呢？

（2）教师：它的计划是什么样的？在第几页？

4. 幼儿观察《歪歪兔学跳绳》的计划。

（1）教师：这个计划你们能看懂吗？

（2）教师：它不会写字，是用什么来制订计划的？你从哪儿发现的？

（3）教师：如果让你来表示早餐，可以用什么符号、图画呢？

（4）小结：虽然歪歪兔不会写字，但是可以用会写的数字、符号或图画来代替不会写的字。

（分析：这一段是核心内容，引导幼儿观察出歪歪兔用数字表示时间，用符号和图画表示自己要做的事情。再通过问题"如果让你来表示早餐，可以用什么符号、图画呢？"引发幼儿的讨论和练习，知道不会写的字可以用自己会画的与之相关的生活用品、动物、植物、符号代替。）

5. 幼儿尝试学习歪歪兔制订一份自己的跳绳计划。

（1）和幼儿讨论，制订一份购买跳绳的计划。

教师：你想要一根什么样的跳绳？你想到哪里买呢？请你记录下来。

（2）教师给每名幼儿一张纸、一支笔，让他们学习歪歪兔尝试制订自己的跳绳计划。

（分析：教师以为有了歪歪兔的计划样板，幼儿就会自己制订计划了。但实际观察发现，幼儿不知道从哪个方面开始写。因为教师没有提供购买跳绳计划的结构框架，也没有示范画出或写出计划的每个组成部分，而且幼儿的计划中每个字都要用符号、图画表示，他们有时会因为想不出一个字该用什么符号、图画表示，而使得整个计划制订不下去。可见，幼儿很难独立制订计划。同时，教师没有预计到歪歪兔的故事对幼儿计划制订起到了阻碍作用。因为歪歪兔是在假期中制订计划，所以，可以制订一天的计划。而幼儿在园期间要按照园里的作息时间来调整自己的计划，如，只能在回家后或周末去买跳绳。可是幼儿不理解这个道理，只是模仿歪歪兔制订了一天的计划。所以，要让幼儿明确制订的计划是要能够落实的。）

第二课时：学习制订跳绳计划

目标

1. 知道跳绳计划包括：完成的时间段（从几月几日到几月几日）、自己需要达成的目标、每天练习多长时间（可以具体制定上午、下午或晚上分别练习多长时间）、制订计划的人名和日期。尝试按照这4个部分制订自己的计划，并知道每一个部分都需要另起一行写。根据教师提供的10月份的日历表，尝试学习用数字表示时间段。

2. 知道可以通过折痕和画线的方法帮助自己将计划写整齐。

3. 遇到不知道怎么表示的字不着急，知道可以和同伴或教师讨论。

准备

1. 教师准备一个跳绳计划的结构框架。

2. 个别幼儿购买跳绳的计划。

3. PPT 日历。

4. 幼儿书写的 A4 纸。

过程

1. 谈话导入。

教师：每个小朋友都非常棒，制订了自己购买跳绳的计划。你们都选到自己喜欢的或适合自己的跳绳了吗？都是按照自己制订的计划去准备的吗？

2. 教师把 2—3 名幼儿制订的购买跳绳的计划表放在实物投影仪下，让全班幼儿学习观察，并请他们逐一对照计划表说说是否按照计划准备的。

（分析：帮助幼儿体验制订计划后，要按照计划去做。所以，每名幼儿制订计划前要先思考自己是否能做，进一步帮助幼儿体验计划的作用。）

3. 教师出示歪歪兔的计划和跳绳计划的框架。

（1）教师：我们的计划和歪歪兔的计划一样吗？为什么不一样？

（分析：帮助幼儿理解计划一定要根据自己的实际情况来制订，因为歪歪兔是在寒假期间制订计划，所以，要制订从早到晚的计划，而我们的跳绳计划只要定出每天练习多长时间、什么时间练习就可以了，帮助幼儿明确计划要有可行性。）

（2）教师出示跳绳计划的框架，并和幼儿逐一讨论每一个部分的内容。

（分析：给幼儿一个前书写的框架，降低了他们前书写的难度，他们只要专心思考每一个自己想要学会的跳绳方法的前书写符号即可，让幼儿体验到前书写的快乐和成就感。）

4. 幼儿尝试制订自己第一阶段的跳绳计划。

（1）教师出示日历，引导幼儿观察日历，知道可以用数字表示完成第一阶段目标的时间。

（2）讨论：几月几日到几月几日可以用什么符号表示？

（3）教师和幼儿讨论如何用前书写的方式制订目标：只要表达出想学哪种跳绳方法，要跳几个。（重点和幼儿讨论：双脚连续跳应该怎么表现？）

（4）讨论：什么时间练习？每天练习多长时间？

（分析：此环节主要目的是引导幼儿思考如何用符号、图画等创意表现上午、下午、晚上等。）

（5）教师：上次小朋友说计划写得东倒西歪，怎么能帮助自己写整齐呢？

（分析：帮助幼儿找到写整齐的策略，这在幼儿刚开始学习前书写时非常必要，一方面适应他们此时没有精力写字也没有能力写整齐的现状，另一方面通过折痕或画线的方法让作品齐整、美观，能够让幼儿感受到通过写写画画表达自己想法的成就感，从而增加对写写画画的兴趣和自信。）

5. 幼儿自己制订第一阶段的跳绳计划。

（分析：教师帮助幼儿明确了计划是自己要执行的，要做到的，因此，要根据自己的情况来制订，所以，我们和歪歪兔的寒假计划是不一样的。教师和幼儿一起讨论明确了计划的组成部分，给幼儿提供了前书写的框架，降低了幼儿用前书写的方式制订计划的难度。同时，教师带领幼儿讨论用什么前书写的符号或图画表示"双脚连续跳"的目标，并给幼儿示范如何针对每一个部分进行前书写。在制订本次计划的过程中，我们没有强调一个字要用一个符号或一幅图画表示（后文简称为"一字一画"），有的幼儿用一幅图画代表好几个字，教师并没有让其调整。所以，在本次活动中，幼儿在制订计划时特别有自信，明显区别于上节课时，幼儿都处于非常着急和沮丧的状态中，让他们体验到前书写的乐趣。）

6.幼儿和同伴相互交流自己的计划，体会自己用符号、图画等表达自己想法时的成就感。

第三课时：你能一字一画地制订计划吗？

目标

1.学习一字一画地制订计划，感知书面语言与口头语言有"一字一音"的对应关系，巩固一个"项目"写完要重新另起一行的经验，尝试学习用数字写日期。

2.知道可以和同伴讨论、相互询问自己不会表达的字，并在草稿纸上相互学习和模仿同伴写的汉字、符号等。

3.能够根据自己的实际水平确定跳绳的目标数量或学习新的跳绳方法。

准备

1.已经带领幼儿对照自己第一阶段的计划反思过是否达成目标，及没有达成目标的原因（忘记计划、目标定得太高、记得计划但学不会就去玩自己想玩的活动了、每天没有按照计划上的时间进行练习、计划上练习时间定得太短）

2.A4纸若干张，多于幼儿人数。

3.大日历，挂在教室黑板前面。

过程

1. 谈话：对照计划，我们都实现自己的目标了吗？

教师：在第一阶段，我们只有 5 个人达到了目标，大多数人都没有达到目标，所以，我们在制订第二阶段计划时，一定要根据自己现在的跳绳水平准确地制订目标，这个目标一定要是自己能够完成的。

2. 集体学习一字一画地制订第二阶段计划。

（1）集体阅读完成目标的幼儿的第一阶段计划。

教师提醒幼儿注意观察：计划的格式很清楚，每一项都是另起一行；他是将目标一字一画地写出来，如，他的目标是"双脚连续跳 5 个"，教师就指着这一行的"双脚连续跳 5 个"带着全体幼儿一起逐"字"阅读，然后通过数数的方法，确定他用前书写表达目标的图画、符号等数量和"双脚练习跳"的字数是否一样多，是否一一对应。

（分析：部分幼儿在小班时会用一幅画代替一句话，考虑到小班幼儿的年龄特点，教师是给予鼓励和支持的。一字一画对于幼儿来说是一个新经验，需要通过师幼互动让幼儿充分明确其含义。故而，教师通过将数口头语言每个字的读"音"的方法，将图画、符号数量和要写的"字"的数量一一对应对比，加深幼儿理解什么是一字一画。同时，通过"双脚连续跳"这个案例的分享，让全体幼儿明白有几个字，就要画几幅图或几个符号。）

（2）教师出示日历：第一阶段是从什么时候开始到什么时候结束呢？（请全体幼儿跟着教师指着日历回答）第二阶段是从什么时候开始到什么时候结束呢？

（分析：引导幼儿学习自己看日历，掌握看日历的方法，并模仿学习写数字，知道数字的位置关系，如，21 是 2 在前 1 在后等。）

（3）教师：今天老师请小朋友们一字一画地制订自己的第二阶段计划，在画图、写符号或写字前先想想自己要写多少个"字"。同时，请小朋友根据自己上次完成目标的情况制订本次目标。如，如果上次制订的跳绳目标数量太多了，没有完成，本次目标数量可以和上次一样：如果认为即使本次每天都非常努力也可能达不到，可以减少本次目标数量。无论是一样还是减少，都要采用一字一画的方式来制订计划。

（4）出示草稿纸并告诉幼儿如果有不会写的"字"，在和同伴讨论时或者想给同伴示范时，不能直接在别人的计划上写，可以在草稿纸上写；当自己不确定怎么写时，可以先在草稿纸上写，确定后，再写在自己的计划上。

3.幼儿制订自己的第二阶段跳绳计划。

教师重点观察幼儿的困难所在，提示幼儿不要直接在同伴计划上写画，而要在草稿纸上写画。

（分析：由于幼儿明确了计划的框架结构，且已经有过一次前书写的经验，故而这次每名幼儿都知道一项内容必须另起一行写。草稿纸的提供特别适宜，既避免了幼儿在他人计划上直接"帮助"他人写造成不愉快，又降低了幼儿的焦虑感，他们可以根据自己的想象先尝试画或写出自己想表达的"字"，同时，促进了幼儿间的相互交流和学习。如，一名幼儿说："连续跳的'连'可以用莲花表示，但我不会画莲蓬，怎么办？"另一名幼儿立刻说："我教你画。"说着，就在草稿纸上画给该幼儿看。此时，又一名幼儿说："你不会画莲蓬，可以画一个手链表示连续的'连'呀。"由于教师提供了草稿纸，鼓励幼儿咨询同伴，相互讨论，所以，幼儿间自然形成了相互讨论和商量，相互学习和帮助的氛围。）

4.幼儿制订好计划后，自己将计划展示在教室门口的展板上，便于自己每天对照执行。

（分析：我们将幼儿每一阶段的每一份计划均展示在教室门口的展板上，一方面便于家长接送孩子时，了解和帮助幼儿记住自己的目标和任务，另一方面便于幼儿每天早上一来，就看到自己的计划，提醒幼儿每天要执行计划。）

第四课时：第三阶段跳绳计划

目标

1.继续学习看日历，知道第三阶段的开始日期和结束日期。学习用"数字＋斜杠"或"数字＋汉字"两种方法写日期。

2.知道第三阶段计划只要改变和上阶段计划不一样的地方即可，其他部分不变。

3. 能主动和同伴讨论，相互询问自己不会表达的"字"，并在草稿纸上相互学习和模仿同伴写的"字"、图画、符号等。

4. 初步感受自己用前书写的方法制订计划的成功感。

准备

1. 一体机、实物投影仪、日历一本或日历 PPT。

2. 日期不同写法的印刷品：如，2018/2/18—2018/2/20，2018 年 2 月 18 日至 2018 年 2 月 20 日。

3. A4 纸若干张。

过程

1. 打开 PPT，引导幼儿观看 PPT 上的日历。

（1）教师：请仔细看日历上的每个数字，你们有什么发现？

（分析：引导幼儿发现数字的大小一致，且每个数字之间的距离是一样的，幼儿还发现数字的颜色都是一样的，但是在相同的位置或者有些个别的地方是不一样颜色——红色。教师又引导幼儿观察、思考、讨论：这些红色数字都是在日历的什么地方？这些红色数字的日期都是几月几日？这些日子分别是什么日子？经过逐一对照发现：每一个红色数字的日子都是一个节日。教师又问幼儿："为什么节日的地方都用红色呢？幼儿说：这是为了让人们一眼就发现节日的时间。正因为都是红色，所以，人们就能一眼发现或找到节日，方便大家使用。"通过观察讨论让幼儿意识到不仅文字之间的间隔要均衡，而且文字的颜色也有一样的，从而有意识地在自己的前书写活动中运用这些知识。）

（2）教师：大家都知道，我们每一阶段都有两个星期。那么第三阶段的跳绳计划应该从什么时间开始，到什么时间结束呢？

（分析：此环节的主要目的是让幼儿明确每一阶段完成任务的时间长度是第一周的周一到第二周的周日，引导幼儿能够根据时间长度制订自己的目标和安排练习时间。教师让幼儿迁移已有的看日历的经验，自己学习上一阶段的结束日期后，从下一周周一开始数到下下周周日即可。通过此法让幼儿直接感知和逐步发现一周七天，且编排的顺序是按照周一、周二、周三、周四、周五、周六到周日的规律。)

（3）讨论第三阶段的时间写法。

教师：我们第一、二阶段的时间是怎么写的？引导全体幼儿迁移已有经验，并请个别幼儿上来书写。

教师：你们看过其他地方是怎么写日期的吗？

教师：我们看看书上是怎么写日期的？教师用投影仪演示不同的日期写法：2018/11/19—2018/12/2、2018 年 11 月 19 日至 2018 年 12 月 2 日。

教师：这两种写法什么地方不一样？

教师：一会儿，小朋友们在制订第三阶段计划的时候，可以选择一种方法来写。

2.思考自己第三阶段的目标。

（1）教师：小朋友们第三阶段的目标是什么？是增加跳绳的数量还是学习一种新的跳绳方法？

（2）请个别幼儿讲述自己的目标。

3.引导幼儿回忆第二阶段计划的框架结构。

（1）教师：第二阶段的计划包括哪几个部分的内容？是按照什么顺序写的呢？

（2）把个别幼儿的第二阶段计划放在实物投影仪上，引导全体幼儿观察并阅读。

（3）教师：如果跳绳方法相同，只是数量增加了，那么第三阶段计划只要在第二阶段计划上改变什么地方就可以了？

（4）教师：如果要学习一种新的跳绳方法，那么第三阶段计划要在第二阶段计划上改变什么地方呢？

（5）教师：如果我们的学习目标改变了，练习时间也要改变，那么第三阶段计划什么地方也要改变呢？

（分析：此环节通过讨论辨析的目的一方面是帮助幼儿巩固在第一、二阶段学习的制订计划的框架结构，降低幼儿的书写难度，另一方面也能帮助幼儿梳理已有的前书写经验，将其主动运用到本次活动中，让幼儿感受到前书写活动的乐趣和成就感。)

（6）请个别幼儿在白板上用白板笔尝试对自己的第二阶段计划进行改动。

（分析：此环节主要通过个别幼儿演示操作，进一步帮助幼儿明确需要改动的地方和不要改动的地方。这个环节很重要，因为部分幼儿仅仅通过倾听并不理解哪里是相同的不需要改动，哪里是不同的需要改动。当教师出示第二阶段幼儿计划，并请个别幼儿上来演示，然后根据幼儿的演示重点讲解和解释后，部分幼儿通过视觉参与、直观感受才能明晰制订本次计划的要求，体验制订计划的成就感和乐趣。）

4.每名幼儿制订自己的第三阶段跳绳计划。

（1）教师巡回指导，给予个别幼儿帮助和支持。

（2）提示使用草稿纸，鼓励幼儿在草稿纸上帮助同伴。

5.幼儿将计划展示在自己的展示位置上，引导幼儿感受制订计划的成就感。

（分析：由于幼儿已经有了前两次制订计划的经验，加之，本次教师帮助幼儿对比新计划与原计划的异同，明确本次计划只要在原计划上做目标和练习方法的变化即可，每名幼儿都非常自信地制订了第三阶段计划。同时，由于引入了规范书写日期的新经验，激发了幼儿的书写兴趣。幼儿哼着歌曲将自己的第三阶段计划张贴在教室粘贴板上，还主动向同伴介绍或相互交流各自的计划。）

第五课时：第四阶段跳绳计划

目标

1.继续学习看日历，知道第四阶段计划的开始日期和结束日期。继续学习用"数字＋斜杠"或"数字＋汉字"两种方法写日期。尝试用新的方法表达"双脚连续跳"5个字，并用符号、图、拼音等表达新的跳绳方法。

2.观察并发现字与字之间要保持一定的距离，注意汉字之间的间隔，书写时知道符号、图、字的大小要尽量一致。

3.欣赏自己和同伴的计划，感受自己完成计划后的成功感。

准备

1. 幼儿的第三阶段计划。

2. 实物投影仪、表示时间阶段日期的短小文章 1 篇或将其做成 PPT。

3. A4 纸若干张。

过程

1. 谈话。

（1）教师：每个人的第三阶段目标都完成了吗？今天我们要制订第四阶段的跳绳计划了。还是和前面一样，一个阶段两个星期，第四阶段的跳绳计划应该从什么时间开始，到什么时间结束呢？明确第四阶段的开始日期。

（2）教师出示日历 PPT，引导幼儿看 PPT 上的日期。

（3）教师：第三阶段结束的时间是哪一天？是几月几日？

（4）教师：第四阶段开始的时间是哪一天？是几月几日？

（5）教师：第四阶段结束的时间是哪一天？是几月几日？

（分析：本环节的主要目的是巩固幼儿自己看日历的经验，明确第四阶段依然是两个星期，第四阶段的开始时间是第三阶段最后一天的后一天，从第四阶段的开始时间往后数 14 天就是第四阶段的结束时间。）

（6）教师：第四阶段的时间怎么写呢？写在哪儿呢？

（分析：通过问题引起幼儿思考，使其主动迁移第三阶段的日期书写经验，知道日期是计划的第一部分要写在第一行。年月日既可以写汉字，也可以用斜杠表示。）

（7）教师示范写第四阶段的时间：2018 年 12 月 3 日至 2018 年 12 月 16 日。

（分析：教师示范用"年月日"的方法写时间，目的是引起幼儿对这三个汉字的关注，不仅激发了幼儿模仿书写的兴趣，而且为幼儿提供了模仿的"范例"。由于写"年月日"这三个汉字比写斜杠难，所以，在第三阶段的时候，幼儿基本都是用斜杠来表示年月日的。）

2. 出示个别幼儿第三阶段的计划，引导幼儿观察、思考为什么日期中的字前面大后面小。

（1）教师：你们发现这个计划日期上的字前面和后面写得有什么不同？

（2）教师：为什么会前面写得大后面写得小呢？

（分析：教师让全体幼儿思考这个问题而不是先请计划制订者将原因直接告诉大家，其目的是让大家都关注这个问题，因为在上次计划中，所有幼儿都没有关注文字之间距离和文字大小的问题，都存在前面写得很大，到后面没有地方写了，只能将字写得很小以致看不清的问题。）

（3）教师：我们请写这个计划的人告诉我们，是不是和你们说的原因一样呢？

（4）教师：怎么能将日期上所有的字都写在一行中，而且还一样大？

（分析：通过讨论帮助幼儿明确，写之前要先看一看一行的空间有多大，数一数第四阶段时间有多少个字，先比画一下大约每个字要写多大，然后再开始写。合理安排每个字的空间对于大班幼儿来说是非常大的挑战，这里的目的并不是要幼儿学习感知空间，而是让幼儿开始认识到写的字要大小、间距相同，从而有意识地学习控制字的大小、间距。）

3.引导幼儿看印刷书上的短小文章。

教师出示PPT：你们发现这些字的大小是怎样的？字和字之间的距离又是怎样的呢？为什么要一样大呢？

（分析：通过观察印刷文字，让幼儿直接感知和体验到写字时，要控制字的大小、间距，尽量做到大小、间隔相同，这样写出来的作品整齐、美观。）

4.讨论本次活动的目标及用多样化符号表达"双脚连续跳"。

（1）教师：你本次跳绳的目标是什么？

（2）教师：很多小朋友的目标是增加双脚连续跳的数量，你们在写"双脚连续跳"时，除了用大家上次讨论过的符号表示外，还可以用哪些新的符号呢？

（3）请有新想法的幼儿上来写或画，同时，教师用实物投影仪同步放大给全体幼儿看。

5.明确今天制订计划的要求。

（1）教师提醒幼儿注意控制日期中字的大小、间距，尽量一样大。

（2）制订的目标如果要在第三阶段的基础上有所提高，可以使用原来的跳绳方法但增加跳绳数量，也可以学习一种新的跳绳方法。

6.幼儿自主制订第四阶段跳绳计划。

（1）指导幼儿写第一部分时间日期时控制字的大小、间距。

（2）鼓励幼儿用新的符号或图表示"双脚连续跳"及不同的跳绳方法。

（3）教师巡回指导并根据幼儿需求给予及时回应。

7. 幼儿交流跳绳计划。

（1）教师：看一看谁的日期写得整齐？

（2）教师：你们能读懂同伴的计划吗？

（3）请幼儿相互介绍自己的第四阶段跳绳计划。

（分析：幼儿已经具有前三次制订计划的经验，已经熟练掌握了制订计划的基本方法，因此本次制订计划的重点是写数字的时候知道并能有意识地控制数字的大小一致，关注数字间的距离，知道不仅要自己制订计划，且要努力将计划写得整齐。在欣赏过印刷品上的日期和文字后，帮助幼儿感受文字大小一致、间距相等的整齐美观，引导幼儿主动地学习将数字写得一样大。幼儿相互介绍跳绳计划的环节，满足了他们让同伴欣赏自己作品、介绍展示自己作品的需求，让他们感受制订计划的成就感。）

第六课时：我跳绳的诀窍

目标

1. 了解书写文字要有题目，知道题目要写在文章的最上面和中间的位置，具体事情要另起一行开始写。尝试用前书写的方式写题目"我跳绳的诀窍"，并创造性地用符号、图画、拼音等方法写出自己的跳绳诀窍。

2. 知道遇到不会写、画的字，可以与同伴或教师讨论。

3. 感受为了分享自己的成功经验而书写的乐趣和成就感。

准备

1. 两篇短小且有题目的前言、序或其他文章。

2. 电子白板、短小文章的 PPT 或实物投影仪。

过程

1. 谈话，引出活动。

（1）教师：小朋友们学习跳绳已经有一段时间了，你们都学会跳绳了，可是其他班级的小朋友还没有学会，他们想向你们请教，你们有什么诀窍可以告诉他们吗？

（2）教师：为了让他们能够记牢这些诀窍，经常看和学习，你们可以用前书写的方式写下来告诉他们吗？

（3）教师：怎么写呢？今天我们写的内容要有题目，题目就是"我的跳绳诀窍"。

（4）教师：你们知道什么是题目？题目写在哪儿呢？

（分析：通过问题，激发幼儿的思考动机和探究兴趣，促使他们能够带着问题积极地关注教师接下来提供的文章，主动地观察、寻找、发现问题的答案。）

2. 出示有题目、短小的、单页文章的 PPT，引导幼儿观察。

（1）教师指着第一篇文章的题目，告诉幼儿：这是这篇文章的题目，你们能发现它和下面的文字有什么不同吗？

（分析：通过问题，引导幼儿观察发现题目和正文文字的不同点：字的大小不一样、字的颜色不一样、字的样子不一样即字体不一样等，加深幼儿对文章要有题目的认识，从而能够在自己的前书写活动中产生模仿学写题目的意识。）

（2）教师：为什么题目的文字大小、颜色和位置都要和下面的具体内容的文字不一样呢？

（分析：此问题的目的旨在引导幼儿思考并理解题目的文字大小、颜色和位置的作用。通过引导幼儿说"让人一眼就能看到题目""很快知道这篇文章是写什么的"等帮助他们理解并记住文章题目应该书写的位置，为接下来在正确的位置书写题目做好准备。）

3. 明确任务：写"我跳绳的诀窍"。

（1）教师：今天我们要将自己跳绳的诀窍写下来，给其他班级和中班弟弟妹妹看，让他们学习你们的诀窍。今天我们也要学习写题目，题目就是"我跳绳的诀窍"。题目写在哪儿呢？

（2）讨论："诀窍"这两个字分别可以用什么符号表示呢？

（分析：题目一共六个字，其中前四个字幼儿都有前书写经验，"诀窍"

这两个字需要引进新的前书写经验，加之又是题目，故教师采用集体讨论的方式，拓展、丰富全体幼儿的前书写经验，有利于激发他们的前书写兴趣，尤其是那些独立思考前书写有困难的幼儿，集体的讨论和交流对他们来说是必要的学习环节，同时也减少了他们独立前书写内容的量，因为完整书写自己的"跳绳诀窍"，对他们来说有一定难度，此环节可以降低他们的焦虑感。）

（3）教师在白板上或通过实物投影仪在白纸上示范写题目的位置。

（分析：在前面的环节中，教师虽然和幼儿共同观察过文章的题目位置，也和幼儿一起讨论过，用语言明确说过，但是部分幼儿还是不能明确自己在白纸上写时应该写在什么位置，所以，教师一定要有示范，而且要让这个示范作品一直呈现在白板上，不仅让幼儿通过视觉感知直观明确自己书写题目的位置，而且让他们在自己书写的过程中记不住时可以随时看到，帮助他们顺利掌握题目书写的正确位置——最上面一行的中间。）

（4）教师：题目写完后要怎么做？

（分析：通过题目帮助幼儿明确要另起一行写自己的诀窍。）

（5）教师：当自己在书写的过程中遇到不会写的字怎么办？

（6）教师出示草稿纸，提醒幼儿：一定要先和同伴讨论，用语言告诉同伴，当同伴还不明白时，可在草稿纸上写或画给同伴看，一定不能在同伴的纸上直接写或画。

（分析：教师发现在幼儿前书写的过程中，经常有不会的幼儿向同伴请教，热情的同伴会立刻在他们的纸上写或画，这一方面会剥夺这部分幼儿写或画的机会，另一方面会产生同伴间的矛盾。但幼儿间这种自发的相互讨论和学习是应该鼓励的，也是幼儿间相互学习的一种重要形式，同伴本身是幼儿学习过程中遇到困难时的一个支持，应该让幼儿获得这种积极体验，所以，为了避免在帮助他人时直接代写或代画的行为造成的负面影响，教师提供了草稿纸，让幼儿在草稿纸上写或画给同伴看。然后，幼儿可以模仿同伴写或画，也可以在同伴的启发下再创造。）

4.幼儿自己前书写"我的跳绳诀窍"。

（1）教师重点指导幼儿在最上方中间的位置上写题目。

（2）在幼儿制订计划的过程中教师巡回指导，给予幼儿及时支持。

（3）指导写完的幼儿及时将自己的计划展示在教室门口的展板上，并和同伴相互交流、介绍自己的计划。

第七课时：我的困难

目标

1. 继续学习写题目的前书写经验，能够有意识地将题目写在最上方中间的位置上，并知道要努力控制题目中每个字的大小及间距。能创造性地用汉字同音、形似等特点个性化地表现"困难"两个字。

2. 幼儿学习先说后写的方法，体验该方法可以帮助自己先明确困难再进行书写，能够帮助自己将困难完整地写出来。

3. 知道要具体说出困难是什么，写困难时要像说话一样将每个字都写出来，感受书面语和口头语言的对应关系。

4. 体验为了不同目的而书写的快乐。

准备

1. 实物投影仪，个别幼儿"我的跳绳诀窍"前书写作品或作品的 PPT。

2. A4 纸若干张。

过程

1. 谈话：回忆写"我的跳绳诀窍"的经验。

（1）教师：我们知道无论写什么内容都要有一个题目，我们上次写自己跳绳事情的题目是什么？

（2）教师：你们知道一般题目都写在什么位置吗？

（3）教师：题目上的每个字要写得怎样？

（分析：此环节的目的是帮助幼儿回忆梳理上次活动中获得的关于题目书写的经验，从而能够带着应该怎样写题目的"标准"来观察比较下一环节幼儿书写的作品。）

2. 出示个别幼儿写的"我的跳绳诀窍"。

（1）教师：上次我们开始学习写题目，我们来看看你们写得怎么样？

（分析：通过观察个别幼儿的作品，引导幼儿发现因为开始字写得大，后面写不下就将字写小了，写得挤在一起了，引导幼儿关注写字时要注意大小和间距均等。虽然幼儿的手部协调性、对手部力量的控制能力，以及他们的注意力分配水平都还在发展中，对于文字书写美观的关注和自己书写美观的关注都不足，不能自如书写每一个字，但教师依然可以引导他们观察分析自己的作品，从而发现文字大小一致后书写的作品就显得整齐、美观，引发幼儿对书写作品美的关注。）

（2）教师：你们在写的过程中遇到了什么困难？

（3）引导幼儿观察思考为什么写不下了，为什么前面写得大，后面写得小。

（分析：引导幼儿反思说出自己写不下的原因。有的幼儿说开始写的时候只想到写的第一个字，没有想到后面还要写字；有的幼儿说前面的字画小了画不下，如，跳绳的"跳"是用画一个人正在跳绳来表示的，人画得很大，后面就写不下其他字了。听了幼儿的想法，一方面可以让教师了解他们的想法和困难，有针对性地指导幼儿；另一方面可以让幼儿知道文字要大小统一，从而引导幼儿在前书写时，关注并有意识地控制字、符号和图画的大小。）

3.讨论并示范写题目"我的困难"。

（1）教师：今天我们要写的题目是"我的困难"。

（2）教师：题目应该写在什么位置呢？

（3）教师：谁能上来写给大家看？请个别幼儿上来尝试写题目"我的困难"。

（4）教师："我的"大家在前面写过很多次了，你们都会写了，"困难"这两个字是第一次写，你们想怎么写呢？

（分析：通过"困难"两个字写法的讨论，一方面帮助幼儿明确今天写的内容是什么，能够围绕今天的题目写；另一方面帮助幼儿思考如何用多种形式表现"困难"，从而能够顺畅地写出题目，给那些前书写有困难的幼儿以支持。通过对"困难"的创意书写的讨论，帮助他们拓展思路和创意书写的策略，知道可以用图和符号替代字音或字意，或用同音的字、相似形的字替代。让我感到特别惊讶的是幼儿大多都是画图：第一个系列是用人被绳子缠住、人被关进房子里、人在门内、人在山洞里出不来、人在高楼里出不来、人在电梯里出不来等表示"困";第二个系列是用人被鬼缠住、被怪物缠住、被野兽缠住等表示"困",这两类说明幼儿都理解了"困"的字义,是用图来表示字义;第三个系列是用图表示"困"字的音,如,画张床上面有个人在睡觉表示"困"、画个人正在打哈欠等;第四个系列是幼儿用与字音相关的其他符号表示"困",如,用"难"字的第一个汉语拼音 N 表示,用向下的箭头符号表示,说东南西北中"南"是向下的箭头。由于是在集体中讨论,幼儿间相互启发、相互吸收,当一名幼儿想出一种方法后,其他幼儿立刻举一反三,极大地调动了幼儿创意书写的兴趣和潜力,也给那些有困难的幼儿做了示范,提供了思路和方法,帮助他们知道怎样进行创意书写,降低了他们的焦虑和畏难情绪,从而愉快地进行前书写"我的困难"。)

（5）教师：刚才小朋友想出用各种图形和符号表示"困难",那么"困难"两个字怎么写呢？现在老师写给你们看。教师示范写题目"我的困难"。教师一边写一边引导幼儿观察两个字的字形和组成结构。

（分析：教师示范写"困难"两个字的目的是让幼儿体验到除了画图,还可以直接写字,同时,引起幼儿对文字的关注,感知"困难"两个字的字形和组成结构,激发幼儿尝试模仿写字的兴趣。教师示范后,在写题目时有 3 名幼儿完全模仿教师写文字"我的困难";1 名幼儿除了"我"字是用符号表示的,"的困难"三个字都是模仿教师写的;还有 4 名幼儿模仿教师写了两个字"困难"。让我感到惊讶的是,"困难"两个字虽然很难写,但是幼儿全部写对了,而且幼儿选择的不是"我的"这两个他们已经多次接触过、笔画相对少、简单易模仿的,而是选择了笔画较多、较难写的"困难"两字,这说明幼儿期望学习新的文字,愿意迎接新的挑战。而且教师一次只给出两个字,与幼儿的接受能力匹配,同时,教师没有要求幼儿一定要学习,营造了一种宽松的氛围,反而让幼儿更愿意去学习、尝试。)

4.请幼儿表述自己的困难是什么。

（1）教师：你们在跳绳时,每个人都遇到了困难,你们知道自己的困难是什么吗？谁能将自己的困难说给大家听一听,说的时候要清楚、具体,让大家能够明白你的困难是什么。

（2）请倾听者评价讲述的幼儿是否说清楚了,自己是否听明白了。

（分析：此环节的目的是帮助幼儿理解口头语言和书面语言的对应关系。在前几次书写中，教师发现有部分幼儿只是写几个字，没有将完整的句子写出来。如，跳绳的诀窍，起跳前要将绳子底端放在自己的小腿肚子上，幼儿在前书写时画了三张图：一根绳子、一个人和一个箭头指着小腿的符号。让他读给教师听时，他指着图说："绳子在人小腿肚子上。"教师问："我们要一个字画一张图呀。一根绳子只能代表一个字'绳'，'子'用什么图表示呢？一个人只表示'人'字，箭头只能表示'上'，'小腿'两个字怎么表示呢？而且，你没有写出是在跳绳前，别人看了你写的诀窍并不清楚是在跳绳前，就不能学习你的诀窍！"通过这样的分析和讨论，帮助幼儿初步理解口头语言和书面语言的对应关系，帮助幼儿巩固一字一图的意识。）

（3）教师提出书写要求：要像说话一样，将自己的困难讲清楚，要将自己说的内容每个字都写下来，别人才能明白。在写之前，每个小朋友都要将自己的困难说一遍，并且边讲边试着在纸上比画要写多长，用几行。

（分析：先说是帮助幼儿明白要说什么、怎么说，在这个基础上开始写是帮助幼儿把说和写联系起来的一个很重要的策略和方法。）

5.幼儿写——我的困难。

（1）教师重点指导幼儿写题目的位置和注意控制字的大小和间距相等。

（2）教师巡回观察，根据幼儿的需求给予针对性的指导。

（3）提醒幼儿用草稿纸与同伴交流。

6.幼儿交流作品。

（1）教师：你能读懂谁的作品？

（2）教师：请幼儿给大家阅读自己的作品——我的困难。

（3）教师：谁的困难写得清楚，你们听明白了？

（4）教师：谁的作品写得整齐美观？

第八课时：我学会的跳绳方法（一）

目标

1.能用前书写的方法，将自己学会的所有跳绳方法都记录下来，用自己的方法写"方法"二字，尝试学习分段写自己学会的跳绳方法。

2.观察印刷的短小文章，感知文章每一段前面都要空两个字，并尝试学习自己写完一种方法后另起一行写第二种方法时，也空两个字的距离再开始写。

3.体验到将自己所有学会跳绳的方法记录下来的成就感。

准备

1.实物投影仪、印刷品短小的文章 2 篇或将其做成 PPT。

2.A4 纸若干张。

过程

1.出示印刷的短小文章，引导幼儿观察。

（1）教师：这是一篇文章，和小朋友写的作品比一比，你们有什么发现？

（2）教师出示第二篇文章：请你们仔细看一看，这篇文章有几段？你从哪里发现的？

（3）教师：请你们仔细观察每一篇文章写完一段再写一段时都是怎样的呢？

（分析：第一篇文章不仅要让幼儿自己观察发现，巩固已经获得的"文字的大小、间隔一致""题目要写在最上面，且要写在中间"的经验，而且要引导幼儿观察发现新经验"文章是一段一段的，每一段第一行要空两个字，这样他人在阅读时就能够一目了然地看清楚每一段说的是什么内容了"。提供第二篇文章的目的是让幼儿知道，每一篇文章都需要分段，都是在每一段第一行空两个字后才开始写的。）

2.明确今天前书写的任务——我学会的跳绳方法。

（1）教师：今天我们要写的题目是"我学会的跳绳方法"。

（2）教师：谁会写题目？谁愿意上来写？

（3）教师：他的"方法"两个字是怎么写的？谁会用不一样的方法写？

（分析：此环节的主要目的一方面是巩固幼儿正确写题目的经验，另一方面是通过集体研讨"方法"二字的书写方法，拓展幼儿的思路，帮助幼儿建立自主创造性地表现"方法"二字的意识。）

（4）教师：我知道每个小朋友都学会了很多种跳绳方法，今天我们就要学习分段写跳绳方法，一种方法一段，你会几种方法就要分几段写。

（5）集体讨论：怎么分段写。

教师：谁愿意写第一段"我学会了双脚连续跳50个"？

教师：谁会写第二段"我学会了花样跳绳10个"？

（分析：通过个别幼儿上来尝试分段写跳绳方法，帮助全体幼儿明确什么是分段写、什么是第一段、怎样写第二段等。此环节非常重要，起到了示范和进一步澄清的作用，如果没有此环节，很多幼儿仅仅通过教师的语言表述并不能真正理解分段写、另起一行、段首空两个字的含义，他们需要直观地感知和练习。个别幼儿上来写，不仅起到示范作用，也让教师了解幼儿的书写水平和遇到的困难，从而给予进一步的帮助和引导。）

3.幼儿书写自己学会的跳绳方法。

（1）教师重点指导个别幼儿分段写，及段首空两个字。

（2）提醒幼儿要控制整篇"字"的大小和间距，努力做到一致。

（3）提醒幼儿在草稿纸上与同伴交流。

4.幼儿将自己的作品张贴在班级门口的展板上，并读给同伴听。

第九课时：我学会的跳绳方法（二）

目标

1.知道一张纸写不下时可以在第二张纸上写，会将以前自己用过的字的符号、图形重复使用，形成自己独特的表达形式。

2.观察印刷品上跨两页呈现的文章，发现文章不仅要分段，还可以跨页。

3.体验用前书写的方法记录自己学会的所有跳绳方法的乐趣和成就感。

准备

1.实物投影仪和印刷品上跨两页呈现的文章一篇，或将其做成PPT。

2.个别幼儿作品——我学会的跳绳方法，一个是只写了三种方法还有一页没有写完；一个是前面写得很均匀，最后写得很拥挤，字也变得很小。

3.A4纸（数量多于幼儿）和草稿纸若干张。

过程

1.出示幼儿作品，引出讨论的问题。

（1）教师：我知道很多小朋友学会的跳绳方法都超过了三种，可是，为什么很多小朋友写的都是三种方法呢？

集体观察只写了三种方法的幼儿作品。

教师：你发现他为什么只能写三种方法？

教师：怎样才能写超过三行？

（分析：教师通过引导观察此作品，发现此作品中字和画特别大，引导幼儿思考发现：幼儿将纸折出横线帮助自己写整齐时，只折了六行，一行写题目，最后还要留一行签名，一行写日期，就只能写三行了。）

通过问题引导幼儿想出解决办法：在折纸前，要先想一想、说一说，并在纸上用手一字一画地比画一下，帮助自己预先了解要写几行，从而根据需要来折纸。同时，字、画和符号要缩小一些。

（2）教师：还有小朋友写了七种方法，你们看看他的作品有什么问题？

教师出示此幼儿作品，引导幼儿观察发现：前面字写得很整齐，可是最后一行写得很拥挤，字也写得很小。

教师：你们猜猜看这是什么原因造成的？

教师：我们请这个小朋友说一说你们猜的原因对不对。

教师：他说他学会的跳绳方法很多，字已经写得很小了，而且一页纸上的折痕已经到最多了，再增加折痕数，字都不好写了，已经写满了一页纸，还是写不下，怎么办？

（分析：通过幼儿的问题，引发幼儿再思考，为下面环节引进新经验——一页写不下，可以写第二页做好铺垫。）

2.观察印刷品跨页呈现的文章。

（1）教师：你发现了什么？

（2）教师：一页写不下，这篇文章是怎么办的？

（分析：通过观察印刷品跨页呈现的文章，帮助幼儿建立一页写不下可以写在第二页的意识，从而不因为写不下就不写或少写自己已学会的跳绳方法，并将此观念运用在今后的前书写活动中。）

3.明确今天的任务——继续书写自己学会的跳绳方法。

（1）教师：题目和上次相同"我学会的跳绳方法"。

（2）教师：要分段写，一种方法写一段，有几种方法就写几段，第二种方法另起一行。

（3）教师：若方法很多，可以写两张纸。

（4）教师：在写之前先说一说自己要写的方法，并在纸上比画，看看需要几行，然后再折纸，确保折痕数与自己需要的行数一致。

4.幼儿书写——我的跳绳方法。

（1）教师重点指导幼儿写题目的位置和注意控制字的大小和间距一致。

（2）教师指导幼儿一种方法写一段。

（3）提醒学会方法多的幼儿用两张纸写。

（4）教师：巡回观察，根据幼儿的需求给予针对性的指导。

5.幼儿交流作品。

（1）教师：你能读懂谁的作品？

（2）教师：请幼儿给大家阅读自己的作品——"我学会的跳绳方法"。

（3）教师：看看小朋友的作品，你们发现谁学会的跳绳方法多？

（4）教师：有哪些小朋友是分页写的？

第十课时：有趣的跳绳

目标

1.知道记录有趣的事要写明时间、地点、谁以及发生了什么事情。创意书写"趣"字，尝试用一些新颖的方法将发生在跳绳中有趣的事写出来。

2.会运用先说故事，并在纸上比画后再写的策略，帮助自己较完整地写故事。

3.体验用前书写的方法将跳绳中有趣的事记录下来的乐趣和成就感。

准备

A4纸（数量多于幼儿，以满足需要写两页纸的幼儿）和草稿纸若干张。

过程

1.谈话：跳绳中有趣的事。

（1）教师：小朋友们在学习跳绳的过程中发生了很多有趣的事，这些故事若不记下来时间长了就会忘掉，今天我们就要将这些有趣的事写下来。

（2）教师：谁愿意分享一下你的有趣的事呢？

（3）请个别幼儿讲述自己在跳绳过程中的有趣的事。

（分析：此环节中，教师一方面通过个别幼儿的讲述，帮助幼儿明确什么是有趣的事，另一方面帮助幼儿明确要讲清时间、地点、谁以及发生了什么事情。同时，教师重复幼儿讲述中一些好的词句，让幼儿学习，借此丰富幼儿的词汇，增加表达的生动性。如，一名幼儿说："我在刚开始学习合作跳时，绳子绊着乐乐了，她对我说：'你的绳子绊着我了。'可是，我没有听到，还是一直跳着，结果，我俩一起摔倒了。"教师将此对话强化："他说的故事中有好朋友说的话。"并请全体幼儿学习"你的绳子绊着我了"。再如，一名幼儿说："开始学习跳绳时，我一直闭着眼睛跳，看不见人，跳着跳着就不小心撞到了小小，小小看我闭着眼睛，觉得非常好笑，就一直在哈哈笑着。"教师肯定了他讲述中"一直闭着眼睛""跳着跳着"等词用得很好，并请全体幼儿学习。）

正因为有了此环节，幼儿由刚开始不知道什么是有趣的事，到争先恐后地举手讲述，激发了幼儿想说、想写的动机。

2.明确今天的书写题目——有趣的跳绳。

（1）教师：我们今天写的题目就是"有趣的跳绳"。

（2）教师：题目写在哪儿？

（3）教师：谁愿意上来写给大家看一看。

（4）教师："趣"字你们想怎么表示？

（分析：通过"趣"字的讨论，进一步拓展幼儿创意书写的思路，激发幼儿用新颖的方法表达同一个字的积极性。如，幼儿想出用同音字"去""区"等表示；画一个人向家里走去或一只蛐蛐表示；画一个墓碑表示人去世；用一个人脸加一个向前的箭头表示"向前去"的同音"去"等。）

（5）教师：有的小朋友说了很多件有趣的事，如果你想把这些事都写下来，就一件事写一段。你们可以用以前写过的字、图、符号，也可以用新的字、图、符号表示。写的时候要写清楚时间、地点、谁以及发生了什么事。

（6）教师：每个人都要先说一说，再边说边在纸上试着比画一下，你需要写几行，就在纸上折几行。如果一页写不下，可以再写一页。

3.幼儿书写——有趣的跳绳。

（1）教师指导幼儿用个人化符号表示"趣"字。

（2）教师指导幼儿写时间、地点、谁以及发生了什么事。

（3）若幼儿写了几件事，提醒幼儿分段写。

（4）教师依据幼儿书写过程中的问题给予及时互动。

4.幼儿交流作品。

（1）将个别幼儿写的事通过实物投影仪放大给全体幼儿阅读。

（2）请个别幼儿读自己的故事给全体幼儿听，让听故事的幼儿边听边对照投影仪上的"文稿"，检查读写是否一致。

（3）幼儿相互阅读作品，遇到不认识的字主动询问同伴。

（分析：此环节一方面是发展幼儿的阅读能力，另一方面通过阅读他人作品，让幼儿体验到记录不仅是给自己看的，还要让他人看懂，体验到写是为了交流，是为了让别人了解和学习，从而让幼儿的前书写从自己识别发展到努力写出让他人认识的字。）

在实施幼儿自主学习跳绳的一学期中，我们一共组织了以上10个前书写活动，我们发现幼儿自己制订计划帮助他们明确了计划和目标，当他们在执行计划的过程中，忘记目标时可以去看一看计划，提醒自己目标是什么、每天自己练习的时间是多长等。这不仅帮助幼儿明确了自己的计划和目标，而且提高了计划的执行力。同时，由于有书面计划，使幼儿有了反思的依据，解决了以往幼儿容易忘记计划和目标，教师也不清楚幼儿计划和目标的难题。每名幼儿可以看着自己制订的计划，评价自己是否达成了目标，从而使得反思有依据、有质量。

前书写活动让幼儿记录自己跳绳中的诀窍、困难、学会跳绳方法以及跳绳中有趣的事情，不仅帮助幼儿创造性地思考用个性化的图、符号和自创的字来表达自己跳绳中的各种想法和认识，而且帮助幼儿有意识地思考诀窍、困难等，激发了他们对书面表达的兴趣，发展了他们有顺序地表达的意识和能力，以及初步的书面表达技能。更为重要的是前书写让幼儿掌握主动权，让他们体验到掌控自己的学习的乐趣和成就感。以往他们想要记录自己有趣的事或制订计划，往往因为自己不会写字感到无力，必须要依赖父母的帮助才能写下来，必须等到父母有时间才行，而现在他们无论是制订各类计划还是记录有趣的事，都是由自己决定，想怎么记录就怎么记录，想什么时间记录就什么时间记录，增加了他们掌控自己学习需求的自信和成就感。

　　让我们深受感动的是，家长在了解了幼儿的前书写对其发展的价值后，也积极配合幼儿园，在家里鼓励幼儿进行前书写活动，幼儿在家里常常写写画画，幼儿对书写的兴趣提高了，书写行为习惯也逐渐养成。家长们说："当幼儿掌握了前书写这个表达工具后，整个跳绳过程中，幼儿都是制订计划和撰写反思的主体。"

参考文献

庞维国. 自主学习　学与教的原理和策略 [M]. 上海：华东师范大学出版社，2003.

安德斯·艾利克森，罗伯特·普尔. 刻意练习　如何从新手到大师 [M]. 王正林，译. 北京：机械工业出版社，2016.

联合国教科文组织. 反思教育：向"全球共同利益"的理念转变？ [M]. 联合国教科文组织总部中文科，译. 北京：教育科学出版社，2017.

联合国教科文组织国际教育发展委员会. 学会生存——教育世界的今天和明天 [M]. 华东师范大学比较教育研究所，译. 北京：教育科学出版社，1996.

约翰·D. 布兰思福特，等. 人是如何学习的 [M]. 程可拉，孙亚玲，王旭卿，译. 上海：华东师范大学出版社，2016.

约翰·杜威. 我们怎样思维·经验与教育 [M]. 姜文闵，译. 北京：人民教育出版社，2005.

玛丽亚·蒙台梭利. 童年的秘密 [M]. 马荣根，译. 北京：人民教育出版社，2004.

约翰·杜威. 民主主义与教育 [M]. 王承绪，译. 北京：人民教育出版社，2001.

芭芭拉·鲍曼，苏珊娜·多诺，万苏珊·勃恩兹. 渴望学习——教育我们的幼儿 [M]. 吴亦东，等译. 南京：南京师范大学出版社，2005.

劳拉·E. 贝克. 儿童发展 [M]. 吴颖，等译. 南京：江苏教育出版社，2002.

简妮·爱丽丝·奥姆罗德. 学习心理学 [M]. 汪玲，等译. 北京：中国人民大学出版社，2015.

出 版 人　李　东
责任编辑　徐　杰
版式设计　郝晓红
责任校对　马明辉
责任印制　叶小峰

图书在版编目（CIP）数据

幼儿自主学习的实践研究与探索 / 吴邵萍著. —北
京：教育科学出版社，2021.7（2024.5重印）
ISBN 978-7-5191-2659-9

Ⅰ.①幼…　Ⅱ.①吴…　Ⅲ.①学前教育－研究　Ⅳ.
①G613

中国版本图书馆CIP数据核字（2021）第121518号

幼儿自主学习的实践研究与探索

YOU'ER ZIZHU XUEXI DE SHIJIAN YANJIU YU TANSUO

出 版 发 行	教育科学出版社				
社　　　址	北京·朝阳区安慧北里安园甲9号		邮　　编	100101	
总编室电话	010-64981290		编辑部电话	010-64989386	
出版部电话	010-64989487		市场部电话	010-64989572	
传　　　真	010-64891796		网　　址	http://www.esph.com.cn	
经　　　销	各地新华书店				
制　　　作	北京京久科创文化有限公司				
印　　　刷	保定市中画美凯印刷有限公司				
开　　　本	720毫米×1020毫米　1/16		版　　次	2021年7月第1版	
印　　　张	14.25		印　　次	2024年5月第2次印刷	
字　　　数	211千		定　　价	50.00元	

图书出现印装质量问题，本社负责调换。